Wolfgang Fiegenbaum
Agoraphobie – Theoretische Konzepte
und Behandlungsmethoden

D1728411

Beiträge zur psychologischen Forschung

Band 8

Westdeutscher Verlag

Wolfgang Fiegenbaum

Agoraphobie – Theoretische Konzepte und Behandlungsmethoden

Eine empirische Untersuchung zur vergleichenden Therapieforschung

Westdeutscher Verlag

CIP-Kurztitelaufnahme der Deutschen Bibliothek

Fiegenbaum, Wolfgang:

Agoraphobie - Theoretische Konzepte und
Behandlungsmethoden: e. empir. Unters. zur
vergleichenden Therapieforschung / Wolfgang
Fiegenbaum. - Opladen: Westdeutscher
Verlag, 1986.
  (Beiträge zur psychologischen Forschung; Bd. 8)
  ISBN 3-531-11761-0
NE: GT

© 1986 Westdeutscher Verlag GmbH, Opladen
Umschlaggestaltung: Hanswerner Klein, Opladen
Druck und buchbinderische Verarbeitung:
Lengericher Handelsdruckerei, Lengerich
Printed in Germany

ISBN   3-531-11761-0

LEGENDE ZU DEN TABELLEN 2 - 22:

Siehe letzte Seite dieses Buches

EINLEITUNG

Die Behandlung von Ängsten und Phobien gehört seit Beginn der Entwicklung und Überprüfung therapeutischer Methoden zu den bedeutenden Forschungsbereichen der klinischen Psychologie. Kaum ein anderer Forschungsbereich vermag ein derart vollständiges Abbild der methodischen und theoretischen Entwicklungen und Strömungen der Therapieforschung in den letzten 20 Jahren zu geben. Dies sei an zwei Beispielen aus dem Gegenstandsbereich dieser Arbeit aufgezeigt.

Die ersten Untersuchungen zu Wirkvariablen von Konfrontationstherapien bei angstmotiviertem Vermeidungsverhalten wurden mit Tierexperimenten und Therapieanalogstudien durchgeführt. Die Zweifel an der Übertragbarkeit der Ergebnisse auf die Behandlung komplexer psychischer Störungen führten dazu, daß mittlerweile kontrollierte klinische Untersuchungen mit schwer gestörten Klienten (vorwiegend Agoraphobikern) deutlich überwiegen. Parallel zu dem veränderten methodischen Herangehen wurden auch die Erklärungskonzepte psychischer Störungen komplexer: Während in den 60er Jahren Modelle mit wenigen beobachtbaren Variablen zur Erklärung von Angstphänomenen verwendet wurden, gewannen in der zweiten Hälfte der 70er Jahre u.a. kognitive Theorien an Bedeutung. In jüngster Zeit richtet sich das Forschungsinteresse hier auf die längerfristigen Handlungspläne des Individuums, seine konkreten Lebensbedingungen und sein soziales Umfeld.

Die komplexer werdenden Sichtweisen psychopathologischer Phänomene führten zwangsläufig zu komplexeren Behandlungsangeboten und zur Überprüfung der Auswirkungen von Therapien auf die verschiedensten Lebens- und Störungsbereiche. Der Enthusiasmus z.B. der frühen Verhaltenstherapie ist Zweifeln gewichen, ob einfache Techniken für komplexe Störungen hinreichend sind. Auch wir haben in diesem Sinne in der vorliegenden Untersuchung das Angebot einer Konfrontationstherapie für Agoraphobien um eine problemlöseorientierte Gruppentherapie erweitert.

Die aufgezeigten Entwicklungen kann man unterschiedlich bewerten: Zum einen ist positiv zu vermerken, daß Klienten und therapeutisches Setting der Therapiestudien sich der therapeutischen Praxis annähern. Zum anderen stellt sich uns manchmal die Frage, ob sich die Zweifel der Therapeuten bzw. der Forschenden an der Wirksamkeit der "einfachen Techniken" auf die Klienten übertragen und deren Erwartungen an die Therapie verringern.

Zur vorliegenden Arbeit

Kapitel 1 gibt einen Überblick über Erklärungsmodelle und empirische Befunde zum Störungsbild phobischer Ängste. Der Schwerpunkt der Betrachtungen wird hier auf die Agoraphobie bzw. die multiple Situationsphobie gelegt.

Kapitel 2 gibt eine Übersicht über Methoden zur Behandlung phobischer Ängste, wobei Konfrontationsverfahren wegen ihrer besonderen Bedeutung für die Therapie agoraphobischer Störungen ausführlich diskutiert werden. Wir setzen uns mit den theoretischen Modellen zur Erklärung der Wirkmechanismen auseinander und geben eine kritische Übersicht über die empirischen Befunde zu Wirkvariablen des Verfahrens.

Ausgehend von der Überlegung, daß die Behandlung von Begleit- und Folgeproblemen der Agoraphobie die Effizienz und Stabilität bisheriger Verfahren weiter verbessern kann, entwickelten wir ein ca. 45-stündiges Therapieprogramm für weibliche Agoraphobiker. Es kombiniert eine In-Vivo-Konfrontationstherapie mit einer problemlöseorientierten Gruppentherapie.

Die empirische Überprüfung des Therapieprogramms ist Gegenstand der Kapitel 3 bis 8. Die Untersuchung umfaßt den Vergleich zweier zeitlicher Abfolgen der beiden Therapiebestandteile Konfrontationstherapie und Gruppentherapie sowie den Vergleich dieser beiden kombinierten Therapieangebote mit einer Wartekontrollgruppe und einer ausschließlich konfrontativ behandelten Kontrollgruppe.

Kapitel 3 erläutert die o.g. Hauptfragestellungen und unsere diesbezüglichen generellen Hypothesen. Eine ausführliche Beschreibung der beiden Therapieprogramme finden sich in Kapitel 4. In Kapitel 5 wird die Methodik der Untersuchung dargestellt; Kapitel 6 beschreibt unsere spezifischen Hypothesen. Während wir in Kapitel 7 die Ergebnisse der Untersuchung im Detail darstellen und diskutieren, betrachten wir in Kapitel 8 die Befunde unter übergeordneten Gesichtspunkten und im Hinblick auf die drei Hauptfragestellungen.

Therapieforschung ist - bei Wahrung bestimmter Mindeststichprobengrößen und bei der Arbeit mit schwer gestörten Klienten - nicht von einem Einzelnen zu leisten. So ist es denn mehr als eine Pflichtübung, an dieser Stelle vielen Kollegen, ohne deren Mitarbeit und Hilfe diese Arbeit unmöglich gewesen wäre, namentlich zu danken. Dies gilt insbesondere für die Arbeitsgruppe der 14 Therapeuten, die allein weit über 1.000 Therapiestunden durchführten und denen ich für ihre engagierte Mitarbeit danken möchte. Mein ganz besonderer Dank gilt Frau Dipl.-Psych. Gisela Ohrenberg und Herrn Dipl.-Psych. Friedemann Gerhards, die gemeinsam mit dem Autor das Projekt leiteten und ungezählte Stunden therapeutischer Arbeit supervidierten. Meine studentischen Hilfskräfte Birgit Sitorus und Holger Meyer waren seit dem Frühjahr 1982 die "Seele" des Projekts. Sie haben dem Autor in den umfangreichen Organisations- und Auswertungsarbeiten beigestanden, waren aber auch ständige Diskussions- und Ansprechpartner. Bei methodischen Fragen standen mir Frau Prof. Dr. Ingeborg Stelzl und Herr Prof. Dr. Hans-Henning Schulze stets mit Rat und konstruktiver Hilfe zur Verfügung. Die oft undankbare und langwierige Arbeit am Computer übernahm dankenswerterweise Herr cand. phil. Ralph Jürgensen. Frau Prof. Dr. Irmela Florin, Frau Dr. Gisela Bartling und Herr Prof. Dr. Gert Sommer haben das Rohmanuskript kritisch durchgesehen und zahlreiche wertvolle Hinweise gegeben, für die ich ihnen Dank und aufrichtige Anerkennung aussprechen möchte. Frau Rosemarie Schilling danke ich für das sorgfältige Schreiben des Endmanuskriptes.

Mein Dank gilt auch allen Kollegen der klinischen Arbeitsgruppe des Fachbereiches Psychologie der Universität Marburg, die durch unser Forschungsprojekt manchen Unzuträglichkeiten und Beengungen ausgesetzt waren, die sie klaglos trugen.

Für ihre Hilfe in schwierigen und ihre Rücksichtnahme in angespannten Phasen der Arbeit danke ich besonders Gisela.

Nicht zuletzt wäre die Arbeit nicht möglich gewesen ohne die Bereitschaft der über 50 Klienten, sich an den über die Therapie hinausgehenden Forschungsaspekten zu beteiligen. Ihnen allen, wie auch zahlreichen nicht genannten Helfern, Kollegen und Freunden gilt mein herzliches Dankeschön.

Marburg, im Juli 1985   Wolfgang Fiegenbaum

1. PHOBISCHE ÄNGSTE

Das folgende Kapitel gibt einen Überblick über theoretische und empirische Beiträge zur Erforschung phobischer Ängste. Nach einer kurzen Abgrenzung der Begriffsbestimmungen von Angst, Ängstlichkeit und Phobie (Kapitel 1.1.) erscheint uns zum weiteren Verständnis der Arbeit eine etwas ausführlichere Darstellung des agoraphobischen Störungsbildes notwendig (Kapitel 1.2.). Zwar liegen hierzu bereits andere - auch eigene - Übersichtsarbeiten vor (vgl. BARTLING, FIEGENBAUM & KRAUSE, 1980a), doch erscheint es uns im Hinblick auf die anschließende Auseinandersetzung mit ätiologischen Konzepten der Agoraphobie zweckmäßig, wesentliche Aspekte der Störung auch im Rahmen dieser Arbeit noch einmal (unter Berücksichtigung der neuesten Literatur) darzustellen.

Bei der Diskussion von Erklärungsmodellen für Phobien wird es zunächst notwendig sein, auf allgemeine Theorien der Angst zurückzugreifen, um daraufhin zu überprüfen, welchen Erklärungswert diese für die Entstehung und Aufrechterhaltung phobischer Symptome bieten (Kapitel 1.3.). Nur wenige Angstkonzepte beziehen sich explizit auf pathologische oder chronische Angstzustände. Es wird sich zeigen, daß etliche Phänomene, die mit chronischer Angst einhergehen, wie z.B. die ungleiche Geschlechterverteilung bei Agoraphobien, nur unzureichend mit allgemeinen Angsttheorien erklärbar sind und eines erweiterten psychopathologischen Verständnisses bedürfen. Wir werden uns daher in Kapitel 1.4. ausführlicher mit Faktoren beschäftigen, welche die Phobieentstehung begünstigen. Abschließend wollen wir diskutieren, ob und gegebenenfalls wie die verschiedenen Befunde und Modellvorstellungen zur Ätiopathogenese von Agoraphobien integriert werden können (Kapitel 1.5.).

1.1. Begriffsbestimmung: Angst, Ängstlichkeit und Phobie

Das Pänomen der **Angst** ist Forschungsgegenstand vieler Arbeitsrichtungen der Psychologie, u.a. der Neuropsychologie, der klinischen Psychologie, der Persönlichkeitspsychologie, der Emotions- und Motivationspsychologie wie auch einiger Nachbardisziplinen, besonders der Philosophie. Eine einheitlich verwendete operationale Definition des Konstruktes Angst besteht ebensowenig wie ein allgemein akzeptiertes theoretisches

Erklärungsmodell. Wir werden uns im folgenden - wenn nicht anders angemerkt - an der lerntheoretischen Definition von Angst orientieren, wie sie von BIRBAUMER (1977b) formuliert wurde. Darüber hinaus werden wir jedoch auch darstellen, wie Angst im Rahmen unterschiedlicher Angsttheorien definiert wurde (vgl. Kapitel 1.2.).

> "Angst ist ein Gefühl (Emotion). Unter Gefühlen verstehen wir umschriebene Reaktionsmuster im neurophysiologisch - autonomen, motorisch-verhaltensmäßigen und beim Menschen mit abgeschlossener Sprachentwicklung auch im subjektiv-psychologischen Meßbereich. Gefühle treten wie andere Reaktionen des Organismus als Reaktionen auf äußere (meist soziale) oder innere Reize (z.B. Vorstellungen, Wahrnehmung von Reizen aus dem Körperinneren u.ä.) auf und benötigen zur vollen Ausprägung ein funktionierendes vegetatives Nervensystem, zusätzlich zum ZNS (Zentralnervensystem) und zum peripheren NS. Gefühle haben sich im Rahmen der Evolution der einzelnen Spezies als Anpassungsmechanismen entwickelt und erfüllten daher ursprünglich eine meist soziale Funktion in der Umweltbewältigung des Organismus. Inwieweit Gefühle heute noch in jedem Fall adaptiv sind, erscheint zumindest fraglich. Die oft notwendige überstarke Kontrolle von Emotionen, aber auch mangelnde Selbstkontrolle kann zu organischen Störungen und Verhaltensstörungen führen. Angst stellt wie andere Emotionen ein spezifisches Reaktionsmuster auf jeder der drei Meßebenen (physiologisch, motorisch, subjektiv) dar und ist durch die Summe der Veränderungen auf allen drei Meßebenen in einer umschriebenen Reizsituation definiert." (BIRBAUMER, 1977b, S.27)

Unter **Ängstlichkeit** wird im allgemeinen eine relativ überdauernde Persönlichkeitseigenschaft oder Disposition verstanden, die durch eine hohe und über längere Zeit stabile Angstreduktionsbereitschaft des Individuums gekennzeichnet ist (vgl. SPIELBERGER, 1966, 1972).

Der Begriff **Phobie** bezeichnet einen als pathologisch oder auch neurotisch klassifizierten Angstzustand, der in Erwartung von oder Konfrontation mit objektiv meist ungefährlich erscheinenden Situationen oder Objekten über einen längeren Zeitraum wiederholt auftritt (vgl. RACHMAN & BERGOLD, 1976; LEITENBERG, 1976). Diese spezielle Form der Angst erfüllt folgende Merkmale (vgl. MARKS, 1969):

(1) Sie ist den jeweiligen objektiven Bedingungen nicht angemessen.

(2) Sie ist weder durch Erklärungen noch durch rationale Begründungen zu beseitigen.

(3) Sie ist einer freiwilligen Kontrolle durch die Betroffenen nicht

zugänglich.

(4) Sie führt zur Vermeidung der gefürchteten Situationen oder
Objekte.

(5) Sie zeigt eine hohe Persistenz über lange Zeiträume
(ERRERA, 1962).

(6) Sie ist durch Exzessivität, d.h. durch hohe Intensität und/oder
große Häufigkeit des Auftretens gekennzeichnet.

Angstinhalte, gefürchtete Situationen und Objekte sowie Komplexität und Erscheinungsformen der Ängste variieren interindividuell in
erheblichem Ausmaß. Entsprechend beinhalten auch die unterschiedlichen Klassifikationssysteme für Phobien teils Einteilungen nach
den gefürchteten Objekten (LAUGHLIN, 1956), teils nach abstrakten
Gemeinsamkeiten gefürchteter Reize (z.B. Nähe zum gefürchteten
Objekt, Entfernung von einem sicheren Ort, usw.; WOLPE, 1963),
teils nach der Komplexität der Phobie und teils nach der Trennung
zwischen Objekt- und Situationsphobie (RACHMAN & BERGOLD,
1976). Als Nachteil zeigen sich bei diesen Klassifikations-Systemen,
daß sie aufgrund der Berücksichtigung von jeweils nur ein oder zwei
Einteilungsgesichtspunkten eine eindeutige Zuordnung meist nicht
zulassen. Ein weiterer Nachteil ist, daß die Klassifikationen rein
deskriptiv bleiben und damit keinen Erklärungswert für Indikationen
und Behandlungsprognosen bieten.

Einen sinnvolleren und auf klinischen Erfahrungen aufbauenden
Klassifikationsversuch pathologischer Ängste, der auch weitgehend
Eingang in die Literatur gefunden hat, stellt MARKS (1969) vor.
MARKS unterteilt zwischen "frei flottierenden Angstzuständen","Zwän-
gen und Krankheitsängsten", "sozialen Ängsten", "Tierphobien",
"Agoraphobien" und sogenannten "verschiedenen spezifischen Phobien"
(z.B. monophobische Höhenangst).[1]

Die letzten drei genannten Symptomgruppen werden häufig unter
dem Oberbegriff "Phobie" zusammengefaßt und entsprechen der

- - - - - - -

[1]MARKS grenzt hiervon "normale Phobien" und Phobien bei Kindern
als nicht-pathologisch ab.

zu Eingang dieses Kapitels vorgestellten Begriffsbestimmung.
MARKS (1969) wie auch AGRAS et al. (1969) weisen darauf hin,
daß die Agoraphobien an der Gesamtgruppe der Phobien den weitaus größten Anteil haben. Auch sind die Agoraphobien unter den
Phobien diejenigen, deren Symptomatik mit dem größten Leidensdruck und der größten Einschränkung für die Betroffenen verbunden
ist.[1] Unter der nicht ganz eindeutigen Bezeichnung "Agoraphobie"[2]
wird seitdem vor allem in der englischsprachigen Literatur ein
multiples Syndrom zusammengefaßt, das durch Ängste vor vielen
z.T. sehr unterschiedlichen Auslösereizen interozeptiver und exterozeptiver Art charakterisiert ist und das mit einem ausgeprägten
Vermeidungsverhalten gegenüber diesen Reizen einhergeht.

Einige Autoren (z.B. MENDEL & KLEIN, 1969; HALLAM, 1978)
bezweifeln, daß das Störungsbild der Agoraphobie als eigenständi-
ges Syndrom zu betrachten ist, sie sehen darin eher den Extrem-
fall neurotischer Angst bzw. affektiver Störung. Dieser Auffassung
wird von der großen Mehrzahl der Forscher widersprochen (vgl.
MATHEWS, GELDER & JOHNSTON, 1981, S.9ff.). Cluster- und
Faktorenanalyse erbrachten in der Regel substantielle Faktoren,
bei denen agoraphobische Symptome hoch laden (DIXON et al.,
1957; MARKS, 1967; SHAPIRA et al., 1970; HALLAM & HAFNER,
1978; BUTOLLO, 1979).

Im deutschen Sprachraum verwendeten ULLRICH & ULLRICH DE
MUYNCK (1974) sowie in Anlehnung hieran BARTLING et al.
(1980a) für das gleiche Syndrom die Bezeichnung "multiple Situationsphobie". Diese Störung soll im folgenden Abschnitt näher
charakterisiert werden.

----

[1] Diese Tatsache steht im Gegensatz zur Bedeutung der Tierphobien
in der experimentellen Literatur (vgl. BARTLING et al., 1980a).

[2] Im ursprünglichen Sinn wurde hierunter nur die Angst vor weiten
Plätzen verstanden (vgl. LAUGHLIN, 1956).

1.2. Das Störungsbild der Agoraphobie: Empirische Befunde zur Symptomatologie und Epidemiologie

Die folgende Fallbeschreibung[1] soll zunächst deskriptiv-anschaulich einen Eindruck vom Störungsbild agoraphobischer Symptome vermitteln:

> Frau M., 32 Jahre alt, verheiratet, zwei Kinder, macht ihren wöchentlichen Einkauf im Supermarkt. Was für andere Frauen jedoch eine Selbstverständlichkeit ist, wird für Frau M. seit drei Jahren zu einer immer wiederkehrenden Qual, denn enge Räume, viele Menschen, Warten und Schlangestehen führen bei ihr zu Herzrasen, Schweißausbrüchen und panischer Angst.
>
> Der heutige Einkauf ist für Frau M. besonders schlimm: Weder ihre elfjährige Tochter noch ihre Nachbarin können sie begleiten. Sie nimmt eine Stunde vorher zwei Beruhigungstabletten und geht gleich um 15 Uhr los, in der Hoffnung, daß um diese Zeit wenig Leute im benachbarten Geschäft sind. Besonders unangenehm ist für sie der Einkauf in der Fleischabteilung. Diese ist verwinkelt, schlecht überschaubar und liegt weit hinten im Supermarkt. Die Kasse und der Ausgang sind von der Fleischtheke aus nicht zu sehen, so daß Frau M. nicht überblicken kann, wie schnell sie im Notfall das rettende Freie erreichen könnte. Sie hat sich zur Regel gemacht, immer zuerst in die Fleischabteilung zu gehen. Denn wenn sie dort den befürchteten Anfall bekommt, hat sie noch nichts anderes im Korb und kann rausrennen, ohne an der Kasse aufgehalten zu werden. Heute stehen mehrere Leute an der Fleischtheke an. Frau M. wartet zunächst in der Nähe, läuft unruhig hin und her und versucht, sowohl Kasse als auch Fleischabteilung im Auge zu behalten. Sie bemerkt die immer stärker werdenden körperlichen Reaktionen wie Herzrasen und Schwindel, was sie noch unruhiger und ängstlicher macht. Erst als die anderen Kunden die Fleischabteilung verlassen haben, wagt sie sich hinein und tätigt ihren Einkauf so schnell es geht. Dann hastet sie durch die anderen Abteilungen, hat kaum einen Blick für Preise und Sonderangebote und versucht, möglichst schnell ihre Einkaufsliste abzuarbeiten. Ständig schweift ihr Blick zu Ausgang und Kasse, um zu prüfen wieviele Kunden dort anstehen. Dabei gehen ihr im rasenden Wechsel Gedanken durch den Kopf: "Ob ich das wohl schaffe?", "Was mache ich nur, wenn mir schlecht oder schwindelig wird? Soll ich den Korb einfach hinstellen und rausrennen?" In diesem Moment ist die Kasse völlig frei. Frau M. verzichtet auf den Orangensaft, den sie noch kaufen wollte, und läuft zur Kasse. Als sie das Geschäft verläßt, sind Herzrasen und Schwindelgefühl vorbei, sie atmet erleichtert auf, die Angst ist wie weggeblasen.

----

[1]Die Fallbeschreibung wurde aus BARTLING, FIEGENBAUM, FLIEGEL & KRAUSE (1980) entnommen.

Doch nur für kurze Zeit. Denn Frau M. hat nicht nur Angst, im Supermarkt einzukaufen. Ähnliche Symptome treten in einer Vielzahl von Situationen auf, zum Beispiel im Fahrstuhl, im Kino oder Theater, in allen Kaufhäusern oder Geschäften, bei Veranstaltungen mit vielen Menschen, im dichten Autoverkehr, auf der Autobahn (besonders wenn diese ohne Standspur ist), in Eisenbahntunneln, im Wartezimmer beim Arzt, beim Treppensteigen, auf Türmen, in großer Höhe.

In letzter Zeit fällt es Frau M. zudem immer schwerer, allein zu Hause zu sein. Auch wagt sie kaum noch, sich weiter zu Fuß von ihrer Wohnung zu entfernen. In ihrer Siedlung geht es noch, da kennt sie jede Straße und weiß, daß ein Krankenhaus in der Nähe ist. Aber in die Stadt wagt sie sich nicht mehr, und in unbekannten Gegenden spazieren zu gehen, wäre ihr - auch in Begleitung ihres Mannes - unmöglich.

Immer wenn Frau M. das Gefühl hat, eingeschlossen zu sein, "nicht raus zu können", keinen Arzt in der Nähe zu haben, der notfalls bei einem Zusammenbruch Hilfe leisten kann, überfällt sie diese Angst: Ihr wird schwindlig, sie fängt an zu schwitzen, ihr Herz rast. Sie ist von Panik ergriffen und befürchtet, ohnmächtig zu werden. Ihre Gedanken kreisen dann nur noch darum: "Wen könntest du jetzt am schnellsten erreichen?" "Bist du noch in der Nähe eines Arztes oder eines Krankenhauses?"

Angstauslösende Reize

Für Agoraphobiker typische angstauslösende **Reize exterozeptiver Art** sind: enge Räume, Menschenmengen, Dunkelheit, freie Plätze, Brücken, Türme, Geschäfte, Supermärkte, Fahrten in Verkehrsmitteln aller Art (Bus, Zug, Auto, Flugzeug, Seilbahn), Kino, Theater, Fahrstuhl, usw. (vgl. FIEGENBAUM, 1978). Diese Reize können im Einzelfall in vielfältigen und unterschiedlichen Kombinationen angstauslösend wirken.

Zahlreiche Agoraphobiker reagieren zusätzlich oder auch ausschließlich auf **interozeptive Reize** mit Angst und Vermeidung. Interozeptive Auslöser können bestimmte Gedanken ("Ich bin allein", "Es ist kein Arzt in der Nähe") oder die Wahrnehmung körperlicher Signale (z.B. das Spüren des Pulsschlages) sein. Von außen betrachtet weisen die verschiedenen angstauslösenden Situationen oft nur geringe Gemeinsamkeiten auf; die o.g. Beispiele der gedanklichen Auslöser zeigen jedoch, daß die Bewertung der Situationen von entscheidender Bedeutung ist: Das heißt, die angstauslösenden Bedingungen beinhalten vom subjektiven Standpunkt der Betroffenen aus in der Regel gemeinsame bedrohliche Aspekte; z.B. die Situation kann nicht rasch verlassen werden; es ist nicht schnell genug (medizinische) Hilfe zu erreichen; die Entfernung von einem sicheren, vertrauten Ort nimmt zu.

Angstreaktionen

Die Angstreaktionen äußern sich auf **physiologischer Ebene** durch Zittern (90%), Herzjagen (87%), starkes Schwitzen (82%), Kopfschmerzen (82%) und Schwindelgefühle (74%) (Zahlenangaben nach ULLRICH & ULLRICH DE MUYNCK, 1974), daneben werden Spannungs- oder Schwächegefühle in den Muskeln, Übelkeit, Mundtrockenheit usw. genannt.

Auf **motorischer Ebene** überwiegen Flucht- und Vermeidungsreaktionen. Auf **subjektiv-verbaler Ebene** Gefühle von Angst, Spannung, Ausgeliefert-Sein und Panik (RACHMAN & BERGOLD, 1976). Auf **kognitiver Ebene** sind eine Vielzahl von Befürchtungen vorhanden: die Angst, ohnmächtig zu werden (38%), zu sterben (13%), andere Krankheiten zu haben (10%), die Kontrolle zu verlieren (7%), nicht mehr ˙ nach Hause, in Sicherheit zu gelangen (6%), geisteskrank zu werden (6%), einen Herzanfall zu bekommen (4%), Aufsehen zu erregen (6%) und andere (9%) (Zahlenangaben nach BURNS & THORPE, 1977).

Im Laufe der Zeit entwickeln die meisten Klienten ein immer ausgeprägteres Vermeidungsverhalten; die Angst generalisiert von den ursprünglichen Situationen auf eine Vielzahl anderer Situationen, so daß (mehr oder weniger rasch) eine starke Einschränkung der Bewegungsfreiheit und Handlungsfähigkeit bis zur völligen Isolation eintritt. Häufig können die Betroffenen nur noch in Begleitung von vertrauten Personen, durch die Einnahme von Alkohol oder Beruhigungstabletten oder durch das Mitführen bestimmter sichernder Objekte (z.B. Arztadressen, Telefonnotgroschen, Gummihosen bei Angst vor Durchfall) ihre Angst in erträglichen Grenzen halten.

Begleit- und Folgesymtome

Neben den phobischen Ängsten im engeren Sinne - die in der Regel im Mittelpunkt der Problemdarstellungen der Betroffenen stehen - klagen viele Agoraphobiker über depressive Verstimmungen, Depersonalisations- und Derealisationserfahrungen, zwanghafte Syndrome, allgemein erhöhte Erregung, Nervosität und Ängstlichkeit (vgl. MARKS, 1977; BARTLING et al., 1980a; MATHEWS et al., 1981).

Zum Teil widersprüchliche Befunde liegen über begleitende Partnerprobleme und sexuelle Beziehungsstörungen, vor allem bei weiblichen Agoraphobikern, vor. Während HAND et al. (1975) zu dem Schluß kommen, daß die Agoraphobie Störungen in der Partnerbeziehung zur Folge hat, finden BUGLASS et al. (1977) bei Paaren mit einem phobischen Partner keine größeren Probleme als bei einer "normalen Kontrollgruppe".[1]

Anzahl, Dauer und Schwere der phobischen Haupt- und Zusatzsymptome[2] bestimmen, in welchem Maß langfristig Folgesymptome, z.B. in Form von Verhaltensdefiziten, entstehen (ULLRICH & ULLRICH DE MUYNCK, 1973). Hier sind vor allem Auswirkungen auf die Berufstätigkeit bis hin zum Arbeitsplatzverlust, die Einschränkung sozialer Kontakte und die Veränderungen im Partner- und Familiensystem zu nennen.

Ereignisse zu Beginn der Störung

Die empirischen Daten zur Genese der Störung sind z.T. diskordant. Solche Daten werden in der Regel nicht ohne (explizite oder implizite) Annahmen zur Ätiologie[3] erhoben. Da häufig subjektive Maße die Grundlage der Erhebungen bilden, spiegelt denn wohl auch die Unterschiedlichkeit der Befunde im wesentlichen die Unterschiede im theoretischen Suchraum der Autoren wider.

- - - - - - - -

[1]Die Frage von Beziehungsstörungen wird uns im ätiologischen Zusammenhang noch eingehend beschäftigen; wir verweisen auf weitere Untersuchungen und Überlegungen im Kapitel 1.4.2.

[2]Die Diskussion, ob es sich um ursächliche Störungen, Begleit- oder Folgesymptome handelt, soll zunächst zurückgestellt werden.

[3]Vergleiche hierzu die ausführliche Diskussion ätiologischer Modelle in Kapitel 1.3.

Eine weitgehende Übereinstimmung der Ergebnisse besteht dahingehend, daß zahlreiche Klienten einen plötzlichen Beginn der Störung
berichten: So schildert SNAITH (1968), daß zwei Drittel der von
ihm untersuchten Klienten einen unerwarteten Angstanfall in einer
der später gefürchteten und gemiedenen Situationen als Anfangspunkt
in der Entwicklung ihrer Symptomatik sehen. Auch 60% der von uns
behandelten Agoraphobiker (N = 160) konnten sich an ein einzelnes
bedeutsames Ereignis zum Zeitpunkt des Phobiebeginns erinnern.

Das inhaltliche Spektrum der in der Literatur beschriebenen phobie-
auslösenden Ereignisse variiert sehr. Es werden genannt:

- Veränderungen der allgemeinen Lebensbedingungen, z.B. Tod einer
  Bezugsperson, Krankheit, Ehescheidung (MARKS, 1969; BARTLING
  et al., 1980a).

- Streß- und Mißerfolgserfahrungen außer Haus, z.B. im Beruf
  (MARKS, 1969; FIEGENBAUM, 1982).

- Intensive Angstreaktionen, gekennzeichnet durch gesteigerte biologische Aktivität, rezudierte Leistungsfähigkeit sowie stereo-
  type und fixierte Reaktionen (KANFER & PHILLIPS, 1975).

- Wiederholtes Auftreten von subjektiv nicht erklärbaren Angst-und
  Erregungszuständen (MARKS, 1969).

- Gefühl der Hilflosigkeit als Resultat der Unterbrechung eines
  Handlungsplanes, des Wegfalls von Verstärkern und des Fehlens
  situationsangemessener Bewältigungsstrategien (RACHMAN &
  SELIGMAN, 1976; LAZARUS, 1966).

- Konfliktsituationen in der Partnerschaft, z.B. beim Wunsch, sich
  vom Partner zu trennen und gleichzeitig bestehender Abhängigkeit
  (GOLDSTEIN, 1973).

Entstehungszeitpunkt

Agoraphobien entwickeln sich nach Angaben der meisten Autoren in
der Regel zwischen dem 18. und dem 33.Lebensjahr (MARKS &
GELDER, 1966; MARKS, 1969; BUGLASS et al., 1977). (Dagegen
wird die Erstmanifestation von Tierphobien und spezifischen Phobien
meist in der Kindheit angesiedelt.) Z.T. wird auch eine größere

Spannweite des Alters bei Beginn der Störung berichtet: So fanden BURNS & THORPE (1977), daß die Agoraphobie in 10% der Fälle bereits vor dem 15.Lebensjahr einsetzt, bei 13% jedoch erst nach dem 40.Lebensjahr. Einigkeit herrscht jedoch darüber, daß die Entstehung von Agoraphobien vorwiegend im **frühen Erwachsenen- oder im späten Jugendalter** anzusiedeln ist. Daneben wird auch eine bimodale Verteilung mit dem ersten Höhepunkt zum Ende des Jugendalters und dem zweiten etwa um 30 Jahre diskutiert (MARKS & GELDER, 1966).

Extrem kindliche Ängste werden wegen ihrer geringen Persistenz von den meisten Autoren als nicht vergleichbar mit den Agoraphobien der Erwachsenen betrachtet (MARKS, 1969; MEYER & CRISP, 1970; A.A. LAZARUS, 1972; AGRAS et al., 1972; HAMPE et al., 1973).

Auftretenshäufigkeit und Geschlechterverteilung

AGRAS et al. (1969) untersuchten die Bevölkerung einer kleinen nordamerikanischen Stadt und fanden bei 77 von 1.000 Einwohnern phobische Symptome. 2,2 von 1.000 waren so schwer beeinträchtigt, daß sie keinen Beruf mehr ausüben bzw. den Haushalt nicht mehr führen konnten.

Übereinstimmend berichten TERHUNE (1949), ERRERA & COLEMAN (1963) und MARKS (1970), daß 2-3% der psychiatrisch behandelten Patienten an Phobien, vorwiegend Agoraphobien, leiden.

Auffallend ist die ungleiche Geschlechterverteilung bei Agoraphobikern. Während spezifische Phobien bei den Geschlechtern gleichverteilt sind (MARKS, 1969), treten die Agoraphobien überwiegend bei Frauen auf. Die Angaben schwanken zwischen 75% (MARKS, 1969), 77% (BARTLING et al., 1980), 84% (HAWKES, 1970) und 89% (TUKKER, 1956; MARKS & GELDER, 1965, 1966).

1.3.   Angsttheorien und ihr Erklärungswert für die Entstehung und Auf-
       rechterhaltung von Phobien

Im folgenden sollen psychologische Angsttheorien dargestellt und dahingehend überprüft werden, inwieweit sie Hinweise auf Bedingungen
der Entstehung und Aufrechterhaltung auch solcher Ängste geben,
die nicht als adaptiv eingeschätzt werden können, sondern vielmehr
exzessiv und unangemessen auftreten und für das betroffene Individuum langfristig schädlich sind.

1.3.1. LERNTHEORETISCHE MODELLE DER ANGST

Den ersten lerntheoretischen Erklärungsansätzen für phobische Reaktionen lag ausschließlich das Paradigma der klassischen Konditionierung zugrunde: Man nahm also an, daß es sich bei den Phobien um
klassisch konditionierte Angstreaktionen handelte. Seine wesentliche
Stützung erfuhr dieses Paradigma durch die Schilderung von WATSON
& RAYNER (1920), daß es Ihnen gelang, bei einem Kind eine Fell-
tierphobie hervorzurufen. Dieses Ergebnis konnte jedoch in mehreren
nachfolgenden Experimenten nicht repliziert werden (vgl. Davison &
NEALE, 1979, S. 139) und wurde von BISCHOF (1980) als Fälschung
entlarvt. Es wurde dabei deutlich, daß das Modell der klassischen
Konditionierung zur Erklärung phobischer Ängste, insbesondere auch
des Vermeidungsverhaltens, allein nicht ausreichend ist (ENGLISH,
1929; BREGMAN, 1934).

MOWRER entwickelte dann, unter Einbeziehung des Lernparadigmas
der instrumentellen Konditionierung, die **"Zwei-Faktoren-Theorie des
Erwerbs von Angst und Vermeidung"** (MOWRER, 1939, 1950, 1960;
vgl. auch MILLER, 1951). Das Modell von MOWRER galt lange als
grundlegende Erklärung für den Erwerb von Angst und Vermeidung.
MOWRER geht davon aus, daß lebende Organismen über zwei Arten
von Reaktionen verfügen:

  - offen beobachtbare, verhaltensmäßige und
  - emotionale, physiologische.

Offenes Verhalten dient dazu, Kontrolle über Einflußgrößen in der
Außenwelt auszuüben (z.B. schädliche Reize meiden, angenehme Reize

suchen). Emotionale Reaktionen haben demgegenüber die Aufgabe, die Außenwelt zu registrieren und in Erwartung eintretender Ereignisse Aktionen vorzubereiten. Die Verhaltensweisen werden in MOWRERs Sicht nach den Regeln des instrumentellen, die Emotionen nach den Prinzipien des klassischen Konditionierens gelernt. MOWRER nimmt an, daß die meisten Lernprozesse beide Lernarten einschließen und erklärt die Entstehung von Angst und Vermeidung folgendermaßen:

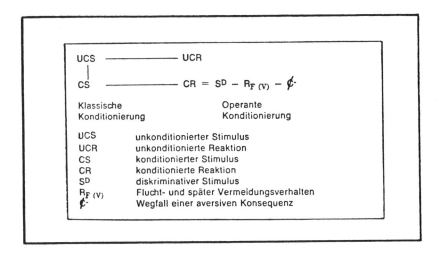

Abbildung 1: Darstellung der MOWRERschen "Zwei Faktoren-Theorie" in Symbolen der KANFER-Gleichung (KANFER & SASLOW, 1965).

1. Phase: Klassisches Konditionieren

Bestimmte Schmerz-Furcht-Stimuli können ohne vorheriges Lernen Schmerz-Furcht-Reaktionen auslösen (UCS-UCR). Im Vorgang des klassischen Konditionierens werden neutrale Stimuli, die zeitlich kontingent mit den Schmerz-Furcht-Stimuli auftreten, an diese Verbindung gekoppelt und können bei alleinigem Auftreten eine konditionierte emotionale Reaktion (CR) auslösen (CS-CR). Die konditionierte emotionale Reaktion (CR) entspricht nicht vollkommen der Schmerz-Furcht-Reaktion (UCR). Sie wird Angstreaktion genannt. Die Wahrscheinlichkeit dafür, daß exzessive Ängste (Phobien) ausgebildet werden, steigt unter der Wirkung sehr stark angstauslösender Situationen und bei häufig wiederholtem gleichzeitigen Auftreten von Angst und dem phobischen Reiz (RACHMAN & BERGOLD, 1976).

2. Phase: Instrumentelles Konditionieren

Zeigt der Organismus nach dem Auftreten der Angstreaktion motorische Reaktionen, die die Angst herabsetzen bzw. den CS beenden, so kommt es zu Flucht- oder Vermeidungslernen. Die motorische Reaktion wird verstärkt, d.h. sie wird in Zukunft in ähnlichen Situationen mit erhöhter Wahrscheinlichkeit auftreten.

Ein entscheidender Aspekt bei diesem Konzept ist die Vorstellung, daß die konditionierte Angstreaktion Triebcharakter hat und durch Triebreduktion instrumentelles Lernen[1] möglich ist; dieses erfolgt vornehmlich durch aktives Flucht- bzw. Vermeidungsverhalten, welches den aversiven Reiz beendigt oder seinem Auftreten vorbeugt.

Gegen MOWRERs Modell vorgebracht wurden u.a. folgende Einwände: Bei perfektem Vermeidungsverhalten müßte es (a) zur Löschung der Angstreaktion kommen, weil die zeitliche Kontiguität von konditioniertem und unkonditioniertem Reiz aufgehoben würde und damit die Verbindung zwischen konditioniertem Reiz und konditionierter (Angst-) Reaktion gelöscht werden müßte. Es müßte (b) einige Zeit später auch zur Löschung des Vermeidungsverhaltens kommen, da dieses nicht mehr durch eine weitere Reduktion des Angsttriebes verstärkt werden kann.

Die Zwei-Faktoren-Theorie kann folglich die hohe Extinktionsresistenz phobischen Verhaltens nicht erklären. Zur Auflösung der o.g. Widersprüche wurden mehrere Modifikationen der Zwei-Faktoren-Theorie vorgeschlagen:

SOLOMON & WYNNE (1954) entwickelten die Konzepte der **"Angstbewahrung"** und der **"teilweisen Irreversibilität"**. Ersteres besagt, daß Angst und Vermeidung oszillierende Prozesse sind, die sich gegenseitig steuern und die Lösung der CS-CR-Verbindung hinauszögern: Nach diesem Prinzip erfolgt die Vermeidung bei häufigen Wiederholungen so schnell, daß die CS-CR-Verbindung gar nicht mehr wirksam

----

[1] Ausgehend von HULL (1943) hat die Triebreduktion verstärkenden Charakter.

wird. Da keine Angst mehr entsteht, kommt es auch nicht zur Verstärkung des Vermeidungsverhaltens: die Vermeidung verzögert sich.
Diese Konstellation begünstigt ein erneutes Auftreten der CS-CR-
Verbindung (Angstentstehung) und führt in der Folge wiederum zur
Verkürzung der Latenzzeit für die Vermeidungsreaktion. Die Folge
ist ein die Löschung verzögernder, oszillierender Prozeß mit langfristiger Schwächung der CS-CR-Verbindung durch Wegfall der Kontiguität von UCS und CS (vgl. Abbildung 1). Durch das Prinzip der
"Angstbewahrung" werden experimentelle Befunde erklärt, die auf
eine zunehmende Stereotypisierung der Vermeidung ohne sichtbare
Angstbegleitung und auf einen Angstanstieg bei Reaktionsblockierung
hinweisen. Ihren Anspruch, die Löschungsresistenz zu begründen,
kann dieses Prinzip jedoch nicht erfüllen. Statt dessen erklärt es
eher, wie gefürchtete Situationen langfristig ihre angstauslösende
Wirkung verlieren können, wenn die CS-CR-Verbindung nicht erneut
klassisch konditioniert wird.

Daher wurde von SOLOMON & WYNNE zusätzlich das Prinzip der
Irreversibilität der klassischen Konditionierung bei Lernen durch
Traumata aufgestellt. Entsprechend dieser Zusatzannahme sind Zell-
oder hormonale Veränderungen dafür verantwortlich, daß die CS-CR-
Verbindung bestehen bleibt. Wenn man jedoch den Begriff der Irreversibilität tatsächlich im Sinne der Nicht-Umkehrbarkeit versteht,
schließt das postulierende Prinzip u.E. Angstreduktionen durch psychologische Behandlungen aus.

EYSENCK (1968) vertritt die These, daß Intensität und Löschungsresistenz einer konditionierten Angstreaktion von zwei Prozessen
bestimmt seien, dem der **"Extinktion"** und dem der **"Inkubation"**.
Während die Extinktion die Löschung der konditionierten Reaktion
darstellt, beinhaltet der Prozeß der Inkubation eine Verfestigung
und Intensivierung der konditionierten Reaktion. EYSENCK nimmt
für diesen Fall an, daß die konditionierte Reaktion (Angst, erhöhte
Herzfrequenz, Atembeschwerden) negativ erlebt wird und damit
selbst einen aversiven internen Stimulus darstellt. Dieser wird an
den konditionierten Stimulus (CS) zurückgekoppelt, so daß der CS
ebenfalls zu einem aversiven Reiz wird, der Angst auslöst und die
CR verstärkt. Aufgrund dieses sich aufschaukelnden Prozesses ist

eine fortschreitende Festigung der Angst zu erwarten. Die Prozesse der Extinktion und der Inkubation laufen gleichzeitig ab; welcher der beiden sich durchsetzt, hängt nach EYSENCK von einer Vielzahl von Variablen ab. Unter anderem sieht er Zusammenhänge zu Persönlichkeitsdimensionen wie Introversion/Extraversion und Neurotizismus (EYSENCK, 1976). Zwar scheinen einige experimentelle Beobachtungen sowohl an Menschen (CAMPBELL et al., 1964) als auch an Tieren (NAPALKOW, 1963) EYSENECKs Theorie zu untermauern, eine grundlegende Prüfung der Hauptannahme des Modells wurde bislang jedoch noch nicht vorgenommen.

Mögliche genetische Einflüsse bei der Entstehung von Phobien werden von SELIGMAN (1971) herausgestellt. Die Grundthese seiner **"Preparedness-Theorie"** ist, daß Menschen im Laufe ihrer Phylogenese gelernt haben, auf bestimmte Stimuli aufgrund deren Bedeutung für die Sicherheit des Menschen in seiner ursprünglich natürlichen Umgebung leichter, schneller und dauerhafter mit Angst zu reagieren. Die Auslöser einer phobischen Angstreaktion werden als in diesem Sinne besonders leicht lernbare ("prepared") Stimuli betrachtet. SELIGMAN versucht im Rahmen seiner Theorie, die **Selektivität der Stimuli**, die hohe **Löschungsresistenz** sowie den **plötzlichen Beginn** der meisten Phobien zu erklären. Eine Reihe experimenteller Befunde (ÖHMAN, ERIXON & LÖFBERG, 1975; ÖHMAN, FREDRIKSON & HUGDAHL, 1978) können zur Stützung der Theorie angeführt werden, die zwar Anhaltspunkte für die spezifische Art der phobischen Auslösereize bietet, aber wenig Erklärungswert für interindividuelle Unterschiede aufweist.

Die bisher dargestellten Modelle gehen von der Annahme aus, daß die Angstreduktion den verstärkenden Vorgang für das Vermeidungsverhalten darstellt. HERRNSTEIN (1969) wie auch GRAY (1971) betrachten demgegenüber die Persistenz des Vermeidungsverhaltens aufgrund von Beobachtungen in Tierexperimenten (KAMIN, BRIMER & BLACK, 1963; GRAY, 1971) als relativ unabhängig von Angst und Angstreduktion. HERRNSTEIN (1969) versucht mit seinem **Ein-Faktoren-Modell** die beiden Prozesse in MOWRERs Theorie auf ein gemeinsames Prinzip zu reduzieren. Er betrachtet den von MOWRER als CS bezeichneten Stimulus als diskriminativen Reiz, der dem Individuum einen Hinweis auf eine notwendige Vorbereitungsreaktion gibt. Das Eintreten der Erwartung (die Vermeidungsreaktion verhindert oder verringert den Schmerz) wirkt verstärkend in Bezug auf das Vermeidungsverhalten. Die Vermeidungsreaktion wird demnach nicht gelernt, weil sie den CS beendigt, sondern weil sie eine sinnvolle vorbereitende Reaktion zur Schmerzlinderung darstellt. An die Vermeidungsreaktion ist eine **Erfolgserwartung** geknüpft, die beim Eintreten der Erwartung die Reaktion positiv verstärkt und festigt.

Demgegenüber geht GRAY (1971) davon aus, daß das Ausbleiben eines erwarteten aversiven Ereignisses diese (hier: negativ verstärkende) Funktion übernimmt. Stimuli, die diesen Prozeß (Ausbleiben des erwarteten aversiven Ereignisses) begleiten, werden zu Sicherheitssignalen und erhalten Verstärkungsfunktion für das Vermeidungsverhalten.

Entscheidend ist bei beiden Annahmen, daß die Erwartung des Individuums und damit die **kognitive Repräsentation von Reizen** eine entscheidende Bedeutung für die Erklärung phobischen Vermeidungsverhaltens erhält. Das Erleben eines traumatischen Ereignisses - bisher Grundvoraussetzung einer phobischen Entwicklung - ist für die Initiierung von Vermeidungsverhalten nicht mehr zwingend notwendig. Die Ergebnisse retrospektiver Erhebungen, in denen keine Traumata ermittelt werden konnten, finden damit eine mögliche Erklärung. Die Ein-Faktoren-Modelle von HERRNSTEIN und GRAY können zwar die Aufrechterhaltung von Vermeidungsreaktionen erklären, nicht jedoch die Entstehung und Aufrechterhaltung von Angstreaktionen.

In diesem Zusammenhang soll auch auf den Erwerb von Angstreaktionen durch **Modellernen** (BANDURA & WALTERS, 1963) eingegangen werden. BANDURA & ROSENTHAL (1966) konnten nachweisen, daß die Beobachtung eines Modells, das auf einen Reiz hin Angstreaktionen zeigte, ausreicht, um bei den Beobachtern selbst eine aversive emotionale Reaktion hervorzurufen. Nach dem Konzept des sozialen Lernens kann bereits die verbale Vermittlung einer Gefahr oder einer aversiven Erfahrung zu stellvertretendem Lernen einer emotionalen Reaktion führen. Damit wird das Paradigma der klassischen Konditionierung von Schmerz-Angst-Reaktionen gänzlich aufgehoben. Es gibt jedoch weder empirische Befunde noch klinische Hinweise darauf, daß starke Angstreaktionen im Sinne der Agoraphobie überwiegend durch Modellernen erworben werden. Die Bewertung von Reizen als bedrohlich und die Wahl der Vermeidung als Bewältigungsstrategie kann jedoch u.U. durch stellvertretendes Lernen erworben werden.

Die zuletzt genannten Konzepte reichen bereits in den Bereich kognitiver Theorien herein, die im Abschnitt 1.3.3. eingehender diskutiert werden sollen.

1.3.2. PSYCHOPHYSIOLOGISCHE ASPEKTE DER ANGST

Physiologische Konzepte der Angst beziehen sich weniger auf die Entstehungsbedingungen als auf den Ablauf von Erregungs- und Hemmungsprozessen in Angst- und Gefahrensituationen. Im Mittelpunkt der Überprüfung dieser Konzepte steht die Aktivierung als physiologisches Korrelat der Angst. "Angst und Unbehagen zeichnen sich primär durch extrem hohe physiologische und subjektive Erregungsniveaus aus" (BIRBAUMER, 1977a, S. 90). Die psycho-physiologische Angstforschung ist daher darauf ausgerichtet, jene Bedingungen zu identifizieren, unter denen es zu einem Anstieg bzw. zu einem Absinken der Aktivierung kommt. Darüber hinaus werden die aversiven und verstärkenden Auswirkungen dieser Vorgänge erforscht (vgl. SOKOLOW, 1963; BERLYNE, 1969; GROVES & THOMPSON, 1970).

Aus BERLYNEs Aussagen über die aversive Wirkung hoher Aktivierung lassen sich Verbindungen zu Angstphänomenen herstellen: Aufbauend auf Forschungsergebnissen von DUFFY (1962), MALMO (1962) und ROUTTENBERG (1968) postuliert BERLYNE (1969) die Existenz von Verstärkungs- und Aversionszentren im Gehirn. Das Verstärkungsprinzip spricht bereits bei niedrigem Aktivierungsniveau an und führt zu einer Aktivierung im Zentralnervensystem. Die verstärkende Wirkung steigt bei einer Stimulusintensivierung zunächst an, bleibt dann aber relativ konstant. Das Aversionssystem besitzt zwar eine höhere Auslöseschwelle, erreicht nach dem Anstieg jedoch höhere Absolutwerte als das Verstärkungssystem. Die Summe beider Systeme bildet den Gesamtwert. Das bedeutet, daß ein mittleres Aktivierungsniveau einen optimalen Verstärkerwert aufweist.

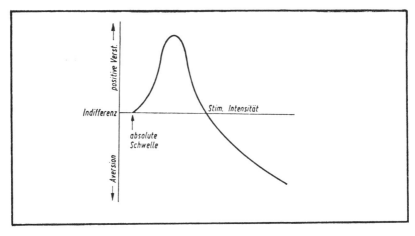

Abbildung 2: Abhängigkeit des Belohnungswertes vom Arousalpotential. Optimaler Verstärkerwert bei mittlerem Aktivierungsniveau (aus BIRBAUMER, 1977a, S. 93).

Nach diesem Konzept ist der Grad der Aktivierung und damit das Ausmaß der Angst direkt von der **Stimulusintensität** abhängig. Ähnliche Aussagen über den Zusammenhang von Stimulusintensität und Aktivierung machen SELYE (1956), SOKOLOW (1963) und GROVES & THOMPSON (1970).

Auch LADER & WING (1966), LADER (1967) und LADER & MATHEWS (1968, 1977) betrachten den Zusammenhang zwischen physiologischer Aktivierung und Angst; ihre Arbeiten stehen bereits in engem Anwendungsbezug zur Angstbehandlung, speziell zur systematischen Desensibilisierung. Bei Untersuchungen zur spontanen Fluktuation der Hautleitfähigkeit (psychogalvanische Reaktionen) stellen sie fest, daß Patienten mit frei flottierenden Ängsten, Agoraphobien und sozialen Ängsten eine weitaus größere Anzahl an Spontanfluktuationen und eine langsamere Habituationsrate als Gesunde bzw. als Patienten mit Monophobien zeigen. Sie schließen daraus, daß die erstgenannten Patientengruppen ein pathologisch hohes Ruheaktivierungsniveau aufweisen, bei dem bereits eine geringe Reizung ausreicht, um eine "Panikattacke", also einen akuten Angst- und Erregungszustand hervorzurufen. Je höher das Ruheaktivierungsniveau ist, einer um so geringeren Reizintensität bedarf es zur Auslösung einer Panikattacke. So können auch "neutrale" Reize bei größerer Intensität, Komplexität oder Neuheit zu konditionierten Angstreaktionen führen. Gerade die für die Agoraphobiker angstauslösenden Situationen weisen nach LADER & MATHEWS (1977) die o.g. Merkmale auf. LADER & MATHEWS führen damit als weitere Variable das in einer speziellen Interaktion mit der Reizintensität stehende **Ruheaktivierungsniveau** ein und postulieren bei Agoraphobikern einen Zustand "chronischer Übererregung" (1977, S. 129).

Das Ausmaß der Erregbarkeit des autonomen Nervensystems wird auch von jenen Autoren berücksichtigt, die das sogenannte "Diathese-Stress-Modell" vertreten. Sie nehmen eine Interaktion zwischen Lernprozessen und angeborenen Dispositionsvariablen an (LACEY, 1967; DAVISON & NEALE, 1979). Damit ließe sich erklären, warum Personen unterschiedlich auf vergleichbare Umweltereignisse reagieren.

Die Hypothese einer genetischen Disposition zur Übererregbarkeit des autonomen Nervensystems konnte bisher weder belegt noch eindeutig verworfen werden (vgl. ROSENTHAL, 1970; TORGERSEN, 1979), so daß die Entstehungsbedingungen des pathologischen Erregungsniveaus unklar bleiben. Das Modell wurde später von MATHEWS, GELDER & JOHNSTON (1981) modifiziert: Statt einer genetischen Determinante postulieren sie nun, daß Agoraphobiker neben einem hohen Grad allgemeiner Ängstlichkeit (trait anxiety) zum Zeitpunkt der Phobieentwicklung erhöhten unspezifischen Streßbedingungen ausgesetzt sind. Für diese Annahme lassen sich u.E. eine Reihe von Belegen finden (vgl. Kapitel 1.2., "Ereignisse zu Beginn der Störung", sowie SNAITH, 1968; SOLYOM et al., 1974).

Auch EPSTEIN (1967, 1972, 1977) beschäftigt sich mit der Interaktion von Reizintensität und Erregung. Er stellt jedoch die These auf, daß der Verlauf jeder Erregung von **zwei** unabhängigen Prozessen bestimmt wird. Er postuliert einen **Excitationsgradienten** und einen **Hemmungsgradienten,** die beide Funktionen der Reizintensität, der seit der Reizdarbietung verstrichenen Zeit und der Anzahl der

Reizdarbietungen sind. In Abhängigkeit von der Reizintensität steigt der Hemmungsgradient steiler an als der Excitationsgradient (vgl. Abbildung 3).

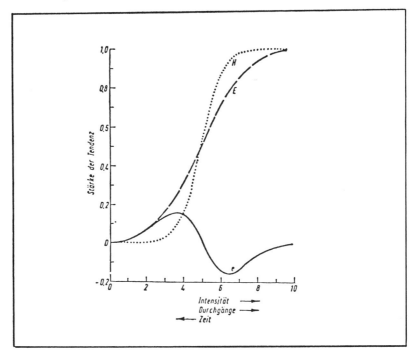

Abbildung 3: Theoretische Kurven der Erregung (Excitation) (E), Hemmung (H) und der Nettoerregung (e) als Funktion der Reizintensität. Der Verlauf der Hemmungskurve wird durch das Integral der Normalverteilung dargestellt: $H = \int \varphi(x)$, die Erregungskurve durch die Formel: $E = \int \varphi(x/2)$. Aus EPSTEIN, 1977, S. 256.

Die erlebte und meßbare "Nettoerregung" resultiert aus dem Zusammenspiel von Erregungs- und Hemmungsprozessen. Bei mittlerer Stimulusintensität ist entsprechend Abbildung 3 die höchste "Nettoerregung zu erwarten, bei stärkerer Stimulierung überwiegen die Hemmungsprozesse, und ein Absinken der "Nettoerregung" ist die Folge. Aufgabe dieses Systems ist es, durch Modulation der Intensitätskomponente jeder Reizung "die Voraussetzungen für effizienten Umweltkontakt" zu schaffen (EPSTEIN, 1977, S. 254).

Ohne Berücksichtigung der weiter unten noch zu diskutierenden kognitiven Konzepte EPSTEINs können wir folgern, daß die Flucht aus bedrohlichen Situationen, **bevor** die Angsthemmung überwiegt, für den Aufbau phobischen Verhaltens als entscheidend angesehen werden kann. Flucht bzw. später Vermeidung solcher mit hoher Erregung verknüpften Situationen führen nach EPSTEIN zu einer ausgeprägten "Unerfahrenheit" im Umgang mit bedrohlichen Situationen; phobische Patienten gelten in diesem Sinne generell als "angstunerfahrene Personen".

Es bleibt zunächst offen, warum die phobischen Reize überhaupt als bedrohlich eingeschätzt werden; in diesem Zusammenhang verweisen wir auf die weiterführenden Modellvorstellungen EPSTEINs, die auch lerntheoretische und kognitive Überlegungen einbeziehen (s. Kapitel 1.3.3).

Die physiologischen Ansätze beschäftigen sich primär mit den Zusammenhängen zwischen Reizintensität, Ruheaktivierungsniveau und angstbegleitender Erregung. Diese Modelle können Angst und phobische Phänomene nicht ohne Hinzuziehung von Lernprinzipien erklären. In der Regel ergänzen sie Konzepte der klassischen und instrumentellen Konditionierung und versuchen, die dort bestehenden Erklärungsdefizite auszugleichen. Konkret heißt das: Die MOWRER - sche "Zwei Faktoren-Theorie" kann nicht erklären, warum Individuen unterschiedlich auf bestimmte Außenreize reagieren, warum manche nach traumatischen Erfahrungen Phobien entwickeln und andere nicht. Auch der Preparedness-Ansatz erklärt primär die Objektwahl, nicht jedoch interindividuelle Unterschiede. Unter Hinzuziehung einer biologischen Disposition, also z.B. der Annahme, Phobiker seien mit einer Übererregbarkeit des autonomen Nervensystems ausgestattet, gelingt es, interindividuelle Unterschiede zu erklären. Eine empirische Absicherung dieser Annahmen steht noch aus.

Neuere Überlegungen von MATHEWS, GELDER & JOHNSTON (1981) erweitern den Dispositionsgedanken auf Persönlichkeitsvariablen (allgemeine Ängstlichkeit), die wiederum in Interaktionen mit Umweltbedingungen (erhöhter unspezifischer Streß) stehen. Die Überlegungen von EPSTEIN gehen in eine andere Richtung. Nicht die Disposition, sondern der nicht gelernte Umgang mit bedrohlichen Situationen und die mangelnde Entwicklung von Angst-Hemmsystemen bedingen das hohe Erregungsniveau von angst-unerfahrenen Personen.

1.3.3. KOGNITIVE ANGSTTHEORIEN

Die in diesem Abschnitt dargestellten Theorien werden häufig als "kognitive Theorien" bezeichnet. Diese Bezeichnung ist unscharf, weil die darunter gefaßten Aspekte nicht ausschließlich kognitive Verarbeitungsprozesse zum Gegenstand haben. So bezieht sich der Kognitionsbegriff von LAZARUS auf physiologische, verhaltensmäßige und kognitive Aspekte; gleiches gilt für das von EPSTEIN beschriebene Angstkontrollsystem und das Aufmersamkeits-Perseverationsmodell von BUTOLLO. Im Gegensatz zu den vorher genannten Theorieansätzen beschäftigen sie sich jedoch explizit und schwerpunktmäßig mit kognitiven Verarbeitungsprozessen, wie z.b. der Ausbildung von Erwartungen, der Bewertung von Ereignissen anhand dieser Erwartungen und der Bewertung der eigenen Handlungskompetenzen.

Angst-Kontroll-System von EPSTEIN

EPSTEIN versucht, Reiz-Reaktions-Ansätze, das physiologische Aktivierungskonzept und den Begriff der Erwartung miteinander zu verbinden (EPSTEIN, 1967, 1972, 1977). (Auf seine Aussagen über die physiologischen Aspekte von Erregungs- und Hemmungsprozessen sind wir bereits im vorigen Kapitel eingegangen). EPSTEIN differenziert zwischen Angst, Furcht und Aktivierung: "Furcht ist ein Motivationskonzept, Aktivierung die richtungslose Komponente jeder Motivation", und Angst liegt insofern "zwischen Furcht und Aktivierung" (EPSTEIN, 1977, S. 235), als sie einer ungerichteten Aktivierung bei der Wahrnehmung von Gefahr entspricht. Im Angstzustand verspürt das Individuum diffuse, als aversiv erlebte Erregung, ist aber nicht in der Lage, diese Erregung in sinnvolle Handlungen umzusetzen. Bei Furcht hingegen ist ein klarer Handlungsentschluß vorhanden, der z.b. zu Vermeidungsverhalten führt. Die Grenze zwischen Angst und Furcht ist dabei fließend.

Angst wird durch folgende Vorgänge ausgelöst (EPSTEIN, 1972):

(1) **Primäre Überstimulation**
  Diese bezieht sich auf Intensität und Frequenz erregungsauslösender Stimuli (z.b. laute Geräusche, Schmerzreize).

(2) **Kognitive Inkongruenz**

Damit wird das Unvermögen des Individuums bezeichnet, angesichts bestimmter Vorgänge in seiner Umwelt valide Erwartungen aufzubauen (z.B. das Fehlen von Sicherheit durch mangelhafte Entwicklung verläßlicher Erwartungen).

(3) **Reaktionsblockierung**

Gemeint ist damit die Unmöglichkeit, bei steigender Erregung eine motorische Entladung vornehmen zu können, d.h. mit Flucht oder Angriff zu reagieren.

Der Prozeß der Angsthemmung, von EPSTEIN auch als Angst-Furcht-Kontrolle bezeichnet, wird durch ein in die "Tiefe und Breite gestaffeltes System" (EPSTEIN, 1977) gesteuert, das aus drei Teilsystemen besteht:

(1) **Physiologische Hemmung** (vgl. Kap. 1.3.2.)

Hier werden als letzte Möglichkeit biologische Notfallreaktionen (z.B. Ohnmacht) beschrieben.

(2) **Verhaltensmäßig-motorische Hemmung**

Diese wird durch Ausführung von Reaktionen, die mit Angst unvereinbar sind, in Gang gesetzt.

(3) **Psychologische Hemmung**

Dieses beinhaltet vor allem kognitive Prozesse:

- Vermeidung furchterzeugender Hinweisreize bei der Wahrnehmung, im Denken und bei offenen Reaktionen;
- Erzeugung ablenkender Reaktionen, insbesondere solcher, deren Inhalt mit Angst unvereinbar ist;
- Betonung der positiven Aspekte eines ambivalent eingeschätzten Zielobjektes und Bevorzugung der damit verbundenen Hinweisreize.

Durch den Einsatz dieser verschiedenen Hemmungsmechanismen entsteht ein moduliertes Kontrollsystem, das im Normalfall bei der Angstkontrolle in Kraft tritt. Das System spricht bereits bei geringen Aktivierungsgraden an und stellt stufenweise zusätzliche Kontrollen bereit, wenn sich die zunächst eingesetzten als nicht wirksam erweisen. Durch häufigen Umgang mit angstauslösenden Stimuli kommt es zu einer immer besseren Kontrolle der Angsterregung: Solchermaßen erfahrene Personen hemmen bei Annäherung an eine Gefahr ihre Angsterregung früher und erleben so einen weniger starken Erregungsanstieg als diesbezüglich unerfahrene Personen und solche mit abnormer Angstkontrolle. Phobiker werden von EPSTEIN angstunerfahrenen Personen bzw. solchen mit abnormer Angstkontrolle gleichgesetzt. Bei der **abnormen Angstkontrolle** fehlen die Breite und die Tiefe der Hemmung, sie ist durch die Beibehaltung des frühen, unmodulierten Angstkontrollsystems gekennzeichnet: Zwischen angsterregenden Stimuli und letzten biologischen Notfallreaktionen existiert nur noch ein relativ schwaches Abwehrsystem; angstauslösende Reize können nicht nach unterschiedlicher Stärke und mit unterschiedlichen Strategien gehemmt werden.

Theorie der Angstverarbeitung nach R.S. LAZARUS

Die Angsttheorie von LAZARUS ist eingebettet in eine allgemeine Emotionstheorie, in der kognitive Bewertungsprozesse eine zentrale Rolle spielen (LAZARUS, 1966; LAZARUS & AVERILL, 1972; LAZARUS et al., 1977).

Emotionen werden dabei als komplexe Reaktionsmuster mit kognitiven, motorischen und physiologischen Korrelationen betrachtet. LAZARUS definiert Angst als eine Emotion, die entsteht, wenn die Bewertung einer Situation diese als bedrohlich erscheinen läßt und die Möglichkeiten zur Beseitigung der Gefahr als unzureichend eingeschätzt werden. Die Bewertung enthält symbolische, antizipatorische und mehrdeutige Elemente:

- Symbolisch bedeutet, daß angsterzeugende Bedrohungen sich in der Regel nicht auf konkrete physische Beeinträchtigungen beziehen, sondern auf Vorstellungen, Konzepte und Wertsysteme einer Person.

- Antizipatorisch bezieht sich auf die Erwartung einer Beeinträchtigung, d.h. auf die Beachtung und entsprechende Interpretation von Hinweisreizen.

- Mehrdeutigkeit einer Bedrohungssituation wird insofern als ein zusätzlich angststeigernder Aspekt angesehen, als sie eine Unsicherheit hinsichtlich der adäquaten Handlungen nach sich zieht.

LAZARUS beschreibt den kognitiven Prozeß der Informationsverarbeitung und -bewertung der Bewältigungsmöglichkeiten in drei Stufen, wobei jede einzeln oder auch alle mehrfach durchlaufen werden können:

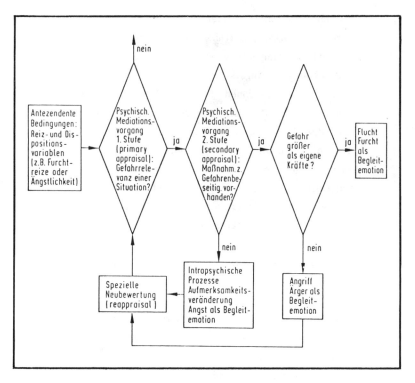

Abbildung 4: Schema der Angstauslösung und -verarbeitung nach der Theorie von LAZARUS (1966; übersetzt v. KROHNE, 1976). Aus BUTOLLO, 1979, S. 61.

(1) **Situationsbewertung** (primary appraisal)

Hier wird die Situation hinsichtlich ihrer Bedrohlichkeit einge-schätzt. Eine Bedrohung liegt vor, wenn nach der subjektiven Einschätzung des Individuums die Realisierung wichtiger Motive gefährdet ist. In der ersten Bewertungsstufe spielen solche Stimuluskonfigurationen eine Rolle, die in der Vergangenheit durch persönliche Erfahrungen oder über stellvertretendes Lernen als schädlich erlebt wurden.

(2) **Reaktionsbewertung** (secondary appraisal)

In dieser Stufe wird überprüft, ob Reaktionsmöglichkeiten vor-handen sind, um der Bedrohung zu begegnen. Art und Verlauf der zweiten Bewertungsstufe sind abhängig von Stimuluskonfigu-rationen wie Lokalisierbarkeit der Gefahrenquelle, Realisierbar-keit von Handlungsalternativen und situativen Zwängen.

(3) **Neubewertung** (reappraisal)

Bei der Neubewertung der Situation wird überprüft, ob die ausgewählte Bewältigungsstrategie erfolgreich war, d. h. ob die Bedrohung verringert bzw. beseitigt wurde.

Angst tritt auf, wenn die Situation als gefährlich eingestuft wurde
und im Verlauf des zweiten Bewältigungsprozesses keine **direkte**
Bewältigungsstrategie (z.B. in Form einer Handlung) gefunden werden
konnte. Sie stellt das emotionale Korrelat des dadurch gegebenen
Konfliktes dar.

Sowohl für die Situationsbewertung als auch für die Reaktionsbewertung sind nach LAZARUS sowohl situative Variablen (**Stimuluskonfi-**
gurationen) bedeutsam als auch Merkmale der bewertenden Person
(**Persönlichkeitsvariablen**). Hierzu zählt LAZARUS das Motivations-
muster des Individuums, Ichstärke und Impulskontrolle, Angstabwehr-
disposition, Erwartung hinsichtlich bevorstehender Ereignisse sowie
intellektuelle Fähigkeiten und Kenntnisse. Entsprechend sind auch
für das Auftreten von Angst nicht allein die objektiv gegebenen
Merkmale der Situation, sondern auch die Erwartungen und Interpretationen, die das jeweilige Individuum damit verbindet, von Bedeutung.

Die von LAZARUS angenommene zentrale Bedeutung von Bewertungs-
prozessen beim Erleben von Angst und Streß konnte in einer Reihe
von empirischen Arbeiten nachgewiesen werden (LAZARUS et al.,
1962; SPEISMAN et al., 1964; LAZARUS & ALFERT, 1964; LAZARUS
et al., 1965; LAZARUS, 1966; LAZARUS & OPTON, 1966; BREZ-
NITZ, 1967; NOMIKOS et al., 1968; FOLKINS et al., 1968). Die
Überprüfung des Gesamtmodells ist jedoch durch die große Anzahl
und Komplexität der Variablen, die Einbeziehung überwiegend inter-
ner, nicht-beobachtbarer Prozesse sowie durch die Annahme von
Rückkopplungsschleifen erschwert. Besonders schwierig erscheint
eine Operationalisierung der postulierten Prozesse zur Angstabwehr,
die sich an die psychoanalytischen Konstrukte der Verdrängung,
Verleugnung, Rationalisierung und Projektion anlehnen.

Eine **Übertragung des Modells von LAZARUS auf phobische Ängste**
steht bisher noch aus und wirft eine Reihe von Fragen auf:

BUTOLLO (1979) hält es für fraglich, ob der von LAZARUS angenommene stufenweise Ablauf der Prozesse vor der Angstentstehung
der Realität entspricht. Aufgrund seiner Beobachtungen laufen
klinische Ängste scheinbar "automatisch" ab und scheinen der willent-
lichen Kontrolle nicht zugänglich zu sein. Der Angstablauf im Falle
einer schweren Phobie ähnelt seiner Meinung nach viel eher einer
klassisch konditionierten Reaktion als einer nach kognitiven Prozessen ausgelösten, emotionalen Folgereaktion. Auch die Tatsache, daß
Phobiker sachlichen Argumenten für eine adäquate Einschätzung der
ängstigenden Bedingungen nicht zugänglich seien, spreche gegen die
Einschlägigkeit der Modellvorstellungen von LAZARUS. Der Versuch,
das Modell von LAZARUS auf phobische Ängste zu übertragen,
wirft noch weitere, bislang ungelöste Fragen auf:

- Wie kommen Phobiker zu der Einschätzung einer Situation als
  bedrohlich, obwohl sie objektiv gefahrlos ist?

- Warum schätzen Phobiker die eigenen Bewältigungsstrategien als
  nicht ausreichend ein?

- Wie läßt sich der Widerspruch zwischen LAZARUS' Annahme,
  daß der kognitive Prozeß der Gefahrenbwertung vor der physiologischen Aktivierung stattfindet, und den übrigen physiologischen
  Angstkonzepten sowie auch der Emotionstheorie SCHACHTERs
  (1966) auflösen, in denen ein Bewertungsprozeß nach Eintreten
  der Aktivierung angenommen wird?

Aufmerksamkeits-Perseverations-Theorie der **Angstdifferenzierung**
von BUTOLLO

BUTOLLO (1979) entwickelte ein theoretisches Modell, in dessen
Rahmen die Entstehung und Aufrechterhaltung von Angst erklärt
werden soll. Das Modell wurde mit Blick auf chronische Angstphäno-
mene und deren therapeutische Bewältigung ausgearbeitet, so daß
auch Erklärungen agoraphobischer Symptome explizit gesucht und
formuliert wurden.

Das Konzept von BUTOLLO besteht aus zwei Teilsystemen:

- Das **Mikromodell** versucht, diejenigen Prozesse abzubilden, die
  beim Erleben aktueller Angst ablaufen.

- Im **Makromodell** werden erste Annahmen über Handlungsdisposi-
tionen und soziale Interaktionsstrategien im Zusammenhang mit
der Entwicklung chronischer Ängste formuliert.

Während das Mikromodell relativ differenziert ausgearbeitet ist,
handelt es sich beim Makromodell lediglich um einen ersten, noch
nicht hinreichend differenzierten Versuch, klinische Erfahrungen zu
ordnen. Wir werden uns dem Makromodell im Zusammenhang mit
den "Vulnerabilitäts-Faktoren" (Kapitel 1.4.) zuwenden und an dieser
Stelle nur das Mikromodell diskutieren.

BUTOLLO betrachtet Angst als eine Misch-Emotion, die aus den
Komponenten Ärger und Furcht besteht und als unspezifische aversive
Erregung erlebt wird. Mit fortschreitender Differenzierung der
Erregung setzt sich eine der beiden Komponenten stärker durch.
Während Angst nach der Wahrnehmung einer Bedrohung und vor
dem Einsetzen von Gegenmaßnahmen auftritt, sind Furcht und Ärger
handlungsbegleitende Emotionen.

Bei der Darstellung kognitiver Prozesse, die in einer Angstsituation
ablaufen, unterscheidet BUTOLLO zwei aufeinanderfolgende Stadien:
den **Signalerwerb** und den **Handlungserwerb**. In beiden Stadien laufen
verschiedene Arten kognitiver Prozesse ab, sowohl Suchprozesse als
auch Assoziations- und Entscheidungsprozesse. Es wird angenommen,
daß die kognitiven Prozesse mittels negativer Verstärkung durch
Angstreduktion gesteuert werden. Hierbei werden zwei **Verstärkerpro-
zesse** postuliert und damit zusammenhängend zwei Dimensionen von
Angst bzw. Angsterregung: Intensität und Undifferenziertheit. Die
Reduktion der Intensität der Angsterregung wie auch die Reduktion
der Undifferenziertheit der Angsterregung haben negativ verstärkende
Funktion für die entsprechenden Prozesse, welche die Reduzierung
einleiten. Die Verstärkung aufgrund von Angstdifferenzierung wird
als dominierend angenommen. Das bedeutet, daß Kognitionen, die zu
mehr Klarheit der Angstreize führen, verstärkt werden, obwohl zugleich die Angstintensität ansteigen kann.

Signalerwerb

Jede plötzliche Veränderung der autonom-nervösen Aktivierung setzt einen Signalerwerb in Gang, der nach Kriterien wie Intensität, Neuwertigkeit und Bedeutung ein Signal aus dem Reizangebot als den "Erreger" identifiziert. Durch mehrfache gedankliche Wiederholungen wird das ausgewählte Signal (genauer: dessen kognitive Repräsentation) mit der wahrgenommenen Erregung assoziiert. Dieser Assoziationsprozeß erhöht die Wahrscheinlichkeit, in der Zukunft auftretende Erregung mit dem gelernten Signal zu assoziieren und umgekehrt das Signal mit einer hohen Erregung. BUTOLLO bezeichnet diesen Vorgang als "bidirektionale kognitive Konditionierung" (1979, S. 110f.) und hebt damit einige der Grundannahmen der klassischen Konditionierung (Eindirektionalität, Erleben eines Traumas) auf. Durch Signalauswahl und Wiederholung der Assoziation werden die Informationsunsicherheiten reduziert und ein größeres Maß an Erregungsdifferenziertheit erreicht, was einen verstärkenden Effekt für beide Prozesse hat.

Handlungserwerb

Nach Ende der Signalerwerbsphase beginnt der Handlungssuchprozeß, während dessen die Repräsentation von Handlungsalternativen auf ihre Brauchbarkeit hin überprüft werden. Als allgemeine Handlungsstrategien gelten:

- Angriff und Verteidigung
- Flucht und Vermeidung
- Informationserweiterung (Rückkehr zum Signalerwerb)
- Ignorieren

Diese Alternativen können stark ausdifferenziert werden, sie können auch vermischt auftreten. Die Differenziertheit des Handlungsentwurfs hängt von der Erregungsintensität, von dem erreichten Grad der Differenziertheit sowie von der Präzision des Signals ab.[1] Im

----

[1] Eine hohe Erregungsintensität fördert eher undifferenzierte Handlungsalternativen zur raschen Reduktion der Intensität, ein hoher Grad an Erregungsdifferenziertheit führt eher zu differenzierten Handlungsentwürfen.

Normalfall endet der Handlungssuchprozeß mit einer Handlungsent-
scheidung, die die Antizipation des Handlungsablaufs beinhaltet. Da
mit der Reaktionssicherheit wiederum ein größeres Maß an Differenziertheit erreicht wird, werden beide Prozesse verstärkt.

Langzeiteffekte

Bei der Wahrnehmung eines Signals, das in der Vergangenheit als
Angstauslöser identifiziert worden ist, tritt die mit diesem Signal
assoziierte (konditionierte) Erregung wieder ein. Je nach dem Sta-
dium, in dem in der Vergangenheit die Bewältigungskognitionen
abgebrochen wurden, kann es sich um eine unspezifische Angsterregung handeln oder um eine differenzierte Erregung, in der sich
Furcht bzw. Ärger schon durchgesetzt haben. Das wiederholte Auftreten eines Signals führt in der Regel zu einer Verbesserung des
Lernerfolges, da die vorher beschriebenen kognitiven Prozesse erneut
durchlaufen werden und eine weitere Präzisierung sowie eine Stärkung
der Assoziation zwischen Signal, Effekt und Bewältigungsmaßnahme
erreicht wird. Langzeitig bedeutet dies auch eine Reduktion der
"Angst-Furcht-Erregung". Im ungünstigen Fall, wenn wiederholt eine
rasche (kurzfristige) Angstreduktion durch einen frühzeitigen Abbruch der kognitiven Prozesse oder eine undifferenzierte Handlung
wie z.B. Flucht angestrebt wird, findet kein Lernprozeß statt: Auf
das gleiche Signal wird wiederholt mit hoher unspezifischer Angsterregung reagiert.

Störungen im Prozeßablauf werden für die **Entwicklung phobischer
Ängste** verantwortlich gemacht; hierbei ist entscheidend, wie und
an welchem Punkt die optimalen Prozeßabläufe beeinträchtigt werden.
Das individuelle Störungsbild hängt darüber hinaus von Faktoren der
lerngeschichtlich bedingten Präferenz von Bewältigungsmaßnahmen,
der Lebendigkeit der Signalrepräsentation, der Sensibilität der Körpersignale sowie der Differenzierungsfähigkeit zwischen verschiedenen
aversiven Emotionen ab. Agoraphobiker brechen nach BUTOLLO die
kognitiven Prozesse bereits in der Signalerwerbsphase ab. Daraus
folgt ein unvollständiger Signalerwerb, d.h. eine mangelhafte, möglicherweise falsche Information über den Auslöser der Angsterregung.
Agoraphobiker unterscheiden sich von anderen Angstpatienten vor
allem durch die Richtung der Signalsuche, die stärker körperbezogen

als situationsbezogen ist, d.h. sie registrieren und kontrollieren physiologische Veränderungen genauer (z.B. ständige Kontrolle der Herzfrequenz oder von Magen-Darm-Kontraktionen). Die gewählten Bewältigungsstrategien wie Flucht und Vermeidung sind undifferenziert. Sie dienen der Reduktion der Intensität und nicht der Reduktion der Undifferenziertheit der Angsterregung.

Anders als LAZARUS' und EPSTEINs Modelle wurde BUTOLLOs Aufmersamkeits-Perseverations-Theorie speziell für Phobien entwickelt. Sie vermag zahlreiche phobische Phänomene (wie z.B. die Angstbeibehaltung trotz Verbleibens in der Situation durch kurzfristige Reduzierung der Erregungsintensität) zu erklären. BUTOLLO vereinigt in seiner Theorie Aspekte aus Aufmerksamkeitstheorien, Modelle des Assoziations- und des Verstärkungslernens mit kognitiven Konzepten. Dies hat eine große Zahl von Variablen und Annahmen zur Folge, die der Operationalisierung und der empirischen Überprüfung zum größten Teil noch bedürfen. Als entscheidender Unterschied zum Modell von LAZARUS erscheint uns die Annahme, daß Angst nicht erst in der relativ späten Phase der Bewertung, sondern unmittelbar bei der Wahrnehmung einer Bedrohung und jeder Veränderung der autonom-nervösen Aktivierung entsteht. Hier liegt eine größere Nähe zur klassischen Konditionierung; deren Annahme der Eindirektionalität wurde jedoch aufgehoben und die damit verbundenen Nachteile (Notwendigkeit der Annahme von traumatischen Auslösesituationen) wurden vermieden.

1.4. Faktoren, die die Phobieentstehung begünstigen (Vulnerabilitäts-Faktoren)

In diesem Kapitel sollen die lerntheoretischen und kognitiven Erklärungsansätze zur Entstehung und Aufrechterhaltung von Agoraphobien durch solche Konzepte und empirische Befunde ergänzt werden, in denen die Bedeutung früher interpersoneller Erfahrungen und der Einfluß des interaktionellen Systems, in dem der Phobiker lebt, hervorgehoben werden. Bei der Übertragung von Angsttheorien auf phobische Symptome bedarf es fast immer der Zusatzannahme von Bedingungen, die im Individuum oder in der Umgebung des Individuums liegen. MATHEWS, GELDER & JOHNSTON (1981) - die verhaltenstherapeutischen Modellvorstellungen nahestehen – führen die "Ängstlichkeit" als bedeutsame Persönlichkeitsdisposition von Phobikern sowie "unspezifische Streßbedingungen" als wichtige Umweltvariable zum Zeitpunkt der Phobieentwicklung ein. Mit steigender Komplexität – vor allem der kognitiven Angsttheorien – werden auch die eingeführten Variablen zahlreicher. LAZARUS unterscheidet zwischen Einflußfaktoren, die sich aus der "Stimuluskonfiguration" ergeben (z.B. situative Zwänge, Realisierbarkeit von Handlungsalternativen) und Persönlichkeitsvariablen. Zu den letztgenannten zählt er die allgemeine Ängstlickeit, die Art der für die Angstabwehr bevorzugten Handlungen sowie Motive und Erwartungen bezüglich bestimmter Ereignisse.

BUTOLLO führt innerhalb seines Mikromodells überdauernde Dispositionen wie z.B. eine lerngeschichtlich bedingte Präferenz für bestimmte Bewältigungsmaßnahmen, ein Defizit bzw. ein Übermaß an Sensibilität für Körpersignale, ein. Innerhalb seines Makromodells nennt BUTOLLO an phobie-unterstützenden Faktoren der Umwelt die Interaktion mit der Familie sowie mit guten Bekannten und Freunden und die sozioökonomischen Lebensbedingungen.

Diese in ihrer Operationalisierung und theoretischen Einbettung auf den ersten Blick sehr unterschiedlichen Aspekte lassen sich zwei Gruppen von Faktoren zurechnen, die die Entstehung und Aufrechterhaltung von Phobien begünstigen können ("vulnerability factors"):

(1) Persönlickeitsvariablen und gelernte Bewältigungsstrategien des Agoraphobikers,

(2) Bedingungen des interaktionellen Umfeldes.

Sie sollen im folgenden näher betrachtet werden.

1.4.1.   DIE BEDEUTUNG VON GELERNTEN BEWÄLTIGUNGSSTRATEGIEN: SOZIALISATION UND GESCHLECHTSROLLENSTEREOTYPE

Phobische Symptome treten besonders häufig bei Frauen auf. Die Angaben hierzu schwanken zwischen 75% und 89% (vgl. Kapitel 1.2.). Überproportional viele Agoraphobikerinnen sind verheiratet; die Symptomatik bricht häufig zwischen dem 4. und 5. Jahr nach der

Eheschließung aus. Keine der Angsttheorien nimmt explizit auf diese Phänomene Bezug und versucht, innerhalb der Modellvorstellung Erklärungen z.B. für die auffallend ungleiche Geschlechterverteilung zu finden. Lediglich BUTOLLO stellt in seinem MAKROMODELL erste Überlegungen dazu vor. Der erhöhte Anteil von Frauen unter den Agoraphobikern war jedoch Ausgangspunkt für eine Reihe von Forschungsarbeiten, die den Einfluß **geschlechtsspezifischer Soziali-sation** und **weiblicher Rollenstereotypen** auf die Entstehung und Auf-rechterhaltung von Phobien zu klären versuchten.

Frühe interpersonelle Lernerfahrungen und Ängstlichkeit

Die in der Literatur im Zusammenhang mit der phobischen Sympto-matik immer wieder beschriebenen Persönlichkeitsmerkmale bzw. mit der Phobie zusammenhängenden Störungsbereiche sind Depres-sionen, soziale Ängste, Neurozitismus, übersteigerte Angst vor Krank-heiten, körperlicher Schädigung und Tod, Trennungsängste, Abhängig-keit und gelernte Hilflosigkeit (FODOR, 1974; GOLDSTEIN FODOR, 1979; CHAMBLESS & GOLDSTEIN, 1981; CHAMBLESS, 1982). AN-DREWS (1966) und PALMER (1972) führen diese Verhaltensmuster auf frühe interpersonelle Lernerfahrungen in der Ursprungsfamilie zurück, in der sie eine "adaptive Rolle" (ANDREWS, 1966, S. 462) für das Kind darstellen und als effektivste Bewältigungsformen im Rahmen seiner Familienbeziehungen gelernt werden. Eine wesentliche Rolle spiele in diesem Zusammenhang ein dominantes und überprojek-tives Verhalten der Mutter, welches in vielen Fällen das Verhältnis zum Kind zu bestimmen scheine. Demgegenüber stehe ein schwacher, gefühlsarmer Vater, der zu Rückzugsverhalten neige. Als Folge für das Verhalten des Kindes wird eine übersteigerte Abhängigkeit, verbunden mit starken Trennungsängsten, genannt (WEBSTER, 1953; ANDREWS, 1966; SOLYOM et al., 1976; Psychologinnengruppe Mün-chen, 1978). Im Zusammenhang mit Abhängigkeit entsteht nach ANDREWS (1966) ein "Vermeidungsmuster, besonders bei Aktivitäten, welche unabhängiges, selbstsicheres Umgehen mit schwierigen, angst-erregenden Situationen erfordern" (ANDREWS, 1966, S. 459). Auch auf die Vermeidung von Selbstbehauptungstendenzen – besonders beim Auftreten von ärgerlichen Gefühlen – infolge überprotektiven Verhaltens der Mutter wird hingewiesen (GOLDSTEIN, 1970; SY-

MONDS, 1971; WALDRON et al., 1975; GOLDSTEIN FODOR, 1979).

Empirische Untersuchungen konzentrieren sich vor allem auf das elterliche Erziehungsverhalten, auf das Auftreten von frühkindlichen Ängsten und Auffälligkeiten in der Familienstruktur. In den meisten Fällen ist jedoch kritisch anzumerken, daß es sich um retrospektive Studien handelt. Sie erfassen die Erinnerung erwachsener Agoraphobiker an das Erziehungsverhalten ihrer Eltern (besonders der Mütter) und weniger deren konkretes Verhalten. WEBSTER (1953) führte die erste teilweise kontrollierte Studie durch, indem er die Anamnesen von 25 verheirateten Agoraphobikerinnen mit denen von 25 Patientinnen der Diagnose "Angstneurose" und 25 Patientinnen der Diagnose "Konversionshysterie" verglich. Die Agoraphobikerinnen unterschieden sich signifikant von den beiden anderen Gruppen

- durch eine fehlende Vaterunterstützung, gekennzeichnet durch Rückzug des Vaters von familiären Angelegenheiten;

- durch eine dominante, überprotektive Mutter;

- durch eine abnorme Angst vor körperlicher Versehrtheit, Schwangerschaft und Geburt bei Eintritt in das Erwachsenenalter;

- durch sexuelle Störungen mit ihrem Ehepartner.

WEBSTER argumentiert, die Agoraphobikerin leide aufgrund ihrer familiären Sozialisation unter einem Mangel an Selbstvertrauen und wenig adäquaten 'coping skills'. Die erlebte Abhängigkeit von der Mutter versuche sie auf den Partner zu übertragen.

TUCKER (1956) berichtet von 100 phobischen Patienten (davon 89 weiblichen) anhand von Krankenakten und kommt zu ähnlichen Ergebnissen wie WEBSTER: Agoraphobiker seien durch ein hohes Ausmaß an Abhängigkeit und Ambivalenz gegenüber ihrer dominanten Mutter gekennzeichnet. Von der Mutter übernommen hätten sie eine ablehnende Haltung gegenüber der Sexualität. Bei der Partnerwahl seien idealisierte Vorstellungen von Partner und Ehe kennzeichnend gewesen. Der Ehemann reagiere - wie ehemals der Vater - auf die überhöhten Anforderungen mit Rückzug. Gegenüber der Umwelt versuche der Agoraphobiker, sich stark anzupassen. Trotz der hohen Anzahl von Versuchspersonen stehen wir diesen Ergebnissen wegen der mangelnden Kontrollgruppe jedoch skeptisch gegenüber.

SNAITH (1968) verglich 27 Agoraphobiker mit 21 Patienten, die unter Monophobien litten. Er konnte bei einem retrospektiven Vergleich zwischen diesen beiden Gruppen keine Unterschiede im Erziehungsverhalten der Mütter (Überprotektion) feststellen, die Agoraphobiker zeigten jedoch eine höhere Rate an instabilen Familienverhältnissen.

SOLYOM et al. (1974) untersuchten in einer retrospektiven Patientenbefragung 47 phobische Patienten (43 waren agoraphobisch) und verglichen sie mit einer ungestörten Kontrollgruppe. Die Phobiker unterschieden sich von der Kontrollgruppe dadurch,

- daß sie häufiger phobische und neurotische Mütter hatten (31% zeigten phobische Symptome),
- daß die Mütter häufiger überprotektiv waren (44% der Mütter wurden als "überprotektiv" klassifiziert),
- daß eine größere Anzahl von psychiatrischen Erkrankungen in der Ursprungsfamilie aufgetreten war,
- daß die Väter häufiger als neurotisch klassifiziert wurden und
- daß sie selbst häufiger unter kindlichen Ängsten gelitten hatten.

In einer weiteren Studie ohne Kontrollgruppe befragten SOLYOM et al. (1978) 18 weibliche und drei männliche Agoraphobiker nach dem mütterlichen Erziehungsverhalten; auch diese Mütter waren überängstlich und überprotektiv.

BUGLASS et al. (1977) legten das Schwergewicht ihrer Untersuchungen ebenfalls auf die familiären Sozialisationsbedingungen. In ihrer gut kontrollierten Studie verglichen sie 30 verheiratete Agoraphobikerinnen mit einer parallelisierten Kontrollgruppe ungestörter Frauen. Entgegen ihrer Hypothese konnten sie bei der Befragung der Patienten kein größeres Ausmaß an psychischen Problemen bei den Eltern der Agoraphobikerinnen feststellen; statt dessen jedoch mehr Brüder mit psychiatrischen Erkrankungen und häufiger sogenannte anomale Familien (z.B. mit Stiefvater, Adoptionsgeschwistern).Die Beziehungen der Phobikerinnen unterschieden sich in einigen Variablen von denen der Kontrollgruppe. Insbesonders waren die aktuellen Mutter-Tochter-Beziehungen gekennzeichnet durch ein hohes Maß an ambivalenten Gefühlen und Abhängigkeitskonflikten.

Obwohl die vorliegenden Untersuchungen aus methodischen Gründen z.T. problematisch und schwer miteinander vergleichbar sind, stützen sie klinische Überlegungen zur Bedeutung früher Sozialisationserfahrungen für die Entstehung von Agoraphobien. Die im Hinblick auf retrospektive Studien genannten Einwände entfallen, wenn man phobische Kinder und deren Mütter gleichzeitig betrachtet. Die Untersuchungen von COOLIDGE & BROODIE (1974) an 49 schulphobischen Kindern und deren Müttern sowie von WINDHEUSER (1978), der 64 phobische Kinder und deren Mütter mit 30 nicht-phobischen Kindern und deren Müttern verglich, zeigen eindrucksvoll den Zusammenhang von mütterlichen und kindlichen Ängsten. Dies gilt sowohl im Hinblick auf das Ausmaß der Ängstlichkeit als auch auf die Art der Angstobjekte. Hier muß allerdings berücksichtigt werden, daß Agoraphobien in der Regel erstmals im frühen Erwachsenenalter auftreten und ihre Inzidenz wenig mit typischen kindlichen Ängsten korreliert.

Wenn auch über einen Kausalzusammenhang zwischen den frühen interpersonellen Lernerfahrungen und dem phobischen Verhalten keine Aussagen gemacht werden können, so können sie doch den Erwerb angstvermeidender Bewältigungsstrategien begünstigen und kommen somit als Vulnerabilitätsfaktoren in Betracht.

Geschlechtsrollenstereotyp und weibliche Sozialisation

Aufgrund des hohen Prozentsatzes an weiblichen Phobikern ist zu fragen, inwieweit bereits im Sozialisationsprozeß geschlechtsspezifische Normen bzw. Verhaltensweisen vermittelt und gefördert werden, die möglicherweise einen Einfluß auf die spätere Entwicklung von phobischen Ängsten ausüben. Es interessieren hier besonders die Zusammenhänge zwischen geschlechtsspezifischen Sozialisationserfahrungen und den charakteristischen Merkmalen phobischer Syndrome wie Abhängigkeit, Hilflosigkeit, Vermeidung von Bewältigungserfahrungen, mangelnde Sicherheit und gehemmtes Aggressionsverhalten.

LEHR (1972) gibt einen umfangreichen Überblick über differentialpsychologische Untersuchungen zum "Problem der Sozialisation geschlechtsspezifischer Verhaltensweisen" (LEHR, 1972, S. 886). Sie zieht den Schluß, daß insbesondere die Bereiche Aggressivität, Unabhängigkeit und Selbstbehauptung als Schlüsselvariablen anzusehen sind, durch die sich männliches und weibliches Rollenverhalten definieren läßt. Die Mehrzahl der Autoren kommt zu dem Ergebnis, daß das männliche Stereotyp durch Aggressivität (oder auch durch aktive Durchsetzungsfähigkeit, Eigenständigkeit, Unabhängigkeit und Selbstbehauptung) gekennzeichnet sei, während das weibliche Stereotyp durch Abhängigkeit, Anpassungs- und Einordnungsbereitschaft zu charakterisieren sei (vgl.auch BROVERMANN et al., 1970; MACCOBY & MASTERS, 1970; GOLDSTEIN FODOR, 1979). Die entwicklungspsychologischen Forschungsergebnisse in diesem Bereich faßt HOFF-MANN (1972, S. 147) folgendermaßen zusammen:

> "Da a) das kleine Mädchen für seine Unabhängigkeit weniger ermutigt wird, b) mehr elterliche Fürsorge erfährt, c) weniger kognitiven und sozialen Druck erfährt, um eine von seiner Mutter unterschiedliche Identität aufzubauen, und d) weniger Mutter-Kind-Konflikte erfährt, welche die Trennung betonen, ist sie weniger an der unabhängigen Erforschung ihrer Umgebung interessiert... ist sie weiterhin von Erwachsenen abhängig, um ihre Probleme gelöst zu bekommen, und braucht weiter liebevolle Verbindungen mit Erwachsenen."

Die oben genannten Befunde liefern unter Umständen Anhaltspunkte dafür, warum die phobische Symptomatik bei Frauen häufig in Situationen des "Allein-zurecht-kommen-müssens" bzw. in neuen, ungewohnten Situationen ausbricht. Typische Beispiele für solche Ausgangssituationen sind:

- Todesfälle von Bezugspersonen
- befürchteter Partnerverlust (Partnerschwierigkeiten)
- Geburten
- Wechsel der Wohnverhältnisse
- veränderte Arbeitsplatzsituation

(vgl. SOLYOM et al., 1974; BUSSE & SANETRA, 1977; SCHNIEDER & WESTERMANN, 1981).

GOLDSTEIN FODOR(1979) weist im Zusammenhang mit geschlechtsspezifischen Sozialisationserfahrungen auf die Bedeutung des Geschlechtsrollenkonfliktes für die Entwicklung phobischer Symptomatik hin:

In der Phase der Adoleszenz, in der sich die Identitätsfindung vollziehe, würden junge Mädchen zum erstenmal mit der Problematik widersprüchlicher und schwer vereinbarer Anforderungen an die Rolle der Frau konfrontiert. Auf der einen Seite stehen die eher traditionellen weiblichen Rollenerwartungen, die in erster Linie durch Abhängigkeit und Vermeidung gekennzeichnet sind; auf der anderen die Anforderungen des Erwachsenseins, welche selbständiges und unabhängiges Verhalten fordern. Die Ambivalenz zwischen diesen beiden Bestrebungen wird in den letzten Jahrzehnten zusätzlich verstärkt durch den gesellschaftlichen Wandel in den Rollenvorstellungen der Frau (Berufstätigkeit etc.).

COLLIN & DANE (1979) konnten in einer gut kontrollierten Studie (eine ausführliche Darstellung dieser Untersuchung findet sich im folgenden Kapitel) nachweisen, daß Agoraphobikerinnen die traditionelle weibliche Rollenorientierung stärker vertreten als verschiedene Vergleichsgruppen. Die dennoch zahlreich vorhandenen Wünsche nach Veränderungen werden gegenüber dem Partner seltener und weniger direkt geäußert. D.h. individuelle Bedürfnisse und Wünsche werden zugunsten einer Orientierung an wichtigen Bezugspersonen bzw. gesellschaftlichen Rollenerwartungen zurückgedrängt, bleiben aber dennoch vermutlich als indifferente Gefühle existent. Widersprüche zwischen latent vorhandenen, aber nicht zugelassenen Bedürfnissen und Anforderungen der aktuellen Lebenssituation können als Konflikt erlebt werden, für den keine andere Bewältigungsstrategie als die der Vermeidung bzw. Angst erlernt worden ist.

Zusammenfassung

Elterliche Erziehungsmuster werden vielfach als Vulnerabilitätsfaktoren für Agoraphobien angesehen. Die Ergebnisse retrospektiver Befragungen stützen diese Annahme, doch steht eine objektive Bestätigung der Hypothese noch aus. Weit besser gesichert ist die Annahme, daß die Sozialisationsbedingungen im weiteren Sinne die Entwicklung der Agoraphobie begünstigen. Die Fähigkeit, angstauslösende Situationen zu bewältigen, hängt entscheidend davon ab, inwieweit das Individuum Strategien gelernt hat, sich mit Bedrohungen und neuen Situationen eigenständig auseinanderzusetzen. Der auffallend hohe Anteil an Frauen unter den Agoraphobikern läßt sich unter Umständen mit dem weiblichen Rollensterotyp erklären, das eine größere Ähnlichkeit mit agoraphobischen Bewältigungsstrategien aufweist als Verhaltensweisen des männlichen Stereotyps.

1.4.2. AGORAPHOBIE UND SOZIALES UMFELD

Mit zunehmender Optimierung symptomorientierter verhaltenstherapeutischer Behandlungsmethoden von phobischen Ängsten (systematische Desensibilisierung und Konfrontationsverfahren) wird vermehrt die Frage differentieller Therapieeffekte diskutiert. Darüber hinaus versucht man die Ursachen für Therapiemißerfolge bzw. -rückschläge zu erhellen. Das bedeutet, daß gegebenenfalls **symptomaufrechterhaltende Bedingungen des sozialen Gefüges** in der Therapie mitberücksichtigt werden müßten (vgl. FIEGENBAUM, 1982a). A.A. LAZARUS (1966) wies als einer der ersten Verhaltenstherapeuten darauf hin, daß die soziale Umgebung vermutlich eine wichtige Rolle bei der Unterstützung und Aufrechterhaltung des agoraphobischen Verhaltens spiele: "Es ist wohl unmöglich, ein Agoraphobiker zu werden ohne die Hilfe von jemanden, der den unvermeidbaren Forderungen des Leidenden entgegenkommt..." (A.A. LAZARUS, 1966, S. 97).

Die Überlegungen zur Funktion der sozialen Umgebung bei der Genese und Aufrechterhaltung der agoraphobischen Symptomatik werden im folgenden unter zwei Aspekten diskutiert:

(1) **Soziale Verstärkung des instrumentellen Vermeidungsverhaltens**

Zum einen wird angenommen, das Vermeidungsverhalten werde durch die soziale Umgebung positiv bekräftigt. Die Anhaltspunkte hierfür sind zahlreich: Enge Bezugspersonen, in der Regel die Partner, unterstützen die Agoraphobiker, soweit es ihnen eben möglich ist. Sie nehmen ihnen alle beängstigenden Arbeiten und Gänge ab und/oder begleiten sie auf Schritt und Tritt. Die Tatsache, daß viele Agoraphobiker niemals ohne Begleitung das Haus verlassen (und dann keine Angst verspüren), manche von ihnen seit frühester Kindheit keine Nacht allein verbrachten, legt es nahe, die agoraphobische Symptomatik auch unter dem Aspekt ihrer **instrumentellen Qualität** zur Erreichung von Zuwendung und ständiger Nähe einer engen Bezugsperson zu betrachten.

Eine weitere wichtige Funktion des Vermeidungsverhaltens kann darin gesehen werden, daß es Agoraphobikern die Möglichkeit gibt, sich schwierigen Situationen zu entziehen. Dies können alltägliche Belastungen sein, Anforderungen in der Partnerschaft, widersprüchliche Erwartungen wichtiger Bezugspersonen (z.B. Eltern vs. Partner) oder auch solche Anforderungen von seiten der Gesellschaft bzw. des Partners, die mit Erwartungen bezüglich der eigenen Rolle nicht zu vereinbaren sind. In jedem Falle handelt es sich um Situationen, die ein gewisses Maß an Problemlösekompetenz und Konfliktbewältigungsfähigkeit voraussetzen, die von Phobikern entweder infolge eines Defizits an adäquaten Bewältigungsstrategien nicht gelöst werden können, oder die unangenehme Konsequenzen nach sich ziehen können (GOLDSTEIN FODOR, 1979; HUDSON, 1974; SYMONDS, 1971). In dieser Sicht erlangt die Agoraphobie eine **instrumentelle Qualität zur Vermeidung von schwierigen sozialen Situationen.**

(2) **Die Funktion der Agoraphobie für das eheliche System**

Die über Jahre andauernde Bereitschaft der Bezugsperson (in der Regel ist dies der Ehepartner), dem agoraphobischen Klienten ständig Unterstützung zu gewähren, läßt sich u.E. einserseits auf das dementsprechende Wertsystem der Bezugsperson zurückführen. Andererseits ist es denkbar, daß die Bezugsperson ihrerseits Vorteile aus der Agoraphobie des Partners zieht. Systemtheoretische Ansätze betrachten daher nicht allein den sogenannten "identifizierten" Klienten, sondern das gesamte System, in dem Familienmitglieder bzw. Ehegatten wechselseitig aufeinander einwirken. Die Ursache einer Störung wird hier primär im sozialen Umfeld des Symptomträgers gesucht, d.h., nicht mehr der Klient, sondern das System gilt als pathogen.

Pathogene Systeme sind gekennzeichnet durch rigide, einengende Regeln und stereotypisierte Rollenmuster, die sich in starren Interaktionsstrukturen widerspiegeln. Die Verhaltensmöglichkeiten der einzelnen Mitglieder werden dadurch wechselseitig oder einseitig eingeschränkt. Eine aufgrund sich wandelnder Umstände notwendige Neustrukturierung und Veränderung des Systems wird verhindert; die Beziehungsverhältnisse bleiben statisch.

Eine wesentliche Funktion übt hierbei das Symptom des einzelnen aus: Es wird als verantwortlich für die **Aufrechterhaltung der Interaktionsstrukturen** und damit für das **Gleichgewicht des Familiensystems** angesehen (vgl. BATESON et al., 1969; WATZLAWICK et al., 1974; LUTHMANN & KIRSCHENBAUM,1977; MINUCHIN, 1977; PICARD, 1977; ANDOLFI, 1981; MINUCHIN & FISHMAN, 1981).

Für die Aufrechterhaltung der Agoraphobie wird der Persönlichkeit des Partners und der Beziehungsstruktur eine funktionale Bedeutung zugeschrieben, die von MILTON & HAFNER (1979) in folgenden drei Thesen zusammengefaßt wird:

- Die Verleugnung von Problemen und Schwächen des nicht-phobischen Partners wird möglicherweise durch die Konzentration auf die Symptomatik der phobischen Partnerin erleichtert.

- Verschlossenheit und Rückzugstendenz des nicht-phobischen Partners können das Bedürfnis der Phobikerin nach Nähe und Geborgenheit verstärken und dadurch Trennungsängste und Abhängigkeit manifestieren.

- Da eine Neigung zu Instabilität und Ängstlichkeit im Widerspruch zur männlichen Geschlechtsstereotype steht, ist ein derartiger nicht-phobischer Partner besonders auf die Ängstlichkeit und die damit verbundene Abhängigkeit der Phobikerin angewiesen, um die eigene Geschlechtsrollenidentität aufrechtzuerhalten.

Inwieweit diese Hypothesen empirisch abgesichert sind, soll im folgenden aufgezeigt werden.

Ehezufriedenheit, Beziehungsstruktur und Persönlichkeit des Partners

Die vorliegenden Fallbeschreibungen und empirischen Befunde untersuchen Bedingungen wie Ehezufriedenheit, Selbst- und Fremdwahrnehmung beider Ehepartner, die Aufgabenverteilung in der Beziehung sowie die Persönlichkeitsmerkmale des nicht-phobischen Partners. Zielgruppe der Untersuchungen ist in der Regel die Agoraphobikerin und deren Ehemann.

AGULINK (1970) untersuchte 48 verheiratete Phobiker (41 Agorapho-

biker, 33 weiblich) und deren Partner und verglich sie mit einer normalen Kontrollgruppe. Die Partner erwiesen sich, entgegen der Annahme, als ungewöhnlich ungestört und stabil. Sie zeigten keine
Tendenz, im Verlauf der Ehe und durch die Erkrankung des Partners
neurotische Symptome zu entwickeln. Diese Struktur weicht nach
AGULINK von anderen neurotischen Stichproben ab. Er bietet zwei
Interpretationen an: Entweder sind die Partner der Agoraphobiker
extrem stabil und können ohne eigene Beeinträchtigung mit der
Erkrankung des Partners umgehen, oder die Abhängigkeit des Partners
trägt zur eigenen emotionalen Stabilität bei.

TORPEY & MEASEY (1974) untersuchten 28 verheiratete Agoraphobikerinnen einer Selbsthilfeorganisation und deren Ehepartner. Sie
gingen von der Annahme aus, daß bei beiden eine Diskrepanz zwischen
der eigenen Einschätzung und der des Partners bestehen müsse, wenn
die Agoraphobie im Zusammenhang mit einer gestörten Ehe stünde.
Sie unterteilten die Paare in zwei Gruppen: 16 Beziehungen wurden
als "gute" und 12 als "schlechte" Ehen klassifiziert. Die Ergebnisse
zeigten, daß die Diskrepanzen bei Paaren in einer zufriedenen Ehe
geringer waren als bei denen in unzufriedenen Ehen. Hier beschreiben
sich die Phobiker als sehr sensibel und angespannt, während sie ihren
Partner insbesondere in den Variablen Stabilität und Zähigkeit stark
überbewerteten. Das phobische Syndrom scheint nach TORPEY &
MEASEY (1974) die Aufgabe zu haben, kognitive Dissonanzen zwischen
idealisierten Partnervorstellungen (hier dem Wunsch nach Sicherheit
und Stabilität) und den realen Erfahrungen der Phobikerin in der
Partnerschaft aufzuheben. Die Aussagekraft dieser Untersuchung ist
jedoch schwach: Außer einem Vergleich mit einer normalen Kontrollgruppe wäre auch die Gegenüberstellung einer anders gestörten Kontrollgruppe sinnvoll gewesen, um zu prüfen, ob die Überbewertung
der emotionalen Stabilität des Partners nicht im wesentlichen die
Folge aller psychischen Störungen ist.

Demgegenüber methodisch sehr befriedigend ist die Studie von BUG
LASS et al. (1977). Sie untersuchten 30 Agoraphobikerinnen und
deren Partner und verglichen sie mit einer parallelisierten ungestörten Kontrollgruppe. Die Partner wurden einzeln befragt und die eheliche Aufgabenverteilung im Detail untersucht. Die Partner von Agora-

phobikerinnen unterschieden sich durchgängig nicht von denen der Kontrollgruppe. Auffallend waren lediglich zwei Befunde: Zum einen erwiesen sich die Ehemänner als umso kooperativer, je weniger assertiv die Agoraphobikerinnen waren; zum zweiten bestanden Unterschiede in der Selbst- und Fremdwahrnehmung zwischen den Partnern: Die Ehemänner schätzten sich als verständnisvoller und kooperativer ein als sie von ihren Frauen erlebt wurden. Weitere Unterschiede zur Kontrollgruppe konnten jedoch nicht festgestellt werden, so daß nach BUGLASS et al. (1977) phobiebegünstigende Faktoren eher in der Persönlichkeit der Agoraphobikerin zu suchen sind als in der ihres Partners oder in der Struktur ihrer Beziehung.

HAFNER hat sich in umfangreichen Studien mit der Partnerwahl, den Partnerschwierigkeiten und der Persönlichkeit des agoraphobischen Partners beschäftigt (HAFNER, 1977a, b; vgl. auch HAFNER, 1982). Die meisten seiner Untersuchungen standen im Zusammenhang mit den Auswirkungen von Behandlungen auf die Partnerbeziehung (siehe weiter unten). Wir wollen an dieser Stelle zunächst nur auf die deskriptiven Befunde eingehen: HAFNER (1977b) untersuchte eine Gruppe von 30 verheirateten Agoraphobikerinnen und deren Ehemänner vor, während und nach der Behandlung. Die Partner wurden einzeln und gemeinsam interviewt und füllten Fragebogen zu neurotischen Symptomen, zu Persönlichkeitsvariablen sowie zur Selbst- und Partnereinschätzung und zur Hostilität aus. Die Partner der Agoraphobikerinnen erwiesen sich insgesamt als wenig gestört. HAFNER unterteilte die Paare in solche mit starker und solche mit leichter agoraphobischer Gesamtbeeinträchtigung. Während die beiden Gruppen in den meisten Variablen ähnlich waren, differenzierte der Hostilitätsfragebogen[1] deutlich: Agoraphobikerinnen mit schwerer Symptomatik zeigten extrem hohe, von der Normpopulation abweichende Hostilitätswerte mit extrapunitiver Richtung; ihre Partner zeigten dagegen normale Werte. Die weniger beeinträchtigten Agoraphobikerinnen wie auch deren Partner zeigten im Ausprägungsgrad normale Hostilitätswerte, jedoch Abweichungen in der Richtung der Hostilität: Während

----

[1] Es handelt sich um den "Hostility and Direction of Hostility Questionnaire" von CAINE et al. (1967), der einen Gesamtwert wie auch Subskalen (intrapunitive und extrapunitive Richtung der Hostilität) angibt.

die Frauen ungewöhnlich intrapunitiv reagierten, sind die Männer ungewöhnlich extrapunitiv.

HAFNER folgert, daß die von ihm untersuchten Agoraphobikerinnen aus zwei Stichproben mit unterscheidbaren Symptomen und verschiedenen ehelichen Interaktionsstrukturen stammen. Wie seine Therapiestudien zeigen, lassen sich für diese beide Gruppen auch unterschiedliche Prognosen für den Therapieverlauf und dessen Auswirkungen auf die Partnerbeziehung aufstellen (siehe unten).

Ähnlich wie HAFNER postulieren auch GOLDSTEIN & CHAMBLESS (1978) zwei Gruppen von Agoraphobikerinnen. Sie unterscheiden zwischen einfachen und komplexen Agoraphobien. Während die einfachen Agoraphobien - im Sinne eines klassischen Konditionierens - primär durch körperlich bedingte Panikattacken hervorgerufen werden, finden sich bei Patienten mit komplexen Agoraphobien folgende Merkmale:

- eine zentrale "Angst vor der Angst"
- ein geringes Selbstwertgefühl
- die Tendenz, Ursachen für unangenehme Empfindungen falsch zu interpretieren
- der Ausbruch der Symptome geht mit bedeutsamen und überdauernden interpersonellen Konflikten einher.

Für besonders wertvoll halten wir die Studie von COLLIN & DANE (1979), die nicht nur den Vergleich mit einer ungestörten Kontrollgruppe, sondern auch mit einer sogenannten "Konfliktgruppe" (Paare mit Beziehungsschwierigkeiten) und mit sogenannten "Idealpaaren" (Paare mit hoher Zufriedenheit in der Ehe) vorgenommen haben. COLLIN & DANE untersuchten mittels Fragebogen die Persönlichkeitsvariablen der Partner, die Einstellungen beider Partner zur Rolle der Frau und die Arbeits- und Entscheidungsaufteilung in der Beziehung. Als für Phobiker-Paare besonders typisch erwies sich:

- Beide Partner weisen der Frau die traditionelle, familienorientierte Rolle zu.

- Die Agoraphobikerin nimmt an, ihr Partner erwarte noch stärker familienorientiertes Verhalten von ihr als sie es bereits zeige; sie äußert Schuldgefühle, den erwarteten Rollenanforderungen nicht entsprechen zu können.

- Trotz traditioneller Rollenvorstellungen zeigen sich die Männer der Agoraphobikerinnen bei der Übernahme von Hausarbeiten ebenso hilfsbereit wie bei der normalen Kontrollgruppe. Sie sind damit kooperationsbereiter als die Männer der Konfliktgruppe. COLLIN & DANE erklären dieses einstellungsdiskrepante Verhalten mit den Anforderungen der agoraphobischen Symptomatik.

- Verglichen mit den Paaren der Konfliktgruppe bestehen bei den Phobikerinnen in ähnlich vielen Bereichen Veränderungswünsche an den Partner, die sie jedoch weitaus seltener ihm gegenüber äußern.

- Die Männer der Agoraphobikerinnen treffen häufiger alleine Entscheidungen als die der normalen Kontrollgruppe und der Idealpaare. Auch diesbezüglich haben die Agoraphobikerinnen Änderungswünsche, die sie dem Partner gegenüber selten äußern.

Wie COLLIN & DANE berichten auch HAFNER(1976), HAND & LAMONTAGNE (1976), GOODSTEIN & SWIFT (1977) und GOLDSTEIN FODOR (1979), daß Agoraphobikerinnen überzufällig häufig über Unzufriedenheit mit ihrer Ehe bzw. Partnerschaft klagen. GOLDSTEIN FODOR (1979) diskutiert, daß "das Gefühl des Eingeschlossenseins in der Ehe mit der Tendenz, Agoraphobien zu entwickeln, zusammenhängen könne" (ebenda, S. 174). In diesem Zusammenhang scheint die Beobachtung von GOLDSTEIN (1979) erwähnenswert, daß mehrere seiner Patientinnen nach vollzogener Scheidung ohne Angstbehandlung die agoraphobischen Symptome aufgaben und langfristig beschwerdefrei blieben. Hier liegt allerdings auch die Interpretation nahe, daß die wegfallende Unterstützung des Vermeidungsverhaltens durch den Partner zur Aufgabe der phobischen Symptome beigetragen hat oder gar deren wesentliche Ursache war.

Zusammenfassung

Unter Berücksichtigung des interpersonellen Kontextes der Agoraphobie fällt zunächst die häufig geäußerte Unzufriedenheit der Agoraphobikerin mit dem Partner und der ehelichen Situation auf. Demgegenüber steht ihre starke Verhaftung in tradionellen Rollenvorstellungen, deren Nichterfüllung zu Schuldgefühlen führt. Veränderungswünsche an den Partner sind zwar deutlich vorhanden, werden jedoch kaum direkt geäußert. Die agoraphobische Symptomatik veranlaßt den

Ehemann in vielen Fällen zu einer verstärkten Zuwendung und Rücksichtnahme gegenüber seiner Frau. Darüber hinaus wird vielfach berichtet, auch der nicht-phobische Partner ziehe Nutzen aus der bestehenden Rollenverteilung oder habe sogar ein - bewußtes oder
unbewußtes - Interesse an der Aufrechterhaltung der phobischen
Symptomatik (FRY, 1962; HUDSON, 1974; GOODSTEIN & SWIFT,
1977, 1978; GOLDSTEIN FODOR, 1979). Diese Berichte haben jedoch
weitgehend spekulativen Charakter. Untersuchungen, die zur Fundierung
der Behauptungen herangezogen wurden, sind mit erheblichen methodischen Mängeln behaftet. In vielen Fällen fehlt jegliche Kontrollgruppe. Nur COLLIN & DANE (1979) verwenden neben einer normalen
Kontrollgruppe auch eine Kontrollgruppe mit Partnerschwierigkeiten.
In Vergleichen mit normalen Kontrollgruppen (BUGLASS et al.,
1977; AGULINK, 1970) erweisen sich die Ehemänner der Agoraphobikerinnen in ihrer Persönlichkeit als relativ stabil und wenig gestört.
Hieraus eine Verleugnung eigener Schwierigkeiten abzuleiten, die
durch die phobischen Symptome der Partnerin unterstützt wird, ist
nicht gerechtfertigt. Nicht zu übersehen ist jedoch der Befund, daß
ein Teil der Agoraphobikerinnen mit ihrer Ehe unzufrieden ist. Unge-
klärt bleibt dabei die Frage, ob die Beziehungsschwierigkeiten und
die Agoraphobie in einem Kausalzusammenhang stehen und in welcher
Richtung gegebenenfalls eine Kausalität besteht. Zur Klärung wären
hier (kaum zu verwirklichende) Langzeitstudien notwendig. Erste
indirekte Hinweise könnten auch Therapiestudien liefern, die explizit
auf eine Modifikation der einen oder anderen Variablen ausgerichtet
sind und die die Effekte der Intervention auf jeweilige unabhängige
Variablen systematisch überprüfen. Derartige Untersuchungen sollen
im folgenden Kapitel eingehender diskutiert werden.

Auswirkungen der Behandlung auf die Partnerbeziehung

Therapiestudien, die die Partnerbeziehung der Agoraphobikerin in ihre
Betrachtungen miteinbeziehen, versuchen in der Regel zwei Zugangs-
weisen: Zum einen wird die subjektive Eheunzufriedenheit beider
Partner und die von einem unabhängigen Beobachter eingeschätzte
Qualität der Partnerbeziehung zu Beginn therapeutischer Interventionen
gemessen und als **Prediktor-Variable** für den Therapieerfolg geprüft.
Zum zweiten werden die **Auswirkungen symptomzentrierter Angstbe-**

handlung (vorwiegend Konfrontationen in Vivo) auf den Partner der Agoraphobikerin oder auf die Qualität ihrer Partnerbeziehung untersucht. Die meisten Studien kombinieren beide Fragestellungen.

HAND & LAMONTAGNE (1976) beschreiben die Therapie von 21 Agoraphobikerinnen mit graduierter Exposition. 14 von ihnen berichteten schon vor Beginn der Therapie von Eheschwierigkeiten, präferieren jedoch die Angstbehandlung gegenüber einer Ehetherapie. Die Autoren machen im folgenden die Beobachtung, daß acht Klienten nach erfolgreicher Konfrontationstherapie akute inter- oder intrapersonelle Krisen durchmachen. Mangels systematischer Messungen versuchen HAND & LAMONTAGNE mit detaillierten Fallbeschreibungen den Zusammenhang zwischen der Agoraphobie und interpersönellen Problemen aufzuzeigen: Die Symptomatik könne die Funktion haben, ein anderes Problem des Klienten oder seines Partners zu verdecken; es könne auch direkt zur Unterdrückung eines Trennungswunsches einer der beiden Partner oder eines schwerwiegenden Beziehungskonfliktes zwischen ihnen beitragen. Diese Hypothesen werden mit dem Auftreten anderer Symptome oder akuter Ehekrisen nach Reduktion der agoraphobischen Symptomatik begründet. HAND & LAMONTAGNE greifen in diesem Zusammenhang den Begriff der "Symptomsubstitution" auf und diskutieren ihn unter verhaltenstherapeutischen Aspekten. Es erscheint ihnen jedoch bislang nicht möglich, die interpersonellen Probleme eindeutig als Folge oder als Ursache der Agoraphobie zu definieren. Beide Probleme können u.E. auch Ergebnis eines dritten Faktors sein, wie z.B. des geringen Selbstwertgefühls der Phobikerin, ihres rollenspezifischen Verhaltens oder generalisierter Bewältigungsstrategien.

Ebenfalls auf anekdotischen Daten basiert der Bericht von GOOD-STEIN & SWIFT (1977), die anhand von vier Fallbeschreibungen aufzeigen, welche Funktionen die agoraphobische Symptomatik im ehelichen Kontext erhalten kann. In einem Fall gingen Besserungen der Frau mit schweren Depressionen des Ehemanns einher; im zweiten Fall führte die Trennung vom Partner zur Auflösung der Angstsymptome ohne gezielte Angstbehandlung; im dritten Fall äußerten beide Partner die Befürchtung, eine erfolgreiche Angstbehandlung könne zur Ehescheidung führen und boykottierten daher die Therapie. Auch

im vierten Fall wird eine stark komplementäre Beziehung mit sub-
missiv-dominanter Interaktionsstruktur als Erklärung für die Aufrechterhaltung herangezogen. Diese Fallbeispiele können verdeutlichen, daß
eine agoraphobische Störung mit der Struktur des ehelichen Systems
in Zusammenhang stehen kann, und weisen damit ganz allgemein auf
systemtheoretische Überlegungen hin. Die Beispiele belegen jedoch
nicht, daß solche Zusammenhänge bei jeder phobischen Symptomatik
bestehen müssen.

HAFNER (1977a, b) untersuchte 30 agoraphobische Frauen und deren
Ehemänner zu Beginn, während und über einen längeren Zeitraum
hinweg nach der Behandlung mit einem viertägigen Intensivtraining.
Wie weiter oben berichtet, unterteilte HAFNER die Patientinnen in
zwei Gruppen, entsprechend dem Ausmaß ihrer Gesamtbeeinträchti-
gungen. Die Partner der weniger beeinträchtigten Patientinnen zeigten nach der Therapie signifikant weniger neurotische Symptome als
vorher. Die Partner der stärker beeinträchtigten Agoraphobikerinnen
zeigten mehr neurotische Symptome und ein signifikant geringeres
Selbstwertgefühl als vor der Behandlung. Wurden die Patientinnen
jedoch rückfällig, verbesserten sich wiederum die Werte ihrer Männer.
HAFNER bietet folgende Erklärungen für diesen Befund: Die Strategie
zur Verleugnung eigener Schwierigkeiten korrespondiere bei der einen
Gruppe von Ehepartnern mit schweren neurotischen Störungen und
agoraphobischem Verhalten der Ehefrau, während bei der anderen
Gruppe Verbesserungen in der agoraphobischen Symptomatik nicht
die Verleugnungs- oder Verarbeitungsstrategien der Ehepartner attak-
kieren. U.E. ist es auch denkbar, daß sich die Partner der schwerge-
störten Ehefrauen nach dem Wegfall dieser Symptome erstmalig um
eigene Probleme kümmern können. Darüber hinaus begünstigen starke
Veränderungen der Lebenssituation, die eine große Anpassungsleistung
erfordern, ganz allgemein Depressionen und alle Arten von Störungen.

MILTON & HAFNER (1979) untersuchten die Ehezufriedenheit von 18
agoraphobischen Paaren in Zusammenhang mit einer Konfrontationstherapie und stellten einen engen Zusammenhang zwischen der vorher
eingeschätzten Qualität der Ehe und dem Therapieerfolg fest. Patienten aus einer zufriedenstellenden Ehe verzeichneten einen insgesamt
größeren Therapieerfolg und niedrigere Rückfallquoten als Patienten

mit wenig zufriedenstellenden Partnerschaften. Dieser Befund macht die Notwendigkeit eines sozialen Unterstützungssystemes - hier die Partnerschaft - für den langfristigen Therapieerfolg deutlich. Aus der Tatsache, daß bei neun Patienten eine Symptomverbesserung mit einer Verschlechterung der Ehequalität einherging, lassen sich u.E. zwei Schlüsse ziehen: Es ist möglich, daß die agoraphobische Symptomatik schwelende Ehekonflikte verdeckt. Es ist aber auch möglich, daß die Symptomverbesserung ein größeres Selbstbewußtsein und Durchsetzungsvermögen der Phobikerinnen zur Folge hat, was zunächst zu Konflikten und eventuell erst langfristig zu fruchtbaren Auseinandersetzungen mit dem Partner führt.

In der Untersuchung von EMMELKAMP (1980) wird neben der Ehezufriedenheit auch die Variable "Assertivität der Klienten" kontrolliert. In dieser Untersuchung erhielten 17 Agoraphobiker eine von den Klienten selbst kontrollierte Konfrontationstherapie. EMMELKAMP fand keinen Einfluß der Variable Ehezufriedenheit. Er stellte jedoch fest, daß die hoch-assertiven Klienten mehr von der Therapie profitierten. Dieser Unterschied war jedoch bereits im Ein-Monats-Follow-up nivelliert und interagiert u.E. mit der Therapiemethode. Begrüßenswert ist an dieser Untersuchung, daß weitere bedeutsame Variablen neben der Ehezufriedenheit kontrolliert wurden; der sehr kurze Nachuntersuchungszeitraum von einem Monat schränkt die Aussagekraft der Befunde jedoch ein.

Die Studien von BARLOW et al. (1981) soll wegen ihrer geringen Klientenzahl (N = 6) nur kurz erwähnt werden. Bei vier Paaren ging eine Vergrößerung der Ehezufriedenheit mit einer Verbesserung der phobischen Symptomatik einher. Zwei Paare zeigten eine inverse Entwicklung: Besserte sich die Symptomatik, verschlechterte sich die Ehezufriedenheit.

BLAND & HALLAM (1981) behandelten 16 verheiratete Agoraphobiker (14 waren weiblich) mit Konfrontationstherapie. Vier Klienten brachen die Therapie ab. Die verbliebenen 12 wurden aufgrund von Fragebogendaten in zwei Gruppen mit "guten" und "schlechten" Ehen unterteilt. Die Klienten beider Gruppen zeigten zunächst keine Unterschiede im Therapieerfolg. Die Phobiker aus "guten" Ehen waren jedoch im

Nachuntersuchungszeitraum denen aus "schlechten" Ehen deutlich überlegen. BLAND & HALLAM stellten weiterhin fest, daß die Symptomverbesserung mit der Unzufriedenheit des Agoraphobikers mit dem Ehepartner korreliert. Sie sehen dies als Hinweis für die verdeckende Funktion von Partnerkonflikten durch die Agoraphobie.

Zusammenfassung

Die vorliegenden Untersuchungen weisen die Ehezufriedenheit als eine bedeutsame Prediktor-Variable für den langfristigen Erfolg bei der Behandlung von Agoraphobien aus. Dieser Befund sollte im Zusammenhang mit dem sozialen Unterstützungssystem betrachtet werden. Agoraphobiker mit zufriedenstellenden Partnerschaften können mit größerer Wahrscheinlichkeit Unterstützung und Hilfestellungen in schwierigen Phasen der Therapie erhalten. Die Partner zeigen vermutlich eine größere Bereitschaft, sich auf die veränderten Verhaltensanforderungen (offensive statt defensive Bewältigung) einzustellen. Bei einem Teil der behandelten Patienten geht eine Verschlechterung der Ehebeziehung mit einer Verbesserung der Symptomatik einher, Rückfälle bei der Phobie führen zu einer erneuten Stabilisierung der Partnerschaft. Diese Beobachtungen werden häufig dahingehend interpretiert, daß die Agoraphobie eine andere Störung (beim Klienten oder beim Partner) oder einen schwerwiegenden, bedrohlichen Beziehungskonflikt "verdecke". Bei solchen Überlegungen besteht sehr schnell die Tendenz, zwischen "ursächlichen" Problemen und "Symptomen" zu unterscheiden.

U.E. bieten systemtheoretische Überlegungen auch andere Erklärungen: Beide Partner waren gezwungen, sich im Laufe der Jahre mit der Agoraphobie zu "arrangieren" und haben mit dem Ziel der größtmöglichen Angstvermeidung ein sehr stabiles System von Regeln für ihre Beziehung aufgebaut. Die durch Konfrontation sehr schnell erzielte Angstreduktion verlangt plötzliche Veränderungen in den Interaktionsmustern, die fast unvermeidbar zu einer Destabilisierung der Beziehung führen. Nach systemtheoretischen Ansätzen verlangt jede einschneidende Veränderung - seien es "normale" lebensgeschichtliche Entwicklungen oder z.B. plötzliche Erkrankungen - eine Überprüfung und Anpassung bisher bewährter Regeln und Strukturen. Dies läuft selten

ohne Konflikte oder Krisen ab, sondern bedingt - solange neue Regeln
für den Umgang miteinander gesucht werden - eine Labilisierung des
betroffenen Systems. Je rigider das Regelsystem bisher war, umso
schwieriger wird die Suche nach neuen Strukturen und umso größer
ist die Tendenz, alte Muster beizubehalten oder wiederherzustellen.
Hiermit könnten auch die Rückfälle mancher Behandlungen erklärt
werden. Die nach erfolgreicher Angstbehandlung auftretenden Partnerschwierigkeiten weisen also nicht zwangsläufig auf ein zugrundeliegen-
des, bisher verdecktes "Kernproblem" hin, sondern können auch auf
die mangelnde Fähigkeit des Beziehungssystems hindeuten, sich auf
plötzliche neue Anforderungen einzustellen. Je schwerer die Symptomatik, je stärker die Gesamtbeeinträchtigung durch die Agoraphobie,
umso wahrscheinlicher werden eheliche Schwierigkeiten auftreten.
Diese Hypothese wird von HAFNERs Befunden (1977a) gestützt.

Wir möchten noch auf einen weiteren Aspekt hinweisen: In vielen
Fällen stellt die Agoraphobie keine isolierte Symptomatik dar, sondern
ist Teil eines breiten Störungsspektrums. Die Agoraphobikerin ist
wenig selbstbewußt, äußert selten Kritik oder eigene Interessen und
zeigt ein eher dem traditionellen weiblichen Geschlechtsrollenstereotyp
entsprechendes Verhalten. Das angstvermeidende Verhalten ist u.U.
Ausdruck einer generalisierten - defensiven - Bewältigungs- oder
Copingstrategie. Nicht nur das Beziehungssystem, in dem die Phobikerin lebt, sie selber wird Schwierigkeiten habern, neue Bewältigungsstrategien mit vertrauten zu vereinbaren. Sie muß z.B. das von ihr
geforderte offensive, nicht vermeidende Umgehen mit bedrohlichen
Situationen mit ihrem Wertsystem bezüglich ihrer eigenen Rolle als
Frau in Einklang bringen.

1.5. Zusammenfassende Betrachtung - Vorschlag eines Modells zur Ent-
stehung und Aufrechterhaltung von Agoraphobien

Die in Kapitel 1.3. dargestellten Angsttheorien versuchen Detailprozes-
se beim akuten Erleben von Angst abzubilden und zu erklären. Sie
berücksichtigen wenig oder gar nicht die längerfristigen Handlungspläne
des Individuums und seine konkreten Lebensbedingungen. Zur Erklärung
komplexer psychischer Störungen wie der Agoraphobie bedarf es u.E.

jedoch Konzepte, die über die Erforschung von Detailprozessen hinaus-
gehen. Hierbei sollten die oben diskutierten Angsttheorien nicht
ersetzt , sondern ergänzt werden, um intra- wie auch interindividuelle
Bedingungen, die die Wahl der agoraphobischen Symptomatik und
deren langfristige Aufrechterhaltung zu erklären versuchen. Ein solches
Arbeitsmodell soll im folgenden skizziert werden. Dabei ist vorab
anzumerken, daß es beim gegenwärtigen Stand der Forschung nicht
möglich ist, dieses Modell so zu spezifizieren, daß sich aus ihm
konkrete Hypothesen ableiten lassen. Wie bei den meisten derartigen
Modellen sind seine Annahmen vielfach noch nicht operationalisiert
und empirisch überprüft.

Die Umorientierung des verhaltenstherapeutischen Menschenbildes
führte dazu, das Individuum vermehrt als aktives, mit seiner sozialen
und gegenständlichen Umwelt interagierendes und zielgerichtet han-
delndes Subjekt zu betrachten. Diese Sichtweise veranlaßte auch zu
einer veränderten Einschätzung der Genese psychischer Störungen.
Sie werden nun als das Ergebnis aktiver Versuche des Individuums
angesehen, die konkreten Lebensbedingungen mit seinen Belastungen
zu bewältigen. HOFFMANN(1978) schlägt vor, das Problem des Klienten als Ergebnis eines fehlgeschlagenen Problemlöseversuchs zu betrachten. Die gewählte Lösungsstrategie hat sich kurzfristig als
effizient erwiesen, ist jedoch langfristig mit schwerwiegenden Folgeproblemen behaftet. Übertragen auf die agoraphobische Symptomatik
ergeben sich drei wichtige Grundannahmen:

(1) Die agoraphobische Symptomatik ist eine kurzfristig erfolgreiche
    Reaktion auf Belastungen in der konkreten Lebenssituation.
    (STRESS)

(2) Diese Antwort wird gewählt und verfestigt durch die Aktivierung
    individueller Dispositionen, d.h. spezifische kognitive Muster und
    gelernte Bewältigungsstrategien.
    (Psychologische DIATHESE)

(3) Zur Manifestation und langfristigen Aufrechterhaltung der agora-
    phobischen Symptomatik sind unterstützende Bedingungen der
    sozialen Umwelt notwendig.
    (MANIFESTATIONSBEDINGUNGEN)

Damit wird das Diathese-Stress-Modell[1] um eine weitere Bedingung
- die Symptomaufrechterhaltung durch das soziale System - ergänzt
(siehe Abbildung 5).

Zu (1) STRESS

Verschiedene Untersuchungen weisen darauf hin, daß das erstmalige
Angsterleben, bzw. Auftreten von Panikattacken häufig mit Phasen
psychischer Belastung einhergeht. Bei den in Kapitel 1.2. beschriebenen Ereignissen zu Beginn der Störung handelt es sich vorwiegend
um komplexe, z.T. überdauernde Belastungen und weniger um singulär
auftretende Ereignisse. Als aktueller Auslöser können Bedingungen
hinzukommen, die im Sinne der klassischen Konditionierung als unkon-
ditionale Stimuli aufzufassen sind. Die überdauernden Belastungen
werden sich in allgemein erhöhter Erregbarkeit auswirken, die wiederum zu einer niedrigen Auslöseschwelle für Angsterleben, bzw.
Panikattakken beitragen. Die Erregbarkeit kann jedoch auch im Sinne
der Diathese als überdauernde Disposition vorhanden sein.

Zu (2) DIATHESE

Hier werden vermittelnde innere Prozesse berücksichtigt, die im
Zusammenhang mit regelhaften, überdauernden Persönlichkeitsstruk-
turen stehen. Der Begriff der gelernten Bewältigungsstrategie ermöglicht es, Persönlichkeitsvariablen wie z.B. Ängstlichkeit als eine gelernte Handlungsdisposition umzuformulieren. FRESE (1977) benutzt
hierfür den Begriff der "Einstellung". Gemeint ist ein Schema zur
Lösung von Problemen, das sich als erfolgreich erwiesen hat und vom
Individuum auf andere Probleme übertragen wird. So wird bei Phobikern eine ausgeprägte Bereitschaft, Stressoren durch Meideverhalten
zu entkommen, postuliert. Erzeugt durch eine "initiale Angst" werde
dieses Schema (diese Bewältigungsstrategie) verfestigt und Meideverhalten habitualisiert (FRESE, 1977, S. 97ff.).

----

[1] Das "Diathese-Stress-Modell" befaßt sich nach DAVISON & NEALE
(1979, S. 53) "mit den häufig subtilen Interaktionen zwischen einer
Prädisposition zu einer Krankheit - der Diathese - und Umwelt-
oder Lebenserfahrungen, die auf Menschen einwirken - dem Stress".
Der Begriff der Diathese kann "auf jede Tendenz oder Neigung
einer Person, auf bestimmte Weise auf Umweltstress zu reagieren,
ausgedehnt werden ".

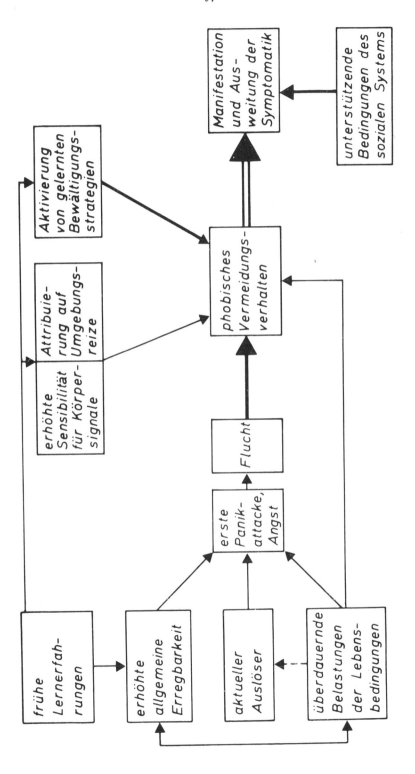

Abb. 5: Arbeitsmodell zu Diathese, Stress und aufrechterhaltenden Bedingungen des sozialen Umfeldes einer Agoraphobie.

In Anlehnung an BUTOLLO (1979) postulieren wir neben der Bereitschaft zum Vermeidungsverhalten kognitive Dispositionen im Bereich der Wahrnehmung und Attribuierung: Phobiker zeichnen sich durch eine erhöhte Sensibilität für Körpersignale aus, beachten diese mehr und verstärken sie durch den Versuch der Erregungsunterdrückung. Für eine Ausweitung des phobischen Verhaltens ist weiter eine einseitige Attribuierung der Erregung auf Umgebungsreize verantwortlich. MATHEWS, GELDER & JOHNSTON postulieren in diesem Zusammenhang eine externe Kontrollüberzeugung.

Für den Erwerb der oben beschriebenen kognitiven Muster und Bewältigungsstrategien werden - mit unterschiedlichen Akzenten - Sozialisationsprozesse, speziell die Geschlechtsrollenentwicklung, verantwortlich gemacht (vgl. Kapitel 1.4.1).

Zu (3) MANIFESTATIONSBEDINGUNGEN

Für die langfristige Manifestation des Störungsbildes sind unterstützende Bedingungen des sozialen Systems notwendig. Hier kann es sich um die soziale Verstärkung des instrumentellen Vermeidungsverhaltens handeln, die entweder die Funktion der Erreichung von Zuwendung oder der Vermeidung von schwierigen sozialen Situationen erhält. Darüber hinaus kann die Agoraphobie Funktionen für das eheliche Beziehungssystem übernehmen, indem sie der Aufrechterhaltung von Rollenstrukturen und des Gleichgewichts im Beziehungssystem dient (vgl. Kapitel 1.4.2).

Wir vermuten weiter, daß die agoraphobische Symptomatik ein Verhalten repräsentiert, das am wahrscheinlichsten eine verstärkende Reduktion der Umwelt hervorruft. Bezogen auf das Subsystem Partnerschaft heißt das, daß der Klient ein Verhalten wählt, auf dessen Signalreize der Partner am ehesten reagiert und dessen Anforderungen der Partner am ehesten nachkommen kann. Im Vergleich z.B. zu einer depressiven Symptomatik setzt das agoraphobische Verhalten deutliche Signale mit z.T. dramatischen Komponenten und verlangt von den Bezugspersonen nicht eine konstant einfühlende, sondern eine zupackende und handelnde Hilfe. Diesen Anforderungen kann der Partner der Agoraphobikerin meistens genügen und sie entsprechen vielfach seinen Rollenvorstellungen.

2.   DIE BEHANDLUNG PHOBISCHER ÄNGSTE

Kapitel 2.1. gibt einen knappen Überblick über verschiedene symptomzentrierte Angstbehandlungsmethoden und deren Gemeinsamkeiten. Danach
werden die Konfrontationsverfahren (denen unter den symptomzentrierten
Zugangsweisen für diese Arbeit besondere Bedeutung zukommt) ausführlich diskutiert (Kapitel 2.2.): Wir setzen uns mit den theoretischen
Modellen zur Klärung der Wirkmechanismen auseinander und geben eine
kritische Übersicht über die empirischen Befunde zu Wirkvariablen der
Konfrontationsverfahren. Ätiologische und symptomatologische Überlegungen zu Begleit- und Folgeproblemen veranlassen uns, die langfristigen
Effekte von Konfrontationstherapie und deren Auswirkungen auf verschiedene Lebensbereiche zu prüfen (Kapitel 2.3.). In Kapitel 2.4. beschreiben
und diskutieren wir recht ausführlich solche Therapiekonzepte, deren
Ziel über eine Reduktion der Angstsymptomatik hinausgeht. Kapitel 2.5.
faßt die bisherigen Überlegungen und Befunde zusammen und zieht
Schlußfolgerungen für ein kombiniertes Therapieprogramm für Agoraphobiker, das sowohl symptomzentrierte als symptomübergreifende Behand-
lungskomponenten enthält.

2.1.   Konzepte symptomzentrierter Therapie im Überblick

Unter Konzepten symptomzentrierter Therapie wollen wir im folgenden
solche Behandlungsverfahren verstehen, die vorrangig eine Reduktion der
phobischen Ängste zum Ziel haben und die Veränderungen in anderen
Störungs- oder Verhaltensbereichen nicht ausdrücklich anstreben. Zur
Behandlung von Ängsten sind in den letzten Jahren verschiedene - z.T.
standardisierte - Therapieverfahren entwickelt und umfangreich empirisch
überprüft worden. Die Unterschiedlichkeit der Verfahren ist zum einen
auf die Art der behandelten Störung oder auf die Zielgruppe der Behandlung (kindliche Ängste, soziale Ängste, Prüfungsängste, Agoraphobien,
etc.) zurückzuführen, zum anderen auf die Verschiedenheit der ihnen
zugrundeliegenden Modelle zur Erklärung der Ätiologie und Aufrechterhaltung von Ängsten.

Die wichtigsten Methoden zur Behandlung phobischer Ängste sind:

- systematische Desensibilisierung
- Selbstinstruktionstherapie

- Modellernen und operantes Lernen
- Konfrontationsverfahren

Neben vielen Unterschieden (siehe folgende Abschnitte) weisen diese Behandlungsmethoden auch gemeinsame Prinzipien auf, denen jedoch angesichts der z.T. vehementen kontroversen Diskussion zwischen den Verfechtern der verschiedenen Vorgehensweisen bislang wenig Aufmerksamkeit gewidmet wurde:

(1) **Dem Klienten wird ein Erklärungskonzept für seine** - bislang ihm oft unverständlichen **- Ängste vermittelt.** Aus diesem wird ein Veränderungskonzept entwickelt, das eine angstreduzierende Strategie beinhaltet.

(2) Mit dem Ziel einer realistischen Informationsaufnahme **wird der Klient systematisch mit bisher angstauslösenden Situationen/Objekten vertraut gemacht.** Dies kann mit und ohne Modellvorgaben, in der Vorstellung oder in der Realität, in abgestufter Schwierigkeit der Übung oder ohne Abstufung geschehen.

(3) **Der Klient wird dazu angeleitet, sein bisheriges Vermeidungsverhalten aufzugeben.** Während Konfrontationsmethoden das Vermeidungsverhalten direkt verhindern, wird in anderen Techniken das Vermeidungsverhalten stufenweise abgebaut oder aber Annäherungsverhalten durch positive Verstärkung systematisch aufgebaut.

Ziel aller Behandlungsverfahren ist es, daß der Klient Kontrolle über seine Reaktionen in den bislang als bedrohlich erlebten Situationen gewinnt. Die genannten Verfahren sollen im folgenden nur skizziert werden. Lediglich das Konfrontationsverfahren wird - da Gegenstand dieser Arbeit - im Hinblick auf seine theoretischen Implikationen und seine empirische Überprüfung ausführlich diskutiert.

Systematische Desensibilisierung

Die systematische Desensibilisierung (i.f.: SD) stellt das bekannteste Verfahren zum Abbau von Ängsten dar. Es wurde von WOLPE (1958) entwickelt und war in der Folge Gegenstand umfangreicher Forschungsarbeiten. Zur Durchführung einer systematischen Desensibilisierung werden zunächst die verschiedenen angstauslösenden Bedingungen entsprechend der subjektiven Einschätzung des Klienten in eine (oder mehrere) Hierarchie(n) eingeordnet. Ferner wird der Klient in die Anwendung eines

Entspannungsverfahrens eingewiesen. Die Desensibilisierung selber besteht in der vorstellungsmäßigen Darbietung der Angstitems, während der Klient entspannt ist. Tritt bei der Vorstellung eines Items Angst auf, wird die Darbietung unterbrochen, um den Zustand der Entspannung wiederherzustellen. Jedes Angstitem der Hierarchie wird - beginnend mit der 'leichtesten', d.h. der am wenigsten ängstigenden Situation - so oft vorgegeben, bis es mehrfach nacheinander angstfrei vorgestellt werden kann. Der Darbietung der Stimuli in Sensu folgt häufig ein ähnliches Vorgehen in Vivo.

Das anfänglich von WOLPE (1958) postulierte Prinzip der "reziproken Hemmung" zur Erklärung der SD hat anderen Modellvorstellungen weichen müssen. Am meisten diskutiert werden in neuerer Zeit solche Konzepte, die eine kognitive Neubewertung der Angstsituation unter optimalen Lernbedingungen (niedriges bis mittleres Erregungsniveau; vgl. Kapitel 1.3.2.) annehmen (vgl. BIRBAUMER, 1977a). Übersichten zur systematischen Desensibilisierung finden sich bei FLORIN & TUNNER (1975) und WENGLE (1974).

Selbstinstruktionstherapie

Die Selbstinstruktionstherapie ähnelt im Vorgehen der SD, bezieht jedoch kognitive Variablen systematisch in die Therapie mit ein. Das Auftreten von Angst ist hier nicht Signal für den Abbruch einer Vorstellung, sondern für den Einsatz angstbewältigender Selbstinstruktionen. Die Auseinandersetzung mit bedrohlichen Situationen erfolgt in vier Stufen, für die jeweils angstbewältigende Selbstinstruktionen trainiert werden:

(1) Vorbereitung auf oder Annäherung an die angstauslösende Situation

(2) Konfrontation und Auseinandersetzung mit dem Angstauslöser

(3) Strategien für den Fall eines Überwältigtwerdens von der Angst

(4) Selbstverstärkung für ein erfolgreiches Umgehen mit der Bedrohung

Dem Probeagieren in der Vorstellung folgt das Einüben der neuen Strategien in der Realität. Die Selbstinstruktionstherapie wurde von MEICHENBAUM (1975) generell für den Umgang mit Stress und Bedrohung und nicht speziell für die Behandlung phobischer Ängste entwickelt. Der Konzeption des Vorgehens liegt die Annahme zugrunde, daß der streßinduzierte oder -steigernde 'innere Dialog' eine bedeutsame Variable für die Intensivierung und Aufrechterhaltung von Angstreaktionen darstelle.

Modellernen und operantes Lernen

Auch Verfahren, die Modellernen (BANDURA, 1969, 1977) und operantes Lernen in den Mittelpunkt stellen, gehen von einem stufenweisen Abbau der Angst bzw. von einem stufenweisen Abbau angstbewältigender Reaktionen aus. Hier wird jedoch auf eine Anleitung zum Probeagieren in der Vorstellung verzichtet. Die Behandlung durch teilnehmendes Modellernen (participant modeling) basiert auf der Beobachtung und Nachahmung von Modellpersonen, die sich angstfrei verhalten und gegebenenfalls zusätzlich auch kognitive Coping-Strategien demonstrieren. Eine bedeutsame Abstufung der problematischen Situationen und eine Zerlegung der zu erlernenden Verhaltensabfolgen in kleine Einheiten sowie wiederholte Übung und Verstärkung des erwünschten Verhaltens sind weitere bedeutsame Aspekte beim teilnehmenden Modellernen. Schließlich spielen diese letztgenannten Aspekte bei allen **vorrangig** operanten Vorgehensweisen (reinforced practice; LEITENBERG, 1976) eine fundamentale Rolle.

2.2. Konfrontationsverfahren

Seit Ende der sechziger Jahre wird den Konfrontationsverfahren zur Behandlung phobischer Ängste immer mehr Beachtung geschenkt. Es zeichnete sich ab, daß Konfrontationsverfahren der systematischen Desensibilisierung bei der Behandlung einiger Störungsbilder überlegen waren. Dies gilt insbesondere für die bis dahin behandlungsresistenten Agoraphobien und andere komplexe Phobien. Im Zuge dieser Entwicklung wurden die konfrontativen Verfahren Gegenstand einer Vielzahl von empirischen Untersuchungen. Bereits 1970 war der Anteil der Arbeiten zur Wirkung von Konfrontationsverfahren höher als der Anteil der Arbeiten zur systematischen Desensibilisierung (QUEKELBERGHE, 1977).

In der Literatur finden sich eine Vielzhal von Begriffen zur Bezeichnung von Konfrontationsverfahren, z.B. "Implosion", "Flooding", "Habituationstraining", "Expositionstherapie", "Reizüberflutung", "Konfrontationstherapie", "response prevention", "prolonged exposure" oder "forced reality testing". Zum Teil kennzeichnen die Begriffe methodische Varianten des Grundverfahrens; überwiegend spiegelt die jeweilige Begriffswahl jedoch die unterschiedliche Akzentsetzung der Autoren im Hinblick auf die angenommenen Wirkfaktoren wider. Für alle Arten von Konfrontationsverfahren sind folgende Merkmale kennzeichnend (vgl. FIEGENBAUM, 1982b):

(1) Es wird eine direkte Konfrontation mit den angstauslösenden Stimuli vorgenommen.

(2) Die Darbietungszeit der phobischen Stimuli ist sehr lang.

(3) Flucht- und Vermeidungsverhalten werden verhindert.

Die Abgrenzung zu den In-Vivo-Verfahren der systematischen Desensibilisierung liegt damit in der starken Verlängerung der Darbietungszeit und dem Unterbinden des Vermeidungsverhaltens. Bei der konkreten Durchführung lassen sich mehrere Varianten der Konfrontation gegeneinander abgrenzen:

- Grundsätzlich können wir zwischen der Darbietung in der Vorstellung ("in Sensu")[1] und der realen Konfrontation ("in Vivo") unterscheiden.
Beide Darbietungsformen werden häufig miteinander kombiniert.

- Während einige Therapeuten auch bei den Konfrontationsverfahren ein gestuftes Vorgehen im Sinne eines Fortschreitens von weniger zu immer stärker ängstigenden Situationen bevorzugen (EVERAERD et al., 1973; MATHEWS et al., 1976), konfrontieren andere unmittelbar mit den am stärksten auslösenden Bedingungen. Das Ausmaß evozierter Angst variiert erheblich, denn von einigen Autoren wird ein intensives Angsterleben als notwendig für die Angstreduktion erachtet (HOGAN, 1966). Andere halten im Gegenteil ideale Löschungsbedingungen (und damit ein geringes Grunderregungsniveau) für therapeutisch besonders günstig. Sie versuchen, die (physiologische) Erregung bewußt gering zu halten, gegebenenfalls auch durch die Gabe von erregungshemmenden Medikamenten (vor allem Diazepam)

----

[1]Die Darbietung in der Vorstellung wird in Anlehnung an STAMPEL & LEVIS (1967, 1968, 1969) von den meisten Autoren als "Implosion" bezeichnet, für die Darbietung in Vivo hat sich bisher keine einheitliche Terminologie durchsetzen können; der in den letzten Jahren am häufigsten verwendete Begriff ist hier "(prolonged) exposure in vivo".

(vgl. ZITRIN et al., 1978; ZITRIN et al., 1980; CHAMBLESS et al., 1979; CHAMBLESS et al., 1982; WHITEHEAD et al., 1978; HAFNER & MARKS, 1976).

- Einige Therapeuten favorisieren "massive Übungen", bei denen die Konfrontation über mehrere Stunden und oft an mehreren aufeinanderfolgenden Tagen durchgeführt wird; andere bevorzugen das "verteilte Üben", bei denen die einzelnen Konfrontationssitzungen kürzer dauern und in größeren Abständen stattfinden.

Inzwischen wurden zahlreiche empirische Untersuchungen durchgeführt, um die relative Wirksamkeit der verschiedenen Vorgehensweisen zu überprüfen und so zu einer Optimierung von Konfrontationsverfahren zu gelangen. Die meisten dieser Forschungsarbeiten wurden im Rahmen der Behandlung von agoraphobischen Klienten und Zwangspatienten durchgeführt. Eine Übersicht über den derzeitigen Stand empirischer Überprüfung gibt Kapitel 2.2.2. Eine ausführliche Darstellung des Verfahrens findet sich in Kapitel 4.1. (vgl. auch BARTLING et al., 1980a). Während die therapeutische Effektivität von Konfrontationsverfahren mittlerweile als gesichert gilt, bestehen immer noch erhebliche Defizite in der theoretischen Erklärung der Wirkmechanismen konfrontativer Ansätze. Dies liegt zum einen daran, daß bisher ein einheitliches Erklärungskonzept für phobische Phänomene fehlt (vgl. Kapitel 1.3.), zum anderen liegt es an der bislang unzureichenden Verbindung zwischen empirischen Untersuchungen und theoretischen Modellen.

2.2.1. THEORETISCHE MODELLE ZUR ERKLÄRUNG DER WIRKMECHANISMEN

Zur theoretischen Fundierung von Konfrontationstherapien wurde bislang fast ausschließlich das Paradigma der Löschung im Sinne des klassischen Konditionierens herangezogen; nur ansatzweise wurden auch neurophysiologische und kognitive Erklärungsmodelle diskutiert. Auch an dieser Stelle soll nur ein knapper Überblick über verschiedene Erklärungskonzepte gegeben werden. Im übrigen sei auf den Versuch von BARTLING et al. (1980a; S. 7f.) verwiesen, die bestehenden Angsttheorien auf Konfrontationsverfahren zur Behandlung von Ängsten zu übertragen.

Lerntheoretische Modelle

Lerntheoretisch orientierte Erklärungsansätze beziehen sich überwiegend auf MOWRERs "Zwei-Faktoren-Theorie" des Erwerbs von Angst und Vermeidung (1939, 1950) und daraus weiterentwickelte Modelle (STAMPEL & LEVIS, 1967; HOGAN, 1966; HOGAN & KIRCHNER, 1968). Zum Teil wird auch HULLs Verhaltenstheorie (HULL, 1943, 1952) einbezogen (ULLRICH & ULLRICH DE MUYNCK, 1974).

Löschung der Angstreaktion

MOWRERs Theorie zufolge ist das Flucht- bzw. Vermeidungsverhalten entscheidend für die Aufrechterhaltung der konditionierten Angstreaktion (vgl. Kapitel 1.3.1.). Auf der Grundlage dieser Annahme wird der Verhinderung von Flucht und Vermeidung besondere Bedeutung zugemessen, da hierdurch - wie zahlreiche Tierexperimente gezeigt haben[1] - eine Löschung der konditionierten Angstreaktion eingeleitet werden kann. Die verlängerte Darbietung der angstauslösenden Stimuli (CS) ohne gleichzeitiges Auftreten eines konditionierten Angstreizes führt entsprechend dem klassischen Löschungsparadigma zur Aufhebung der Verbindung zwischen dem konditionierten Stimulus und der konditionierten Angstreaktion.

HULLs Modell der reaktiven und konditionierten Hemmung (1943, 1950)

Im Gegensatz zu MOWRER nimmt HULL keine Extinktionsprozesse an, die eine klassische Konditionierung voraussetzen, sondern vielmehr Hemmprozesse. Hemmung wird in diesem Rahmen nicht als physiologisches Konzept, sondern als eine Motivationsvariable betrachtet. HULL geht davon aus, daß jede Reaktion zum Anstieg eines Hemmpotentials (reaktive Hemmung) führt, welche dem Reaktionspotential entgegenwirkt. Die reaktive Hemmung wird als primärer negativer Trieb definiert, der durch die Inaktivität des Organismus befriedigt wird. Werden bei anhaltender Stimulierung Reaktionen wiederholt

----

[1] z.B. SOLOMON et al., 1953; BAUM, 1966, 1968, 1969a, 1969b, 1970; SHIPLEY et al., 1971; GORDON & BAUM, 1971; SCHIFF et. al., 1972; BERMAN & KATZEV, 1972; BANKERT & ELLIOT, 1974.

unverstärkt ausgeführt, so summiert sich die Hemmungstendenz so lange, bis sie das Reaktionspotential übersteigt und die Löschung der Reaktion bewirkt. Zur Erklärung dauerhafter Hemmprozesse entwickelte HULL das Konzept der konditionierten Hemmung. Die Hemmungskonditionierung wird als Lernprozeß betrachtet, der darauf beruht, daß die Beendigung einer Reaktion aufgrund der Triebbefriedigung der reaktiven Hemmung negativ verstärkt wird. Reize oder Reizspuren, die mit dem Ende der Reaktion assoziiert sind, werden auf dem Wege der Reizgeneralisierung zu konditionierten Auslösern der Hemmung der betreffenden Reaktion. Überträgt man HULLs Modell auf Konfrontationsverfahren, so kann man annehmen, daß sich bei anhaltender Reizdarbietung die reaktive Hemmung in Bezug auf die Angstreaktion - da diese nicht verstärkt wird - stark aufbaut und bei Übersteigen des Reaktionspotentials löscht. Die vorher angstauslösenden Reize werden nun mit dem Nachlassen der Angst assoziiert und werden zu Auslösern der konditionierten Hemmung der Angstreaktion.

Trotz der Stringenz, mit der die o.g. Modelle auf Konfrontationsverfahren übertragbar sind, kann bezweifelt werden, ob die Wirkung von Konfrontationsverfahren auf reinen Extinktions- oder reinen Hemmprozessen beruht.[1] U.E. müssen zahlreiche andere, insbesondere kognitive und physiologische Momente zusätzlich berücksichtigt werden. Die Mängel beider Ansätze werden deutlich, wenn man die hohe Löschungsresistenz von Angstreaktionen näher betrachtet: Viele Phobiker müssen aufgrund äußerer Lebensumstände die gefürchteten Situationen wiederholt und auch für längere Zeit aufsuchen. Obwohl also eine Konfrontation stattfindet (und zwar in der Regel, ohne daß ein unkonditionierter Angststimulus auftritt), kommt es nicht zur Extinktion oder zur Ausbildung einer konditionierten Hemmung.

Neurophysiologische Erklärungsansätze

Im Mittelpunkt neurophysiologischer Erklärungsansätze stehen neuronale Aktivierungs- und Hemmungsprozesse (vgl. Kapitel 1.3.2). Die Angstreduktion wird primär als eine Aktivierungsreduktion verstanden,

----

[1] Die Grundannahmen der Zwei-Faktoren-Theorie von MOWRER wurde bereits ausführlich in Kapitel 1.3.1. diskutiert.

die durch verschiedene Hemmungsmechanismen hervorgerufen werden
kann. Diese Hemmungsprozesse lassen sich grob auf zweierlei Weise
erklären, wobei jede dieser Annahmen unterschiedliche Implikationen
für die Konfrontationsverfahren hat.

- Zum einen werden bestimmte zentralnervöse Systeme postuliert,
deren Aufgabe darin besteht, physiologische Hemmreaktionen in
Gang zu setzen, um das Individuum vor längerer extremer Stimulation
zu **schützen** und die Verarbeitung von Reizen auf einem effizienten
Intensitätsniveau zu sichern. Diese Annahme steht im Einklang mit
der Theorie der Intensitätsmodulation von EPSTEIN (vgl. Kapitel
1.3.2.): Die erlebte Nettoerregung ist - aufgrund der im Vergleich
zum Erregungsgradienten später, aber steiler ansteigenden Hemmungsgradienten am niedrigsten, wenn die Reizintensität sehr niedrig oder
sehr hoch ist (vgl. Abb. 2, S. 21). Diese von EPSTEIN formulierte
spezifische Interaktion von Erregungs- und Hemmungsprozessen vermag
sowohl die Wirkung der systematischen Desensibilisierung als auch
der Konfrontationsverfahren zu erklären.

- Zum zweiten werden Prozesse angenommen, die der **Effizienz der
Informationsaufnahme** dienen. Durch Reduktion des Informationsgehal-
tes bei langer Reizdarbietung und/oder häufiger Reizwiederholung
wird die Reaktionswahrscheinlichkeit zentralnervöser oder peripherer
Strukturen verringert. Dieser Prozeß wird häufig als "Habituation"
oder "Gewöhnung" bezeichnet (vgl. BIRBAUMER, 1977a; THOMPSON
& SPENCER, 1966).

In Anlehnung an BERLYNE (vgl. Kapitel 1.3.2) nimmt BIRBAUMER
(1977a) ein mittleres Aktivierungsniveau für eine optimale Habituation
an. Ein stark erhöhtes Aktivierungsniveau (z.B. aufgrund der Konfrontation mit einem Angstreiz) muß erst absinken, bevor eine Habituation stattfinden kann. Für die Konfrontationstherapie kann nach
BIRBAUMER (1977a) angenommen werden, daß durch die verlängerte
Darbietung der ängstigenden Bedingungen "aktivierungsinduzierende
Elemente" (S. 99) (wie z.B. Neuheit, Komplexität, Variabilität)
beseitigt werden und infolge dessen das generelle Aktivierungsniveau
während der Konfrontation sinkt. Wird ein mittleres Erregungsniveau
erreicht, setzt aufgrund wiederholter oder verlängerter Reizdarbietung

die Habituation der Angstreduktion ein.

BIRBAUMER bezieht jedoch in seinen Erklärungsansätzen auch kognitive Elemente ein: Habituation wird nicht allein als passives Absinken der Reaktionsintensität begriffen, sondern auch als Folge der Neueinschätzung der Angstbedingungen. Diese Neubewertung stellt eine kognitive Bewältigungsstrategie dar, die z.T. aus dem "Aufbau kognitiver Konsistenz (Abbau aversiver kognitiver Dissonanz) zwischen der erwarteten 'Katastrophe' bei Darbietung des Reizes und dem Ausmaß dieser 'Katastrophe' besteht" (1977a, S. 98). Die unmittelbare Konfrontation mit stark angstauslösenden Bedingungen müßte nach BIRBAUMERs Annahmen eine ungünstigere Voraussetzung für Habituationsprozesse darstellen als eine graduierte Konfrontation. Dies widerspricht jedoch empirischen Befunden, die kaum Unterschiede in der Wirksamkeit beider Verfahren fanden (FIEGENBAUM, 1978).

Die physiologischen Modelle kommen - wie BIRBAUMER aufzeigt - nicht ohne die Hinzunahme kognitiver Erklärungsansätze aus. Diese sollen im folgenden näher erläutert werden.

Kognitive Theorien

Erklärungsansätze aus dem Berich kognitiver Angst- und Emotionstheorie betrachten primär die Neubewertung angstauslösender Reize oder den Erwerb angstbewältigender Strategien.

LAZARUS' "Kognitive Emotionstheorie"

Wie bereits in Kapitel 1.3.3. beschrieben, entsteht nach LAZARUS (LAZARUS, 1966; LAZARUS & AVERILL, 1972; LAZARUS et al., 1977) Angst, wenn eine Situation als bedrohlich bewertet wird, jedoch keine Bewältigungsmöglichkeiten (Coping-Maßnahmen) gefunden werden können. Das Auftreten von Angst ist damit die Folge eines umfangreichen kognitiven Suchprozesses, der kein befriedigendes Ergebnis erbrachte. Zur Reduktion der Angst kann das Individuum entweder direkte Maßnahmen (Flucht, Vermeidung) ergreifen oder es kann Verarbeitungsprozesse zur kognitiven Konfliktbeseitigung einleiten. Als ein zentraler Prozeß hierbei wird von LAZARUS die Aufmerksam-

keitsverschiebung genannt, die in zwei entgegengesetzten Richtungen
möglich ist: Verstärktes Zuwenden zur Situation oder Vermeidung.
Für Phobiker kann angenommen werden, daß sie infolge einer selekti-
ven Informationsaufnahme die gefürchteten Situationen verzerrt wahrnehmen und die potentiell bedrohlichen Elemente stark überbewerten.
Im Rahmen einer Konfrontationstherapie gelangt der Klient durch
sein Verbleiben in der ängstigenden Situation, durch die Erfahrung,
daß die gefürchteten Ereignisse nicht eintreten, und schließlich auch
durch die Vermittlung eines Interpretationsrahmens (vgl. Kapitel
4.1.2., "Kognitive Vorbereitung") zu einer erweiterten und realisti-
scheren Informationsaufnahme und somit einer adäquaten Neubewertung der Situation. Die positiven Erfahrungen, die der Klient während
dieses Prozesses macht, festigen das neu erlernte Copingverhalten
und führen langfristig zu einem Aufbau aktiven und offensiven Angst-
bewältigungsverhaltens.

Dissonanztheoretische Überlegungen

Zur Erklärung der z.T. sehr schnellen Erregungsreduktion in einer
Konfrontationssituation können auch dissonanztheoretische Überlegungen einbezogen werden (FESTINGER, 1957). Dissonanztheoretisch
betrachtet entsteht Angst dann, wenn kognitive Elemente zueinander
in dissonanter (nicht vereinbarer) Beziehung stehen. Angst wird als
psychische Spannung angesehen, die das Individuum motiviert, den
dissonanten Zustand in einen konsonanten zu überführen. Phobische
Situationen erzeugen in mehrfacher Hinsicht Dissonanz: So klaffen
z.B. die objektiv gegebene und die subjektiv erlebte Bedrohung weit
auseinander; oder der Phobiker will bzw. muß eine Situation aufsuchen,
während er fürchtet, daß es dabei zu einer "Katastrophe" kommt.
Das Vermeidungsverhalten des Phobikers kann in diesem Zusammenhang als eine äußerst effektive Strategie zur Dissonanzreduktion
angesehen werden. Während der Konfrontationstherapie wird der Phobiker mit einer weiteren Dissonanz konfrontiert: Er erwartet die
"Katastrophe", diese bleibt jedoch aus. Diese aufgrund des zum Teil
jahrelangen Vermeidungsverhaltens erhebliche Dissonanz setzt disso-
nanzreduzierende Prozesse in Gang: Die gewohnte Informationsabwehr
kann aufgrund des Verbleibens in der Situation nicht beibehalten
werden. Stattdessen wird nun die Dissonanzreduktion auf dem Wege

der Informationsaufnahme angestrebt, die zu einer langfristigen Situationsneubewertung und in der Folge auch zu einer Veränderung des Verhaltens führt (vgl. BARTLING, FIEGENBAUM & KRAUSE, 1980b).

Die kognitive Emotionstherapie SCHACHTERs

Die das Konfrontationstraining vorbereitenden Gespräche (von uns "kognitive Vorbereitung" genannt, siehe Kapitel 4.1.2) bewirken häufig auch eine Umbewertung der Angstreaktion. Dieser Prozeß kann mit der Emotionstheorie von SCHACHTER (1966) erklärt werden. SCHACHTER geht davon aus, daß unterschiedliche Emotionen nicht durch spezifische physiologische Erfahrungsmuster definiert werden, sondern daß jeder Emotion eine allgemeine physiologische Erregung zugrunde liegt. Sie wird durch kognitive Interpretation der jeweiligen Situation als spezifische Emotion (z.B. Angst, Wut, Freude) erlebt. Angst entsteht demnach, wenn eine Person eine erhöhte Erregung wahrnimmt und gleichzeitig eine Situation als bedrohlich interpretiert. Die vom Therapeuten vorangegangenen Erklärungsmuster zur Entstehung der Angstreaktion und die Erklärung zum Erregungsablauf in einer Konfrontationssituation (vgl. Abb. 6, S.104) können eine Neuinterpretation sowohl der Situation als auch der Angstreaktion bewirken. Mit fortschreitenden Erfahrungen während der Konfrontationstherapie wird diese Uminterpretation bestätigt und verfestigt.

Die verschiedenen kognitiv orientierten Erklärungsansätze enthalten jeweils Überlegungen zur Interpretation einzelner Aspekte der Wirkungsweise von Konfrontationsverfahren (Neubewertung, Uminterpretation, Dissonanzreduktion). Keines der genannten Modelle ermöglicht jedoch eine umfassende Erklärung. Es ist anzunehmen, daß im Verlauf einer Konfrontationstherapie viele Prozesse gleichzeitig (z.T. sich gegenseitig unterstützend, z.T. hemmend) ablaufen, die beim heutigen Stand der psychologischen Theorienbildung noch nicht durch eine integrative Therapie vollständig abgebildet werden können. Über die "Richtigkeit" der verschiedenen Einzelmodelle kann zur Zeit aufgrund ihres hohen Allgemeinheitsgrades und des daraus resultierenden Problems der mangelnden empirischen Überprüfbarkeit keine Entscheidung getroffen werden.

2.2.2. EMPIRISCHE BEFUNDE ZU WIRKVARIABLEN VON KONFRONTA-
TIONSVERFAHREN

Zahlreiche empirische Untersuchungen zu Konfrontationsverfahren
dienten der Überprüfung ihrer Wirksamkeit und der Abschätzung,
welchen Beitrag einzelne Variablen innerhalb des Gesamtbehandlungs-
ansatzes leisten. Während in der Anfangsphase vor allem Tierexperimente aus dem Bereich der "response prevention" sowie Therapieanalogstudien zur Fundierung der Konfrontationstherapie herangezogen
wurden, wurden seit Mitte der siebziger Jahre auch viele Untersuchungen mit klinischem Klientel durchgeführt. Da die Übertragung
der tierexperimentellen Befunde auf den Humanbereich problematisch
ist (vgl. die Diskussion von BARTLING, FIEGENBAUM & KRAUSE,
1980a, S. 61ff.), werden wir im folgenden nur kurz auf solche Untersuchungen eingehen.[1]

Auch die Ergebnisse von Therapieanalogstudien zur Angstreduktion
durch Konfrontationsverfahren müssen mit Vorbehalt betrachtet werden[2]. Die größten Bedenken ergeben sich aus der Auswahl der Unter-
suchungsstichproben: Wenn überhaupt phobische Patienten herangezogen
wurden, dann solche mit **spezifischen** Phobien (Schlangen, Spinnen),
die sich (vgl. Kapitel 1.2.) in entscheidenden Punkten von Agoraphobien unterscheiden. In der folgenden Darstellung werden wir uns
daher im wesentlichen auf kontrollierte klinische Untersuchungen
stützen und nur im Einzelfall auf Therapieanalogstudien zurückgreifen.
Dabei werden wir bevorzugt neuere Befunde vorstellen. Eine ausführliche Darstellung älterer Untersuchungen wurde bereits an anderer
Stelle (BARTLING; FIEGENBAUM & KRAUSE, 1980, S. 63-89) gelei-
stet, sodaß diese hier nur zusammenfassend gewürdigt werden sollen.

Untersuchungen mit Tieren

Als eindeutig effektivste Methode zur Löschung angstmotivierten
Vermeidungsverhaltens erwies sich in Tierexperimenten die "Reaktions-

----

[1]Eine umfangreiche Übersicht über tierexperimentelle Befunde findet
sich bei BARTLING, 1978.

[2]Vgl. die Diskussion von BARTLING, FIEGENBAUM & KRAUSE,
1980a, S. 65ff.

verhinderung" (response prevention): Die Löschung der konditionierten Vermeidungsreaktion (CR) wird durch die völlige Verhinderung dieser Reaktion während der Darbietung des konditionierten Stimulus (in Abwesenheit des unkonditionierten Stimulus) beschleunigt (forcierte Löschung) (SOLOMON et al., 1953; BAUM, 1966; GORDON & BAUM, 1971; SHIPLEY et al., 1971; BERMAN & KATZEV, 1972; SCHIFF et al., 1972; BANKART & ELLIOT, 1974).

Empirische Untersuchungen zeigten, daß eine längere Reaktionsverhinderung die Löschung mehr begünstigt als eine kürzere (POLIN, 1952; WEINBERGER, 1965; BAUM, 1969a). Zur Frage, ob eine verteilte oder eine massierte Reaktionsverhinderung effektiver ist, liegen widersprüchliche Ergebnisse vor (SCHIFF et al., 1972; BERMAN & KATZEV, 1972; MONTI & SMITH, 1976). Eine Überlegenheit eines der beiden Verfahren konnte bisher nicht nachgewiesen werden. Untersuchungen zum Zusammenhang von Symptomerwerb und Wirksamkeit von Konfrontationsverfahren zeigten, daß eine größere Anzahl von Schocktraumata (SIEGELTUCH & BAUM, 1971) sowie eine höhere Schockintensität (BAUM, 1969a, 1969b) die Löschungsresistenz der Vermeidungsreaktion erhöht und eine längere Reaktionsverhinderung zur Löschung des Vermeidungsverhaltens erforderlich macht. In weiteren Experimenten konnte die Löschung der Vermeidungsreaktion beschleunigt werden, wenn das Tier durch ein soziales Modell (BAUM, 1969b), durch "mechanische Erleichterung" (LEDERHENDLER & BAUM, 1970; SPRING et al., 1974) oder durch andere aufmerksamkeitserregende Signale (BAUM & GORDON, 1970) zu motorischer Aktivität oder explorierendem Verhalten angeregt wurde.

Klinische Untersuchungen zu einzelnen Wirkvariablen

Mit fortschreitender Entwicklung und Optimierung der Konfrontationsverfahren verlagerte sich der Schwerpunkt der Studien von der Untersuchung der methodenspezifischen Variablen (In-Vivo- vs. In-Sensu-Darbietung, lange vs. kurze Darbietungsdauer, verteilte vs. massierte Darbietung, geringe vs. hohe Intensität der phobischen Stimulierung) auf andere Aspekte wie Techniken zur Unterstützung der Konfrontation, die Interaktion mit Klienteneingangsbedingungen und die langfristige Überprüfung von Effekten.

Art der Konfrontation: In-Sensu oder In-Vivo?

Zu Beginn der Entwicklung von Konfrontationsverfahren wurden, bedingt durch die anfängliche Orientierung an STAMPFLs Implosionstherapie (STAMPFL & LEVIS, 1967, 1968, 1969), überwiegend In-Sensu-Verfahren eingesetzt und untersucht (KIRCHNER & HOGAN, 1966; STAMPFL & LEVIS, 1967; HOGAN & KIRCHNER, 1968; BARRET, 1969; HODGSON & RACHMAN, 1970; SMITH, 1970; WATSON & MARKS, 1971). Im Laufe der siebziger Jahre fand eine Verschiebung über die Kombination von In-Sensu und In-Vivo-Verfahren (MATHEWS et al., 1976; BOULOUGOURIS & MARKS, 1969; ULLRICH & ULLRICH DE MUYNCK, 1973) zur reinen In-Vivo-Konfrontation statt (STERN & MARKS, 1973; ULLRICH & ULLRICH DE MUYNCK, 1973; BARTLING et al., 1980a). Vergleichende Untersuchungen zu In-Vivo- und In-Sensu-Expositionen wurden von WATSON et al., 1971; STERN & MARKS, 1973; EMMELKAMP & WESSELS, 1975; MATHEWS et al., 1976; JOHNSTON et al., 1976; MARSHALL et al., 1977, durchgeführt. Die Befunde aller Untersuchungen stimmen darin überein, daß das In-Vivo-Verfahren der In-Sensu-Konfrontation deutlich überlegen ist. LEITENBERG (1976) wie auch BARTLING et al. (1980a) weisen darauf hin, daß die Variable 'In-Vivo- vs. In-Sensu-Darbietung' "möglicherweise völlig verschiedene Verfahren differenziert und definiert" (BARTLING et al., 1980a, S. 69), da unterschiedliche Reaktionsebenen angesprochen werden: In-Vivo-Expositionen beeinflussen zunächst massiv das Verhalten, insbesondere das für Phobiker besonders problematische Vermeidungsverhalten. Durch direktes Handeln werden die vorgegebenen Erwartungen bezüglich der Ungefährlichkeit und der eigenen Bewältigungsmöglichkeiten geprüft und bestätigt. In-Sensu-Expositionen hingegen beeinflussen zunächst nur die Bewertung einer Situation, ohne daß Coping-Strategien oder eine Überprüfung und Bestätigung veränderter Erwartungen gezielt gefördert würden.

Darbietungsdauer

Bei der Betrachtung der Variable "Darbietungsdauer" muß unterschieden werden zwischen der Konfrontationszeit einzelner Items (einer Situation, eines Objektes) und der Gesamtzeit einer Konfrontationssitzung. Während in zahlreichen Tierexperimenten die Dauer der Reaktionsverhinderung überprüft worden ist[1] (POLIN, 1952; WEINBER-GER, 1965; BAUM, 1969a, b), wurde diese Variable unseres Wissens in klinischenUntersuchungen nicht systematisch variiert. McCUTCHEON & ADAMS (1975) und STONE & BORKOVEC (1975) konnten jedoch zeigen, daß eine zu kurz gewählte Darbietungszeit das Angstniveau erhöht. Auch legt die Beschreibung von nicht erfolgreichen Konfrontationstherapien nahe, daß häufig nicht das Verfahren selber, sondern eine zu kurz gewählte Darbietungsdauer Ursache des Mißerfolgs war. Aufgrund theoretischer Überlegungen wie auch praktischer Erfahrungen erscheint der Versuch, eine person- und itemübergreifende optimale Darbietungsdauer zu ermitteln, zum Scheitern verurteilt: Doch sollte sich die Beendigung einer Übung oder Darbietung an dem Ausmaß der erzielten Angstreduktion orientieren (vgl. STAUB, 1968).

Bemerkenswert sind in diesem Zusammenhang die Befunde von GAU-THIER & MARSHAL (1977), die in einer Analogstudie verschiedene Abbruchkriterien für Expositionen miteinander vergleichen: Das Urteil trainierter Beobachter war dem physiologischen Maß (Herzrate), der subjektiven Angsteinschätzung wie auch einem kombinierten Kriterium (physiologisch/subjektiv/verhaltensorientiert) im Hinblick auf die Behandlungseffekte überlegen. Als Richtwert für die Übungszeit einzelner Situationen oder Items bei In-Vivo-Konfrontationen kann nach verschiedenen Therapiebeschreibungen (RACHMAN et al., 1971; BOULOUGOURIS et al., 1971; EMMELKAMP, 1974) etwa 1 - 1 1/2 Stunden gelten. Nach unserer Erfahrung verkürzt sich die notwendige Konfrontationsdauer bei wiederholtem Aufsuchen derselben Situation.

Die **Gesamtdauer einer Konfrontationssitzung** liegt bei In-Sensu-Verfahren in der Regel zwischen 20 und 50 Minuten (STAMPFL & LEVIS, 1967; BOULOUGOURIS & MARKS, 1969; HODGSON & RACHMAN, 1970). Nur ULLRICH & ULLRICH DE MUYNCK (1973) geben eine In-Sensu-Konfrontationszeit von zwei Stunden an. Bei In-Vivo-Verfahren entspricht zum Teil die 1- bis 1 1/2-stündige Darbietung eines Items einer ganzen Konfrontationssitzung (RACHMAN et al.,

----

[1]Eine längere Reaktionsverhinderung ist grundsätzlich effektiver als eine kürzere.

1971; BOULOUGOURIS et al., 1971; EMMELKAMP, 1974), zum Teil werden aber auch über mehrere (bis zu acht) Stunden angstbesetzte Situationen aufgesucht (HAND et al., 1974; ULLRICH & ULLRICH DE MUYNCK, 1974; BARTLING et al., 1980a).

Untersuchungen zum Vergleich von massierter vs. verteilter Darbietung der angstauslösenden Items (MATHEWS & SHAW, 1973; STERN & MARKS, 1973) konnten eine deutliche Überlegenheit der massierten Darbietung aufzeigen. Hier erhebt sich allerdings die Frage, ob die Einzeldarbietungszeit der verteilten Übung (MATHEWS & SHAW: 1 x 48 Minuten versus 6 x 8 Minuten; STERN & MARKS: 1 x 120 Minuten versus 4 x 30 Minuten) insgesamt ausreichend war und dem Kriterium "Abbruch nur bei Angstfreiheit" entsprochen hat. Das von zahlreichen Therapeuten bevorzugte "Intensivtraining" mit vier- bis achtstündigen Trainings an mehreren aufeinanderfolgenden Tagen wurde von FOA et al. (1980) überprüft. Diese Form der Behandlung erwies sich als effektiver als vergleichbar zeitaufwendige Therapien mit Sitzungen in wöchentlichem Abstand.

Wir können zusammenfassen, daß In-Vivo-Konfrontationen unter massierten Übungsbedingungen mit mehrstündigen Expositionen den größten Therapieerfolg versprechen.

Intensität der phobischen Stimulierung

Eine besonders umstrittene und in vielen Varianten untersuchte Frage betrifft Art und Ausmaß der Stimulierung und damit zusammenhängend das für notwendig erachtete Angstniveau während der Konfrontation. Hieran entzündeten sich kontroverse Diskussionen über die theoretischen Grundannahmen des Verfahrens. Die anfänglich von STAMPFL & LEVIS (1967) vertretene Auffassung, neben konkret phobiebezogenen Items sei auch die Konfrontation mit psychodynamischen Inhalten und Symbolen ("hypothesized sequential cues") zur Angstreduktion notwendig, konnte widerlegt werden (vgl. SMITH et al., 1973): Die Konfrontation mit phobischen Objekten bzw. Situationen allein bringt gleich gute Erfolge. Dagegen ist die Frage, ob ein hohes Ausmaß an Angst während der Konfrontation die schnelle Angstreduktion fördert, weniger eindeutig zu beantworten. Bei der vorstellungsmäßigen Konfrontation erwiesen sich unrealistische "Horroritems", die häufig noch gepaart sind mit der Darstellung aversiver Konsequenzen, übereinstimmend als den realistischen Items unterlegen; zum Teil wirkten sie sogar schädlich (vgl. McNAMARA, 1972; MATHEWS & REZIN, 1977; FOA et al., 1977). Die Untersuchung von MATHEWS & SHAW (1973) deutet jedoch darauf hin, daß bei Konfrontation mit realitätsgerechten Angstitems durchaus ohne Schaden sofort mit dem am stärksten angstbesetzten Situationen begonnen werden kann: Unter dem Aspekt der Dauer der emotionalen Belastung ist der Beginn mit stark angstauslösenden Items eventuell sogar einem langsamen Aufsteigen in der Angsthierarchie vorzuziehen, da keine Erwartungsängste vor der jeweils folgenden schweren Situation entstehen. Bei den In-Vivo-Verfahren wurde das Angstniveau zum einen durch eine unterschiedliche Abfolge der Angstitems, zum anderen durch zusätzliche verbale Stimulierung beeinflußt. HAFNER & MARKS (1976) verglichen In-Vivo-Konfrontationen, in denen hohe vs. niedrige Angst evoziert wurde; hohe Angsterregung wurde durch verbale Suggestionen provoziert. Es zeigte sich, daß die Klienten, die während der Konfrontation mehr Angst erlebten, die gleichen Therapieerfolge zu verzeichnen hatten wie jene Gruppe, bei der geringere Angst induziert worden war.

In anderen Untersuchungen wurde eine unmittelbare Konfrontation mit den Spitzenitems der Angsthierarchie mit einer graduierten Konfrontation verglichen. Die stufenweise schwieriger werdende Darbietung begann mit der am wenigsten gefürchteten Situation der Angsthierarchie. Im Vergleich zu Desensibilisierungen in-Vivo war die Exposition stark verlängert und das Vermeidungsverhalten wurde unterbunden (MATHEWS et al., 1976; FIEGENBAUM, 1978). Ergebnisse von FIEGENBAUM (1978) weisen darauf hin, daß das graduierte Vorgehen zwar die emotionale Belastung **vor** Beginn der Therapie, nicht aber **während** der Therapie reduziert. Im Gegenteil scheint das graduierte Vorgehen im Verlaufe der Konfrontation eine größere (da längere) emotionale Belastung zu bewirken als die unmittelbare Konfrontation. Der kurzfristige Erfolg beider Verfahren erwies sich als äquivalent; die unmittelbare Konfrontation führte jedoch langfristig zu tendenziell stabileren Ergebnissen.

Einige Forscher erprobten Konfrontationen, bei denen sie zur Verringerung der Stimulierungsintensität Vermeidungsverhalten zuließen ("Sukzessive Approximation") und gleichzeitig Annäherungsverhalten verstärkten (AGRAS et al., 1968; EMMELKAMP, 1974; EMMELKAMP & WESSELS, 1975). Die zahlreichen Studien von EMMELKAMP und Mitarbeitern weisen dieses Vorgehen als erfolgreich aus. Es fehlt allerdings noch der systematische Effektivitätsvergleich mit Verfahren, die kein Vermeidungsverhalten zulassen.

Unter dem Aspekt der Angstevozierung lassen sich die vorliegenden Ergebnisse dahingehend zusammenfassen, daß ein **hohes Angstniveau** während der Konfrontation **keine notwendige Voraussetzung** für eine erfolgreiche Angstreduktion darstellt (vgl. MARKS, 1981). Unter dem Aspekt der emotionalen Belastung für den Klienten halten wir - im Widerspruch zu anderen Autoren (McGLYNN, 1978; BELLACK & HERSEN, 1977) - ein graduiertes Vorgehen häufig für belastender als ein sofortiges Aufsuchen der schwierigsten Situationen: Das stufenweise Vorgehen führt zum Aufbau ständig erneuter Erwartungsangst **vor der nächstschwierigeren Situation.** Der Zeitraum vor Beginn der Exposition ist hingegen für die Klienten, die unmittelbar mit sehr stark ängstigenden Situationen konfrontiert werden, kurzfristig belastender.

Medikation

Bei der Diskussion zum notwendigen und hinreichenden Angstniveau während der Konfrontation wird u.a. die Position vertreten, das Angstniveau solle gezielt gesenkt werden. In diese Überlegung gehen u.a. die Annahmen ein, daß Agoraphobiker unter einem chronisch erhöhten Erregungsniveau leiden und daß unspezifische Panikattacken bei der Entstehung einer Phobie eine Rolle spielen. In den letzten Jahren sind zahlreiche Studien durchgeführt worden, die den Einfluß erregungshemmender Medikamente untersucht haben: Hier ging es zum einen um die Frage, ob Angstniveau und Mißempfinden während der Konfrontation gesenkt werden können, zum anderen wurde überprüft, inwieweit gegebenenfalls die durch Medikamente herbeigeführte Angstreduktion eine Verbesserung oder eine Verschlechterung der Therapieeffekte zur Folge hat. HAFNER & MARKS (1976) führten mit Diazepam (Valium) unterstützte Konfrontationen durch und verglichen die Effekte einer Konfrontation unter Gabe von Placebo. Die medikamentös behandelten Patienten erlebten insgesamt weniger Angst als die mit Placebo behandelten; es entstanden jedoch keine Unterschiede im Therapieerfolg. EMMELKAMP (1979) konnte zeigen, daß weder Diazepam noch Beta-Blocker noch Monoamin-Oxidase-Hemmer die Effektivität von Expositionen in Vivo erhöhen konnten.[1] Die Befunde von HAFNER & MILTON (1977) und BUTOLLO et al. (1978) deuten sogar darauf hin, daß Beta-Blocker (Propanolol) zu vermehrter Angst während der Darbietung führen können. WHITEHEAD et al. (1977) konnten belegen, daß die Diazepam-Gabe bei der Behandlung von Kleintierphobien nicht zu einer Verringerung der notwendigen Expositionszeit führte. CHAMBLESS et al. (1979, 1982) fanden, daß eine In-Sensu-Behandlung von Agoraphobikern ohne medikamentöse Unterstützung zu günstigeren Ergebnissen führte als eine entsprechende Behandlung, die mit Brevital (ein Sedativum) unterstützt wurde. Die günstigeren Effekte sind jedoch nicht, wie anfänglich von den Autoren erwartet (CHAMBLESS et al., 1979), auf ein höheres Angsterleben während der Konfrontation zurückzuführen. Die Autoren vermuten vielmehr, daß therapeutisch wichtige Erinnerungs- und Lernprozesse durch Sedativa eingeschränkt werden (CHAMBLESS et al., 1982). ZITRIN et al. (1980) konnten demgegenüber in einer Doppel-Blind-Studie mit einer kombinierten Gruppenkonfrontation plus Impramin-Medikation (ein trizyklisches Antidepressivum) größere Therapieerfolge nachweisen als mit einer Gruppenkonfrontation plus Placebo-Gabe.

Trotz dieser letztgenannten Befunde sprechen die Ergebnisse der Forschung insgesamt gegen eine medikamentöse Unterstützung von Konfrontationstherapien: Die meisten Medikamente konnten keine Verbesserung des Therapieerfolgs bewirken; z.T. waren die Behandlungen ohne Medikamente sogar wirksamer. MARKS (1981) vertritt die Ansicht, daß Sedativa und Alkohol die Habituation verzögern. Entsprechend wurden Expositionen-in-Vivo mit alkohol- und medikamentenabhängigen Patienten nur nach einem Entzug von ihm durchge-

----

[1] Hierbei handelt es sich um die in der Pharmakotherapie von Angstpatienten häufig benutzten Medikamente (vgl. COBB, 1977; LIEBOWITZ & KLEIN, 1982).

führt (vgl. auch FIEGENBAUM, 1978; ROJAHN, 1982). Solange die therapieunterstützende Wirkung von Medikamenten nicht deutlicher nachgewiesen werden kann, halten wir es aus mehreren Gründen für günstiger, Konfrontationen ohne unterstützende Medikation durchzuführen: Zum einen haben die einschlägigen Medikamente physiologische Nebenwirkungen, zum anderen besteht die Gefahr, daß die Klienten die Bewältigung der phobischen Situationen auf die Einnahme der Medikamente attribuieren und nicht auf das Therapieprinzip und die neu erlernten Coping-Strategien.

Selbstkontrolle und Selbstinstruktionen

Zwar liegen kaum systematische Untersuchungen zur Wirkung von Selbstkontrolltechniken und Selbstinstruktionen bei In-Vivo-Verfahren vor, ihr Effekt darf u.E. jedoch nicht unterschätzt werden. Hinweise zum Einfluß dieser Faktoren liefern Untersuchungen, die in anderem Zusammenhang durchgeführt wurden (u.a. von RÖPER et al., 1975; BANDURA et al., 1969). Die Arbeitsergebnisse der Gruppe von EM-MELKAMP, die vorwiegend Selbstexpositionen, d.h. vom Klienten selbst kontrollierte Konfrontationen überprüft haben, deuten darauf hin, daß die Angstreduktion nicht von der Ausübung therapeutischer Fremdkontrolle während der Durchführung von Konfrontationsübungen abhängig ist. In der Studie von EMMELKAMP & KRAANEN (1977) waren vom Klienten selbst kontrollierte Expositionen gleich erfolgreich, langfristig stabiler und insgesamt weniger zeitaufwendig als vom Therapeuten kontrollierte Expositionen. In einer Untersuchung von McDONALD et al. (1979) waren Konfrontationen, die mit dem Therapeuten gemeinsam geplant, aber von den Klienten allein durchgeführt wurden, nur geringfügig effektiver als die wenig wirksamen Gespräche über familiäre und soziale Schwierigkeiten, die mit einer vergleichbaren Kontrollgruppe geführt wurden. Eine Kombination fremd- und selbstkontrollierter Exposition kann u.E. von besonderem Vorteil sein: Übungen, die im Beisein des Therapeuten angstfrei bewältigt wurden, können vom Klienten anschließend alleine wiederholt werden. Die therapeutische Kontrolle wird schrittweise ausgeblendet. Tatsächlich hat sich ein solches Vorgehen bei unseren eigenen Therapien bereits bewährt. Das Ausmaß an jeweils notwendiger Fremdkontrolle unterliegt bislang allerdings allein der therapeutischen Erfahrung; es wurde bislang nicht systematisch untersucht.

Der systematische Einsatz von angstbewältigenden kurzen **Selbstin-struktionen** während der Konfrontation erleichtert - wie FLIEGEL (1978) zeigen konnte - die Generalisierung der Bewältigungsstrategie auf phobische Situationen.

Weitere Variablen

Die **Interaktion** von Methodenvariablen mit **Klienteneingangsmerkmalen** gewinnt erst in letzter Zeit an Beachtung. Interessant ist in diesem Zusammenhang die Studie von ZITRIN et al. (1980), in der Phobiker mit einem hohen Depressivitätswert geringere Erfolge als Phobiker mit einem niedrigen Depressivitätswert aufweisen. In der Stichprobe von EMMELKAMP (1980) profitieren die weniger assertiven Agora-phobiker mehr von (selbstkontrollierten) Expositionen als die höher assertiven. EMMELKAMP & KUIPERS (1978) hingegen konnten in ihrer Nachuntersuchung über mehrere Jahre keinen Zusammenhang zwischen langfristigem Therapieerfolg und den Eingangsbefunden zur Depressivität, sozialen Angst und Kontrollübersetzung feststellen. In unterschiedlichen Zusammenhängen wurde auch der Einfluß der Ehe-zufriedenheit auf den langfristigen Therapieerfolg untersucht (MILTON & HAFNER, 1979; BLAND & HALLAM, 1981). Die Befunde deuten darauf hin, daß es sich hierbei um eine für eine differentielle Indika-tionsstellung wichtige Klienteneingangsvariable handeln könnte. Diese Ergebnisse wurden in Kapitel 1.4.2. dargestellt und diskutiert.

Ökonomische Überlegungen führten zum Einsatz von sogenannten "Laientherapeuten". Krankenschwestern wurden in das standardisierte Verfahren eingewiesen und führten eigenständig In-Vivo-Expositionen mit Agoraphobikern durch. MARKS et al. (1977, 1978) beschreiben diese Behandlungen als erfolgreich.

Methoden-"unspezifische" Faktoren, die nach unserer Erfahrung bei der Konfrontationstherapie eine besondere Rolle spielen, sind: Ein-gangserwartungen des Klienten, therapeutische Instruktion, (Induktion von) Erfolgserwartung, Erklärung des Therapiekonzepts, Dauer und Intensität des therapeutischen Kontaktes und Ermutigung zu oder

Verstärkung von antiphobischem Verhalten. Der Einfluß dieser Faktoren wurde bisher nur vereinzelt bei In-Sensu-Konfrontationen (KIRCH-
NER & HOGAN, 1966; MARKS, 1972; DEE, 1972) empirisch untersucht, nicht jedoch bei In-Vivo-Konfrontationsmethoden. Bei den Vor-
stellungstechniken ließ sich nachweisen, daß sich die Bewertung des
Verfahrens als therapeutische Behandlung, die Vorgabe von Erfolgssug-
gestionen und die Verdeutlichung des zugrundeliegenden Therapiekonzepts positiv auf den Erfolg der Behandlung auswirken.

Zusammenfassung

Konfrontationsverfahren haben sich bei der Behandlung von Angstsymp-
tomen, speziell agoraphobischen Ängsten, als erfolgreich erwiesen.
Zahlreiche Analogstudien und systematische klinische Untersuchungen
beschäftigen sich mit der Überprüfung des Beitrags einzelner Variablen im Kontext komplexer Konfrontationsverfahren. Nach dem derzeitigen Stand der empirischen Forschung sind Expositionen-in-Vivo der
Darbietung in Sensu deutlich überlegen. Übungen unter massierten
Bedingungen mit mehrstündigen Expositionen an mehreren aufeinanderfolgenden Tagen versprechen den größten Therapieerfolg. Der Therapieerfolg scheint vom erlebten Angstniveau während der Konfrontation
unabhängig zu sein. Es erscheint demnach weder notwendig, ein
hohes Ausmaß an Angst herbeizuführen noch das Angstniveau gezielt
- etwa durch Medikation - zu senken. Die Darbietungsdauer pro Konfrontationssituation sollte individuell bestimmt werden. Als Abbruchkriterium muß ein deutliches Nachlassen der Angsterregung gelten.
Eine Kombination von fremd- und selbstkontrollierten Expositionen
erscheint sinnvoll; die therapeutische Kontrolle sollte dabei nach
unserer Erfahrung schrittweise ausgeblendet werden. Das Verfahren
kann in teilstandardisierter Form auch von sogenannten "Laientherapeuten" erfolgreich durchgeführt werden, die ein spezielles Training
erhielten.

tige **Effekte von Konfrontationstherapien: Auswirkungen auf**
dene **Lebensbereiche**

ntationsverfahren als symptomzentrierte Form der Behandlung
haben als primäres Therapieerfolgskriterium das der Angstreduktion.
Die Bearbeitung von Problemen, die in engem Zusammenhang mit der
Agoraphobie stehen und/oder bedeutsam für Genese und Aufrechterhaltung des Symptoms sind (vgl. Kapitel 1.4.) wird mit diesen Verfahren
nicht explizit beabsichtigt. Für eine umfassende Bewertung des Verfahrens ist daher zu prüfen, ob die Erfolge hinsichtlich der Behebung
der agoraphobischen Symptome langfristig stabil bleiben. Interessant
ist es jedoch auch zu ermitteln, inwieweit die Behandlungseffekte auf
Lebens- und Problembereiche generalisieren, die nicht direkt in die
Therapie einbezogen wurden. Studien mit längeren Nachuntersuchungs-
zeiträumen wurden von MARKS (1971), HAFNER (1976), EMMELKAMP
& KUIPERS (1979) und McPHERSON et al. (1980) durchgeführt.

Insbesondere HAFNER (1976) hat mit seiner Untersuchung zur "Symptomsubstitution" bei Agoraphobikern viel Beachtung gefunden. Er
behandelte 50 agoraphobische Patienten mit Konfrontationsverfahren,
davon 34 in Gruppen- und 16 Patienten in Einzeltherapie. Die Ein-Jah-
res-Katamnese zeigte für die in Gruppen behandelten Patienten signifikante Verbesserungen in den symptombezogenen Maßen. Ein Drittel
der Klienten berichtete jedoch über leichte und ein weiteres Drittel
über deutlich ansteigende Schwierigkeiten in anderen Problembereichen
("Symptomsubstitution"). Diese Schwierigkeiten äußerten sich vorwiegend in einer Verschlechterung der Partnerbeziehung, in zunehmender
Selbstunzufriedenheit und in körperlichen Beschwerden. Leider liegen
keine Nachuntersuchungsdaten zur Symptomsubstitution bei den 16
Einzelklienten vor. Beim Vergleich mit den in Einzeltherapie behandelten Klienten fällt jedoch die unterschiedliche Absspringerquote ins
Auge: 25% der einzeltherapeutisch Behandelten brachen die Therapie
vorzeitig ab, jedoch kein in Gruppen behandelter Klient. HAFNER
vermutet nun, daß Klienten, die nach erfolgreicher Angstbehandlung
andere Symptome zeigten, in Einzeltherapien zum Abbruch der Therapie
tendierten, so daß sich eine spätere Symptomsubstitution erübrigte.
Die Befunde HAFNERs machen deutlich: Als Erfolgskriterien sollten
neben symptomzentrierten Maßen auch nicht unmittelbar symptombe-

zogene Maße herangezogen werden; auch die Abbrecherquote sollte als bedeutsames Therapieerfolgskriterium betrachtet werden. Eine Behandlung in Gruppen scheint die Abbrecherquote erheblich zu reduzieren. Im Gegensatz zu HAFNER betrachten wir Schwierigkeiten, die nach erfolgreicher Angstreduktion in anderen Lebensbereichen auftreten, nicht als Symptom**substitution**, sondern als Zeichen generalisierter inadäquater Bewältigungsstrategien, die aufgrund der bisherigen Dominanz der agoraphobischen Symptome nicht sichtbar wurden. EMMEL-KAMP & KUIPERS (1979) fanden keine Hinweise auf Symptomsubstitution nach der Behandlung (gemessen wurden Depression, soziale Angst und Kontrollüberzeugung). Sie untersuchten 70 agoraphobische Patienten vier Jahre nach der Behandlung mit In-Vivo-Konfrontation. Die im Post-Test beobachteten Effekte waren stabil geblieben, teilweise konnten sogar weitere Verbesserungen festgestellt werden. Die Reduktion der agoraphobischen Symptomatik wurde von den Therapeuten mit 75% gemessen; dies bedeutet, daß die Klienten leicht phobisch geblieben sind.

Vergleichbare Ergebnisse brachte auch eine Studie von McPHERSON et al. (1980), mit Katamnesen von 3,0 bis 6,3 Jahren nach Ablauf einer Behandlung durch Konfrontations- oder imaginative Verfahren. Nachuntersucht wurden von einer größeren Stichprobe nur jene 56 agoraphobischen Patienten, die durch eine der beiden Behandlungen Besserungen gezeigt hatten. Die Therapieerfolge waren über den Nachuntersuchungszeitraum voll erhalten geblieben, z.T. sogar einhergehend mit sinkenden Depressionswerten, verbesserten sozialen Beziehungen und geringeren Beeinträchtigungen in der Berufstätigkeit. Neue Symptome waren nach Abschluß der Behandlung nicht aufgetreten. Doch auch in dieser Stichprobe konnten nur 10 Patienten (= 18%) als völlig frei von agoraphobischen Symptomen bezeichnet werden. Die verbleibenden Symptome wurden allerdings meist als nur mehr wenig beeintächtigend beschrieben.

Die beiden letztgenannten Untersuchungen belegen übereinstimmend, daß die Therapieerfolge bei Behandlungsende aufrechterhalten werden können und keine neuen Symptome auftreten müssen. Die Tatsache, daß zahlreiche Klienten nicht völlig symptomfrei waren, kann u.a. darauf zurückzuführen sein, daß infolge der Standardisierung der Behandlungsbedingungen die Therapie in etlichen Fällen "zu früh" abgebrochen wurde. Die Unterschiede zu den Ergebnissen von HAFNER können durch verschiedene Faktoren begründet sein:

- Der längere Katamnese-Zeitraum bei EMMELKAMP & KUIPERS sowie McPherson et al. kann bedingen, daß zwischenzeitlich auftretende Anpassungsschwierigkeiten an neue Copingstrategien und Systemregeln (vgl. Kapitel 1.4.2.) bewältigt sind.

- HAFNER (1976) untersuchte eine nicht-selegierte Stichprobe, die potentielle Abbrecher enthielt (siehe oben); bei McPHERSON et al. (1980) wurden explizit nur Patienten, die am Ende der Therapie als erfolgreich behandelt galten, nachuntersucht.

- HAFNER betrachtet bei der Suche nach neu auftretenden Symptomen (entsprechend seiner Hypothesen) vor allem interpersonelle Schwierigkeiten; in den beiden anderen Katamnese-Studien wurden dagegen eher intrapersonelle Merkmale gemessen.

Über die Auswirkungen symptomzentrierter Angstbehandlungen auf verschiedene Lebens- und Problembereiche liegen eine Reihe von widersprüchlichen Befunden vor: So berichtet MARKS (1971) über Ergebnisse einer Vier-Jahres-Nachuntersuchung an 72 phobischen Klienten (davon 55% Agoraphobiker), die allerdings mit verschiedenen verhaltenstherapeutischen Verfahren behandelt worden waren. Vor der Therapie bestehende neurotische Symptome (Depression, freiflottierende Ängste, sexuelle Probleme) seien nicht im Sinne einer erwarteten Generalisierung zurückgegangen, sondern unverändert geblieben. Deutliche Verbesserung zeigten sich dagegen in der Zufriedenheit mit den Freizeitaktivitäten. Hier ist der direkte Zusammenhang zur Symptomreduktion evident.

BUSSE & SANETRA (1977) konnten in einer Untersuchung über langfristige Auswirkungen einer Konfrontationstherapie auf verschiedene Lebensbereiche des Klienten Verbesserungen in den Bereichen Zufriedenheit mit der Partnerschaft, Freizeitverhalten, körperliches Wohlbefinden, Depression sowie Selbstzufriedenheit feststellen. Keine Veränderungen wurden dagegen in den Bereichen Sexualität (Unzufriedenheit bleibt bestehen), Beziehungen zu anderen Familienangehörigen und soziale Kompetenz gemessen. An dieser Untersuchung ist besonders interessant, daß auch nicht erfolgreiche Klienten einbezogen wurden und ein Extremgruppenvergleich die Bedeutung des sozialen Unterstützungssystems für den Therapieerfolg unterstreicht.

Die Wechselbeziehungen zwischen Partnerschaft und Therapieerfolg haben wir bereits in einem anderen Zusammenhang ausführlich diskutiert (vgl. Kapitel 1.4.2): Es zeichnete sich ab, daß die Qualität der Partnerbeziehung eine besondere Prediktorvariable für den **langfristigen** Erfolg einer symptomzentrierten Angstbehandlung darstellt (HAND & LAMONTAGNE, 1976; GOODSTEIN & SWIFT, 1977; MILTON & HAFNER, 1979; BLAND & HALLAM, 1981). Es zeigte sich weiter, daß ein gewisser Anteil der behandelten Klienten nach erfolgreicher Konfrontationstherapie über Verschlechterung in der Ehebeziehung klagte. Rückfälle bei der Phobie führten zu einer erneuten Stabilisierung der Partnerschaft (HAND & LAMONTAGNE, 1976; HAFNER, 1977a; MILTON & HAFNER, 1979; BARLOW et al., 1981; BLAND et HALLAM, 1981). Die Befunde von HAFNER (1977a) deuten darauf hin, daß eheliche Schwierigkeiten umso wahrscheinlicher auftreten, je stärker die Gesamtbeeinträchtigung durch die agoraphobische Symptomatik ist.

Zusammenfassung

Die vorliegenden Untersuchungen machen auf verschiedene Aspekte aufmerksam:
- Zur Einschätzung des langfristigen Erfolges von Konfrontationsverfahren sollten neben angstbezogenen Maßen symptomunabhängige Maße herangezogen werden. Am häufigsten wurden Werte zur Depression, sozialen Kompetenz, Selbstwahrnehmung oder Selbstzufriedenheit, Kontrollüberzeugungen und Ehezufriedenheit erhoben. Die Befunde von HAFNER deuten zudem darauf hin, daß Hostilitätsmaße mit dem Ausmaß der Gesamtbeeinträchtigung zusammenhängen können.

- Darüber hinaus sollte die Abbrecherquote als Erfolgskriterium herangezogen werden.

- Es gibt Hinweise darauf, daß eine Behandlung in Gruppen die Abbrecherquote verringert.

- Der Katamnese-Zeitraum sollte die Ein-Jahres-Frist deutlich überschreiten.

2.4.   Konzepte ergänzender und symptomübergreifender Therapie

Die oben genannten Befunde und Überlegungen haben in den letzten
Jahren zur Modifizierung bzw. Ergänzung der symptomzentrierten
Angstbehandlungsmethoden geführt. Es wurden folgende modifizierte
Verfahren eingesetzt und teilweise empirisch überprüft:

- Exposition in Gruppen

- Bildung von Nachbarschafts-Selbsthilfegruppen

- Einbeziehung des Partners als Co-Therapeut
  ("home-based treatment")

An ergänzenden Verfahren werden beschrieben:

- Ehetherapie/Kommunikationstraining

- Problemlösetraining

- Assertiveness Training

- Kognitive Umstrukturierung

Konfrontation in Gruppen

HAND,LAMONTAGNE & MARKS (1974, 1975) führten Konfrontationstherapien in Gruppen durch und variierten das Ausmaß der Gruppenkohäsion (hohe vs. niedrige Kohäsion). Beide Verfahren zeigten bei
Therapieende zunächst äquivalente Ergebnisse; im Nachtest waren
jedoch die hochkohäsiven den gering-kohäsiven Gruppen überlegen.
Diese Untersuchung wurde von TEASDALE et al. (1977) repliziert,
hier konnten die weiteren Verbesserungen nach der Therapie bei
kohäsiven Gruppen nicht nachgewiesen werden. Die Autoren mußten
allerdings zugeben, daß es ihnen nicht gelungen war, dasselbe Ausmaß
an Gruppenkohäsion herzustellen wie HAND et al.

CHAMBLESS et al. (1982) verglichen Einzelbehandlungen mit Gruppenbehandlungen. Die Behandlung in Gruppen war - obwohl mehr Panikattacken auftraten - den Einzelkonfrontationen ebenbürtig, in einigen
Variablen überlegen.

In zwei weiteren Studien wurde die Exposition in Gruppen mit der
Einzelexposition verglichen (EMMELKAMP & EMMELKAMP-BENNER,

1975; HAFNER & MARKS, 1976). In beiden Studien fanden sich keine bedeutsamen Unterschiede zwischen den Behandlungsbedingungen. Die Gruppenbehandlung konnte jedoch - wie oben beschrieben (vgl. HAFNER, 1976; Kapitel 2.3) - die Abbrecherquote auf 0 reduzieren, gegenüber 25% bei der Einzeltherapie.

BUTOLLO (1979) kommt in seiner Studie II zu dem Ergebnis, daß Konfrontationen in Einzeltherapie zwar raschere Angstreduktionen bewirken, die Gruppentherapie jedoch die Generalisierung auf die eigene soziale Situation erleichtere. Er fordert eine Kombination von Gruppen- und Einzeltherapie:

> "Die Arbeit am Angstproblem ...gelingt in intensiver Einzeltherapie mit möglichst täglichen Sitzungen am besten. Die Generalisation dieses Ergebnisses und vor allem die Einbeziehung der Kommunikationsproblematik sollte jedoch in einer an die Intensivphase der Einzeltherapie anschließende Gruppentherapie mit allmählichen Übergang in die Selbsthilfegruppen erfolgen." (BUTOLLO, 1979, S. 243f.)

Bei einer Gruppentherapie ist zu berücksichtigen, daß sie vom Therapeuten ein großes Ausmaß an Kompetenz und Erfahrung verlangt. Dies betrifft einerseits die Koordination bei der Durchführung der Angstbehandlung mehrerer Klienten gleichzeitig wie auch die Berücksichtigung von Gruppenprozessen und die Förderung der instrumentellen Gruppenbedingungen.

HAND (1975) weist darauf hin, daß die symptomzentrierte Gruppenbehandlung die Bildung von äußerst homogenen Gruppen bezüglich der angstauslösenden Situationen verlangt. Dies stimmt mit unseren Erfahrungen überein (vgl. FIEGENBAUM, 1978).

Nachbarschafts-Selbsthilfegruppen

SINOTT et al. (1981) versuchten bei einem Gruppenkonzept Überlegungen von Selbsthilfegruppen zu berücksichtigen. Sie bildeten zwei Gruppen von Klienten, die in nachbarschaftlichen Verhältnissen wohnten und verglichen diese mit einer Gruppe ohne Berücksichtigung der Wohnortdistanz und einer Kontrollgruppe. Die Nachbarschaftsgruppen wurden ermutigt, sich bei den selbstkontrollierten Übungen zu unterstützen und in einer Art von Selbsthilfegruppen zusammenzuarbeiten. Die Klienten in den Nachbarschaftsselbsthilfegruppen zeigten bessere

Ergebnisse als diejenigen, die bei Übungen außerhalb der Therapie-
situation nur von Familienmitgliedern unterstützt worden waren.
SINOTT et al. folgern, daß das Prinzip der Selbsthilfegruppen die
Möglichkeit biete, die soziale Isolation der phobischen Klienten aufzu-
brechen.

Einbeziehung der Partner

Ein anderer Zugang, die Generalisierung von Therapieeffekten auf
das soziale Umfeld des Agoraphobikers zu fördern, ist die Einbeziehung
der Ehepartner in die Konfrontationstherapie. Der Partner erhält
hierbei die Funktion eines Co-Therapeuten und wird in die Prinzipien
des Behandlungskonzeptes eingewiesen. Große Teile des Übungspro-
grammes werden ohne Therapeuten, nur mit Unterstützung des Partners durchgeführt ("home-based treatment"). MATHEWS et al. (1977),
MUNBY & JOHNSTON (1980) und BARLOW et al. (1981) berichten
von guten Erfolgen mit dieser Art von Konfrontationstherapie. Es
wird jedoch deutlich, daß die Erfolge von der Qualität der Partnerbeziehung abhängig sind.

MATHEWS et al. (1979) verglichen Konfrontationstherapien mit und
ohne Partner als Co-Therapeut. Während die kurzfristigen Therapieerfolge für die Partnerunterstützung sprachen, waren die langfristigen
Ergebnisse derjenigen Klienten, die allein geübt hatten, deutlich überlegen. Der Einsatz des Partners als Co-Therapeut verhindert möglicherweise den Aufbau von selbstkontrolliertem Verhalten. Hier
sollte auch berücksichtigt werden, daß durch die Co-Therapeutenrolle
eine bestehende problematische Rollenfestschreibung zwischen den
Partnern verfestigt werden kann.

Auch BUTOLLO (1979) hält dieses Vorgehen wegen der eingeschlif-
fenen Interaktionsmuster zwischen den Partnern für wenig aussichts-
reich und präferiert das oben erwähnte Kommunikationstraining in
Gruppen.

HAND et al. (1977) berücksichtigen bei der Einbeziehung des Partners
die **Rollenkonstellation** in der Beziehung. Sie entwickelten ein Modell
zur Symptombehandlung von Agoraphobien, welches gleichzeitig positive

Veränderungen in der Partnerschaftstruktur bewirken soll ("hidden couple-counseling"). Auch hier wird der Partner als Co-Therapeut in ein Angsttraining einbezogen, schrittweise werden zusätzlich nicht-phobiebezogene Übungen aufgenommen, um die problematische Rollenkonstellation zu verändern. Ein ähnliches Vorgehen beschreibt in einem Fallbericht FIEGENBAUM (1982a).

Partnertherapie

Der Zusammenhang zwischen Ehezufriedenheit und Therapieerfolg veranlaßte etliche Therapeuten, in Einzelfällen begleitende und anschließende Partnergespräche durchzuführen.

CHAMBLES & GOLDSTEIN (1981) beschreiben ein zweiwöchiges Intensivprogramm, das In-Vivo-Konfrontation in Gruppen (nur Klienten), Psychotherapie in Gruppen, Gespräche mit den Bezugspersonen (vorwiegend den Partnern) und gemeinsame Gespräche zwischen Klienten und deren Bezugspersonen umfaßt. Es folgt eine 10-wöchige Nachbehandlung mit ähnlichem Aufbau. Die Erfolge werden als sehr gut beschrieben.

Eine empirische Überprüfung der Effekte von Ehetherapie bei Agoraphobikern wurde bisher nur von COBB et al. (1980) vorgenommen. Sie verglichen verhaltenstherapeutisch ausgerichtete Partnerbehandlungen und Konfrontationstherapien (Partner war Co-Therapeut) in einem Überkreuz-Versuch mit insgesamt 11 Klienten. Die Ergebnisse zeigen, daß die Konfrontationen signifikante Veränderungen sowohl in den phobischen Maßen als auch in der Ehebeziehung bewirkten, die Partnertherapien hingegen nur die Ehebeziehung bedeutsam beeinflußten. Die Ehetherapien hatten erstaunlicherweise keinen signifikant größeren Einfluß auf die abhängige Variable Ehequalität als die Konfrontationstherapie. Bei Prüfung der Abfolge der Behandlungsbedingungen ergab sich: Beide Abfolgen sind gleich wirksam bezüglich der phobischen Maße, die Abfolge Konfrontationstherapie-Ehetherapie vermochte die Maße für die Partnerbeziehung jedoch deutlicher zu verbessern und muß daher präferiert werden. Die Erfolge waren 13 Monate nach Behandlungsende stabil.

Die Untersuchung von COBB et al. (1980) macht deutlich, daß die Reihenfolge einer kombinierten Behandlung bedeutsam sein kann. Um ihren Effekt einschätzen zu können, sind phobieunabhängige Maße notwendig.

Problemlösetraining

Besondere Berücksichtigung finden in neuerer Zeit multimodale (vgl. A.A. LAZARUS, 1978) sowie problemlöseorientierte Verfahren (vgl. D'ZURILLA & GOLDFRIED, 1971). Auch hier wird dem aktiven, übenden Herangehen an die Symptome breiter Raum gegeben. Gleichzeitig wird großes Gewicht auf den Erwerb allgemeiner Handlungs- und Bewältigungsstrategien gelegt. Auch benachbarte evtl. mit dem Symptom zusammenhängende Problembereiche werden exemplarisch bearbeitet. Ziel ist der Erwerb allgemeiner Problemlösefertigkeiten, die zur Bewältigung evtl. neu auftretender Probleme eingesetzt werden können (vgl. ausführlicher Kapitel 4.2).

Zur Wirkung von Problemlösetrainings speziell bei Agoraphobikern liegt eine Untersuchung von JANNOUN et al. (1980) vor: 28 agoraphobische Klienten wurden auf zwei Behandlungsgruppen verteilt: Konfrontationsübungen im Sinne des oben beschriebenen "home-based treatment" und ein Training genereller Problemlösefähigkeiten, das ebenfalls mit dem Partner durchgeführt werden sollte. Beide Gruppen erhielten Manuale für die Durchführung ihrer zum großen Teil selbstkontrollierten Therapien sowie fünf beratende Therapeutenkontakte. Das Problemlösetraining war den Expositionen kurzfristig unterlegen, konnte jedoch im Follow-up den anfänglichen Rückstand auch in den phobiebezogenen Werten fast aufholen.

Interessant wäre hier eine Untersuchung der Frage, welche Effekte die Kombination des o.g. angstzentrierten Behandlungsverfahrens mit einem Training allgemeiner Problemlösestrategien zeigen würde.

Selbstsicherheitstraining

Als eines der häufigsten Begleitsymptome von Agoraphobiker(innen) wird der Mangel an Selbstsicherheit und Durchsetzungsvermögen und ihre Abhängigkeit von anderen Personen beschrieben. Das Angebot eines entsprechenden Selbstsicherheitstrainings für Agoraphobiker wurde von EMMELKAMP et al. (1983) überprüft. Sie wiesen 21 wenig assertive Agoraphobiker drei Untersuchungsverfahren zu: (1) Konfrontation in Vivo, (2) Selbstsicherheitstraining, (3) kombiniertes Verfahren Konfrontation und Selbstsicherheitstraining. Alle drei Behandlungen wurden in Gruppen durchgeführt. Das Selbstsicherheitstraining beeinflußte die Assertivitätsmaße stärker als die Konfrontationstherapie, diese war andererseits dem Selbstsicherheitstraining bei den Angstwerten deutlich überlegen. Das kombinierte Verfahren unterschied sich nicht von der reinen Konfrontationstherapie. EMMEL-KAMP et al. (1983) beziehen frühere Studien und Beobachtungen mit ein und kommen zu dem Schluß, daß eine initiale Konfrontationstherapie, gefolgt von einem Selbstsicherheitstraining, die optimale Abfolge darstelle. Leider läßt die geringe Versuchspersonenanzahl pro Behandlungsbedingung und der kurze Nachuntersuchungszeitraum von einem Monat noch keine Verallgemeinerungen zu.

Kognitive Umstrukturierung

Auch kognitive Therapiemethoden wurden mit Konfrontationsverfahren kombiniert. Da ein Vergleich zwischen kognitiver Umstrukturierung und Expositionen in Vivo die deutliche Überlegenheit der Praxisübungen gezeigt hatte (EMMELKAMP et al., 1978), prüften EMMELKAMP & MERSCH (1982) im folgenden die beiden einzelnen Verfahren gegen eine Kombination von beiden: Das kombinierte Verfahren zeigte keinen Unterschied zur reinen Konfrontationstherapie, das Ein-Monats-Follow-up läßt wiederum keine langfristigen Schlüsse zu.

Zusammenfassung

Die vorliegenden Untersuchungen und Therapiebeschreibungen zeigen auf, wie vielfältig die Versuche sind, das Störungsbild der Agoraphobie umfassend und langfristig erfolgreich zu behandeln.

Einen möglichen Zugang stellt die Einbeziehung des Partners in die Therapie dar. Dieser wird häufig in Co-Therapeuten-Funktion bei der Durchführung von Konfrontationsübungen eingesetzt. Während wir dieser Rollenzuschreibung eher skeptisch gegenüberstehen, erscheint uns die Ehetherapie als symptomübergreifender Behandlungsansatz bei entsprechender Indikation sinnvoll und erfolgversprechend.

Die Behandlung in Gruppen wird in unterschiedlicher Variation angeboten. Es werden Expositionen in Gruppen durchgeführt; ebenso die Symptombehandlung ergänzende Methoden, wie z.B. ein Selbstsicherheitstraining oder ein Kommunikationstraining. Es zeigte sich, daß Gruppenbehandlungen langfristig umso effektiver sind, je kohäsiver die Gruppen gestaltet werden können und je mehr diese Gruppen Funktionen von Selbsthilfegruppen und sozialen Unterstützungssystemen übernehmen. Aufgrund der rascheren Angstreduktion in Einzeltherapien und der Schwierigkeit, homogene Konfrontationsgruppen zusammenzustellen, möchten wir uns der Einschätzung von BUTOLLO (1979) anschließen: Wir halten es für sinnvoll, die Gruppeneffekte vor allem für die Generalisierung auf andere Problembereiche – insbesondere interpersonelle Beziehungsstörungen – nutzbar zu machen.

Als symptomübergreifende Behandlungen werden neben der Partnertherapie Selbstsicherheitstrainings, Problemlösetrainings und kognitive Umstrukturierung angeboten. Mit Konfrontation kombinierte Verfahren (SST und kognitive Umstrukturierung) erwiesen sich der reinen Konfrontation bislang nicht als überlegen. Das Problemlösetraining wurde bisher nicht in kombinierter Form eingesetzt. Es konnte als alleiniges Therapieangebot im Vergleich zur Konfrontation kurzfristig schlechtere, jedoch langfristig fast gleichwertige Ergebnisse aufweisen. Eine Kombination von Konfrontationstherapie mit einem problemlöseorientierten Verfahren wurde noch nicht überprüft, erscheint uns aber erfolgversprechend. Verschiedene Untersuchungen machen deutlich, daß bei kombinierten Verfahren die Abfolge der Behandlungsteile von Relevanz sein kann, wobei die meisten Autoren eine initiale Konfrontationstherapie präferieren.

2.5.   **Schlussfolgerungen für die Behandlung weiblicher Agoraphobiker**

Die empirischen Befunde zur Entstehung und Aufrechterhaltung agoraphobischer Ängste rechtfertigen die Annahme einer multifaktoriellen
Verursachung des Störungsbildes (vgl. Kapitel 1.5.). Hierbei können
neben Konditionierungsprozessen auch kognitive Dispositionen, gelernte
Bewältigungsstrategien und interpersonelle Bedingungsfaktoren eine
wichtige Rolle bei der Entwicklung von phobischem Abhängigkeits-
und Vermeidungsverhalten spielen. Diese Verhaltensmuster und die
damit verbundenen Selbstkonzepte charakterisieren nach unserer Einschätzung nicht nur die Art der Auseinandersetzung mit bedrohlichen
Situationen, sondern bestimmen auch das Problembewältigungsverhalten
des Phobikers in anderen Lebensbereichen. Demzufolge finden wir als
häufige **Begleitsymptome** der Agoraphobie Konflikte im Bereich Abhängigkeit versus Selbständigkeit und damit verbundene Probleme der
eigenen Identitätsentwicklung, Schwierigkeiten im Äußern und Durchsetzen eigener Wünsche und Bedürfnisse (vor allem an den Partner)
und ein geringes Selbstwertgefühl.

Die langfristigen Konsequenzen einer den Verhaltensspielraum ein-
schränkenden Agoraphobie können ihrerseits Probleme nach sich ziehen,
denen der Klient oft nicht gewachsen ist. So finden wir als **Folgeprobleme** eine zunehmende Abhängigkeit von wichtigen Bezugspersonen,
die zu erheblichen Beziehungsschwierigkeiten führen kann, eine wach-
sende soziale Isolation, die langfristig Verhaltensdefizite im sozialen
Bereich hervorruft oder verstärkt, sowie in vielen Fällen depressive
Verstimmungszustände.

Für die Behandlung agoraphobischer Ängste erscheint es uns daher
notwendig, zwei Ansatzpunkte zur Therapie zu berücksichtigen:

(a) eine **symptomzentrierte** Behandlung, die den Klienten von seinen
     Ängsten und dem Vermeidungsverhalten befreien soll,

(b) eine **symptomübergreifende** Behandlung, die Hilfestellungen zur
     Bewältigung der Begleit- und Folgeprobleme gibt, und damit
     auch zur langfristigen Stabilität der Symptomreduktion beiträgt.

Zu (a): Konfrontationen in Vivo haben sich als rasche und effiziente
Methode zur Behandlung von phobischen Ängsten erwiesen, sie sind

speziell bei agoraphobischen Symptomen anderen Angstbehandlungsmethoden überlegen. Zahlreiche empirische Untersuchungen überprüfen Einzelvariablen des Verfahrens: In-Vivo-Konfrontationen unter massierten Übungsbedingungen versprechen den größten Therapieerfolg (vgl. Kapitel 2.2.2.). Das von uns entwickelte und mehrfach überprüfte Angstbehandlungsprogramm (BARTLING, FIEGENBAUM & KRAUSE, 1980a) (vgl. Kapitel 4.1.) entspricht in seinen Durchführungsbedingungen dem derzeitigen Stand der empirischen Forschung. Aufgrund der rascheren Angstreduktion und der Schwierigkeit, homogene Konfrontationsgruppen zusammenzustellen, präferieren wir weiterhin die Durchführung in Einzeltherapie.

Zu (b): Wie wir in Kapitel 2.4. aufgezeigt haben, werden in neuerer Zeit Konfrontationsverfahren mit verschiedenen anderen therapeutischen Angeboten kombiniert. Während die Kombination mit einem Selbstsicherheitstraining und mit der kognitiven Umstrukturierung bisher keine größeren Erfolge als ein reines Konfrontationsprogramm erbrachten, wurden solche Vergleiche weder mit einer Partnertherapie noch mit einem Problemlösetraining vorgenommen. Beide Therapieangebote erscheinen uns aufgrund der Kenntnisse über das agoraphobische Störungsbild als sinnvolle Ergänzung einer symptomzentrierten Behandlung.

Die Teilnahme an einer Gruppentherapie erwies sich für Agoraphobiker als besonders effektiv, wenn die Gruppe ein hohes Ausmaß an Kohäsion zeigte und die Funktion eines sozialen Unterstützungssystems übernehmen konnte. Eine Reihe von gruppentherapeutischen Konzepten hat auch die Verbesserung von allgemeinen Problemlösefähigkeiten zum Ziel (vgl. A.A. LAZARUS, 1980; GRAWE, 1980). Diese könnten für Agoraphobiker in idealer Weise Gruppeneffekte mit den erfolgversprechenden Ergebnissen eines Problemlösetrainings verbinden. Die Kombination einer symptomzentrierten Einzelbehandlung mit einem Problemlösetraining in Gruppen sollte daraufhin geprüft werden, ob sie die Generalisierung adäquater Bewältigungsstrategien auf andere Problem- und Lebensbereiche des Agoraphobikers erleichtert und zu einer langfristigen Symptomfreiheit beiträgt. Hierzu sollte der Vergleich mit einer reinen Konfrontationstherapie - dem bisher am besten bewährten Verfahren - vorgenommen werden.

Wenn auch etliche Autoren bei einem kombinierten Verfahren eine initiale Konfrontationstherapie befürworten, erscheint uns die Frage der Abfolge völlig offen:

- Für eine initiale Gruppentherapie spricht, daß bereits von Anfang an Gruppeneffekte nutzbar gemacht werden können. Das Problemlösetraining vermittelt zudem ein erweitertes Problemverständnis, das die angstvermeidenden Strategien als **Teil** eines generalisierten Bewältigungsmusters einordnet. Dies könnte bedeuten, daß die in der Konfrontation vermittelten offensiven Bewältigungsstrategien leichter auf andere Problembereiche übertragen werden.

- Die Vorteile einer initialen Konfrontationstherapie könnten zunächst in der Verstärkung der Motivierung durch eine rasche Angstreduktion liegen. Viele Begleit- und Folgeprobleme der agoraphobischen Störung werden häufig erst deutlich, nachdem die jahrelange Einschränkung und Beeinträchtigung aufgehoben ist. Durch eine Teilnahme an einer Problemlösegruppe im Anschluß an eine Konfrontationstherapie könnten diese Schwierigkeiten aufgefangen werden und eine sogenannte Symptomsubstitution verhindert werden.

Es ist daher zu prüfen, welche der Abfolgen, 'Konfrontationstherapie-Gruppentherapie' oder 'Gruppentherapie-Konfrontationstherapie', überlegen ist.

Das Problemlösetraining in Gruppen sollte die oben beschriebenen spezifischen Schwierigkeiten von Agoraphobikern berücksichtigen. Aufgrund des überproportionalen Anteils von Frauen unter den Agoraphobikern und der bislang noch sehr geringen symptomatologischen Kenntnisse über agoraphobische Männer halten wir es für sinnvoll, zunächst ein Gruppentherapiekonzept für weibliche Agoraphobiker zu entwickeln und zu überprüfen.

In der Therapieforschung wurde bisher die Frage vernachlässigt, welche Effekte sich bei der Kombination zweier voneinander unabhängiger therapeutischer Verfahren ergeben. Unabhängig bedeutet in diesem Zusammenhang, daß sowohl unterschiedliche Ansatzpunkte für eine Veränderung gewählt werden, als auch daß unterschiedliche Zielklassen erreicht werden sollen. Sofern beide Einzelverfahren als bewährt angesehen werden können, liegt die Vermutung nahe, daß sich die Effekte einer Kombination dieser Verfahren im weitesten Sinne additiv auswirken werden. Rein theoretisch sind jedoch auch andere Möglichkeiten denkbar, indem sich z.B. mögliche Inkonsistenzen zwischen beiden Ansätzen auswirken. Bisher liegen zu dieser Frage keine Untersuchungen vor, die begründete Vermutungen ermöglichen könnten.

3. FRAGESTELLUNGEN UND ALLGEMEINE ERWARTUNGEN

Das folgende Kapitel beschreibt die Fragestellungen und allgemeinen Hypothesen, die sich bei der empirischen Überprüfung des in Kapitel 4 vorzustellenden Therapiekonzeptes ergeben. In Kapitel 5 werden diese Fragestellungen operationalisiert und in einen Untersuchungsplan umgesetzt; darauf aufbauend lassen sich in Kapitel 6 spezifische Hypothesen formulieren.

3.1. Fragestellung

Wie bei jeder Therapiestudie, so interessiert auch bei unserer Untersuchung, inwieweit mit der von uns zu überprüfenden Therapieform spezifische therapeutische Ziele erreicht werden. Üblicherweise werden zur Kontrolle unspezifischer Effekte Wartelisten- und Placebo-Designs verwendet. In den letzten Jahren hat jedoch eine Reihe von Forschern (z.B. SHAPIRO, 1971; STUART, 1973; O'LEARY & BORCOVEC, 1978) auf die konzeptuellen, methodischen und vor allem auch ethischen Probleme solcher Untersuchungspläne hingewiesen. Sie schlagen vor, keine Placebo-Gruppe mehr zu verwenden, Warte-Kontrollgruppen, die aus methodischen Gründen kaum ersetzbar sind, in ihrer Anzahl gering zu halten und die Daten einer Gruppe für mehrere vergleichbare Studien zu verwenden. Als dem Placebo-Design überlegen gilt der Vergleich eines Therapieverfahrens mit der zur Zeit für eine ausgewählte Störung besten Therapieform. Dieses Vorgehen bietet den Vorteil, darüber Auskunft zu geben, inwieweit das neu zu erprobende Verfahren wirksamer ist als die bis dahin überprüften Behandlungsmethoden.

Auch uns erscheint, insbesondere bei Klienten mit schweren Störungen, das Placebogruppen-Design unakzetabel. Wir entschlossen uns, in unserem Untersuchungsplan einen Vergleich des neu zu erprobenden Verfahrens sowohl mit einer Wartekontrollbedingung als auch mit der bislang bestbewährten Therapieform durchzuführen: Zunächst sollten die Ergebnisse der Kombination von Konfrontations- und Gruppentherapie mit den Daten einer Wartekontrollgruppe verglichen werden, die uns aus einem früheren Forschungsprojekt zur Verfügung standen. Durch diesen Vergleich soll die Frage beantwortet werden:

(1) Welche Effekte zeigt die Kombination von Konfrontations- und Gruppentherapie im Vergleich zu einer nicht behandelten Kontrollbedingung?

Die Ergebnisse einer Kombination von Konfrontations- und Gruppentherapie sollen zum anderen mit dem bislang wohl erfolgreichsten Verfahren zur Behandlung von Agoraphobien ("best available comparison"; O'LEARY & BORCOVEC, 1978; S. 826) verglichen werden. Zum Vergleich mit den Experimentalgruppen bietet sich eine Gruppe an, die ausschließlich mit einer Konfrontationstherapie behandelt wurde und deren Ergebnisse 1980 (a) von BARTLING, FIEGENBAUM & KRAUSE publiziert wurden. Die Behandlung dieser Kontrollgruppe ist identisch mit dem Therapieabschnitt "Konfrontationstherapie" der Experimentalgruppen (vgl. Kapitel 4.1.). Der Vergleich dieser Kontrollgruppe mit den Experimentalgruppen unserer Untersuchung soll Antwort geben auf die Frage:

(2) Welche Effekte zeigt die Kombination von Konfrontations- und Gruppentherapie im Vergleich zu einer ausschließlichen Konfrontationstherapie?

Ein weiterer, bereits im vorigen Kapitel diskutierter Aspekt betrifft die Reihenfolge der beiden Bestandteile unseres Therapieprogramms. Sowohl für die Abfolge Konfrontationstherapie-Gruppentherapie als auch für die umgekehrte Reihenfolge lassen sich rein theoretisch plausible Argumente finden. Ein Vergleich der Ergebnisse unserer beiden Experimentalbedingungen soll Antwort geben auf die Frage:

(3) Welche unterschiedlichen Effekte zeigen die beiden verschiedenen Abfolgen von Konfrontations- und Gruppentherapie und welche Abfolge ist der anderen überlegen?

Jede dieser drei Fragen soll unter folgenden Aspekten beantwortet werden:

(a) Inwieweit ergeben sich Veränderungen der phobischen Symptomatik im engeren Sinne?

(b) Inwieweit ergeben sich Veränderungen in anderen Störungsbereichen?

(c) Welche langfristigen Effekte haben die verschiedenen Versuchsbedingungen auf allgemeine Persönlichkeitsmerkmale?

3.2. Allgemeine Erwartungen

Beim Vergleich unseres kombinierten Therapieprogramms mit der Wartekontrollbedingung einerseits und einer ausschließlich mit Konfrontationstherapie behandelten Gruppe andererseits erwarten wir folgende Ergebnisse:

(1) Das Kombinationsprogramm ist der Wartekontrollbedingung deutlich überlegen. Dies gilt sowohl für die Besserung der phobischen Symptomatik, für Veränderungen in anderen Störbereichen, als auch langfristig für Veränderungen allgemeiner Persönlichkeitsmerkmale.

(2) Das Kombinationsprogramm ist der reinen Konfrontationstherapie überlegen. Es wird insbesondere deutliche Veränderungen in anderen Störungsbereichen (Begleit- und Folgeproblem der Agoraphobie) zeigen. Darüberhinausgehend wird sich das Kombinationsprogramm langfristig auch im Hinblick auf die phobische Symptomatik als überlegen erweisen, da die Gruppentherapie zu einer größeren Stabilität der Ergebnisse führen wird.

Hinsichtlich der beiden möglichen Abfolgen Gruppentherapie und Konfrontationstherapie erwarten wir:

(3) Die Abfolge Konfrontationstherapie/Gruppentherapie ist der umgekehrten Abfolge überlegen. Wir nehmen an, daß die Klienten mit initialer Konfrontationstherapie (die zu einer schnellen Reduktion der im Vordergrund stehenden Angstsymptomatik führt) das Angebot der Gruppentherapie besser nutzen können: Sie werden die Begleit- und Folgeprobleme der Agoraphobie leichter wahrnehmen und eine größere Bereitschaft zeigen, an diesen zu arbeiten.

Vergleicht man die jeweiligen Auswirkungen der beiden Therapiebestandteile unseres Kombinationsprogramms, so erwarten wir:

(4) Die Konfrontationstherapie wird sich besonders auf die Angstsymptomatik auswirken. Bei den entsprechenden Meßmitteln führt sie zu starken Verbesserungen. Die Auswirkungen in anderen Symptombereichen sind deutlich geringer.

(5) Die Gruppentherapie wird sich besonders auf die nicht-phobischen Symptombereiche auswirken. Hingegen wird sie bezüglich der Angstsymptomatik kaum Auswirkungen zeigen.

In Abhängigkeit von den jeweiligen Meßzeitpunkten (vgl. Kapitel 5.1.2.) und den im einzelnen verwendeten Meßinstrumenten (vgl. Kapitel 5.2.) ergeben sich aus den oben aufgeführten allgemeinen Hypothesen eine vielzahl konkreter und spezifischer Hypothesen. Sie werden um der besseren Lesbarkeit willen in engem Zusammenhang mit der Darstellung der Ergebnisse in Kapitel 6 vorgestellt.

4. DARSTELLUNG EINES KOMBINIERTEN BEHANDLUNGSPROGRAMMS FÜR AGORAPHOBIKERINNEN

Gegenstand dieses Kapitels ist die Darstellung der beiden in der vorliegenden Untersuchung miteinander kombinierten Therapieverfahren: Einer Konfrontationstherapie in Vivo und einer Gruppentherapie speziell für weibliche Agoraphobiker. Mit diesem kombinierten Therapieprogramm sollen neben Maßnahmen zur direkten Angstreduktion auch therapeutische Hilfestellungen für Begleit- und Folgeprobleme der Agoraphobie angeboten werden. Das in Gruppen durchgeführte Training zur Bewältigung von Problembewältigungsstrategien soll zur langfristigen Stabilität des symptomorientierten Verfahrens beitragen.

Die im Rahmen der vorliegenden Untersuchung durchgeführte symptomorientierte Therapie entspricht dem von BARTLING et al. (1978) entwickelten Programm zur Angstbehandlung durch "unmittelbare Konfrontation" (vgl. auch BARTLING, 1978; FIEGENBAUM, 1978; BARTLING, FIEGENBAUM & KRAUSE, 1980a). Dieses Therapieprogramm stellt ein teilstandardisiertes In-Vivo-Verfahren speziell zur Behandlung von Agoraphobikern (bzw. Klienten mit multipler Situationsphobie) dar. Da das Verfahren bereits publiziert wurde, werden wir die Darstellung hier knapp halten (Kapitel 4.1.).

Das Gruppentherapiekonzept wurde im Rahmen dieses Therapieforschungsprojektes als ergänzendes Behandlungsprogramm für weibliche Agoraphobiker entwickelt. Es orientiert sich an Gruppenverfahren, die die Verbesserung der allgemeinen Problemlösefähigkeit zum Ziel haben. Kapitel 4.2. gibt in Form eines Exkurses einen Überblick über die Prinzipien von problemlöseorientierten Verfahren in Gruppen.

Solche Konzepte wurden unabhängig von Störungsbildern entwickelt. Wir hielten es für notwendig, die inhaltliche Ausgestaltung der Problemlösegruppen auf die besonderen Erfordernisse des zu behandelnden agoraphobischen Störungsbildes auszurichten. Der Aufbau von offensiven Problemgestaltungsstrategien sollte in den für Agoraphobikerinnen typischen Begleit- und Folgeproblemen exemplarisch erarbeitet und erprobt werden. In Kapitel 4.3. wird das von uns entwickelte Gruppentherapiekonzept zur Behandlung von Agoraphobikerinnen dargestellt.

Das kombinierte Therapieprogramm wurde in zwei verschiedenen Abfolgen angeboten (siehe auch Kapitel 3 und 5). Hieraus resultierten zwei unterschiedliche Modelle zur Erklärung des therapeutischen Gesamtvorgehens, die den Klienten vermittelt werden mußten. Überlegungen hierzu werden in Kapitel 4.4. erörtert.

4.1. Konfrontationstherapie

Die Konfrontationstherapie bestand aus vier voneinander abgrenzbaren Phasen:

(1) Diagnostische Phase
(2) Kognitive Vorbereitung
(3) Intensivtraining
(4) Selbstkontrollphase

4.1.1. DIAGNOSTISCHE PHASE

Die diagnostische Phase umfaßte eine zwei- bis dreistündige Explorationssitzung sowie die Erhebung von Test- und Fragebogendaten. Die Exploration wurde anhand eines teilstandardisierten Leitfadens durchgeführt, der schwerpunktmäßig auf die Sammlung von Informationen für die spätere Therapieplanung und -durchführung ausgerichtet war. Der detaillierten Erfassung der angstauslösenden Situationen sowie der individuellen Angstreaktionen kam dabei besondere Bedeutung zu. Angstauslösende Aspekte einer Situation wurden herausgearbeitet und angstverstärkende sowie -erleichternde Bedingungen exploriert. Diese Informationen waren nicht nur zur Herstellung der angstauslösenden Situationen während des Intensivtraining notwendig, sondern auch zur Identifizierung der Erklärungsmodelle des Klienten für seine Störung. Bei der Erfassung der Angstreaktion wurde sowohl kognitiven als auch emotionalen, motorischen und physiologischen Aspekten Beachtung geschenkt. So mußten z.B. kognitive Vermeidungsstrategien erkannt werden, um sie während des Intensivtrainings soweit wie möglich auszuschalten.

Des weiteren wurde im Verlauf der Exploration die Indikationsstellung abgeklärt. Hier ging es um die Frage, ob eine Konfrontationstherapie generell angezeigt war und inwieweit zwischen agoraphobischen Symp-

tomen und anderen Problembereichen Zusammenhänge bestanden, die
ggf. mit einem Problemlösetraining beeinflußt werden könnten.

Zum Abschluß wurden dem Klienten allgemeine Informationen über
das Vorgehen im Ablauf der Therapie vermittelt, um auf eventuell
anders gerichtete Vorerwartungen rechtzeitig eingehen zu können.

4.1.2. KOGNITIVE VORBEREITUNG

Auch die kognitive Vorbereitung erstreckte sich auf eine zwei- bis
dreistündige Therapiesitzung und wurde anhand eines standardisierten
Leitfadens[1] durchgeführt.

Aufgabe der kognitiven Vorbereitung war es, dem Klienten ein möglichst anschauliches und plausibles Erklärungsmodell für die Entstehung
und Aufrechterhaltung seiner Ängste zu vermitteln und die Prinzipien
der Konfrontationstherapie aus diesem Modell für den Klienten nach-
vollziehbarer abzuleiten.

Zur Erklärung der Angstsymptomatik wurde - in z.T. abgewandelter
Form - der lerntheoretische Ansatz MOWRERs (1950; Zwei-Phasen-
Theorie zur Entstehung und Aufrechterhaltung von Angst) unter Einbeziehung physiologischer Aspekte zur Erklärung der Angstsymptomatik
herangezogen. In diesem Zusammenhang wurde besonders die Funktion
des Vermeidungsverhaltens für die langfristige Aufrechterhaltung der
Angst verdeutlicht. Zur Erklärung der Wirkmechanismen der Therapie
wurden das klassische Löschungsparadigma sowie Hemm-Mechanismen
erläutert. Das Verbleiben in der ängstigenden Situation und das Zulassen der Angst wurden als Voraussetzungen für eine Angstreduktion
dargestellt. Zur Unterstützung der Erläuterungen wurden die in den
Konfrontationssituationen ablaufenden Lernprozesse auch bildhaft dargestellt (siehe Abbildung 6).

Insgesamt sollte dem Klienten das Verfahren so transparent wie möglich vermittelt werden. Auch sollten die nachweislichen Erfolge und
die wissenschaftliche Fundierung betont werden, um sowohl die Motiva-

----

[1]Siehe BARTLING et al., 1980a, S. 159ff.

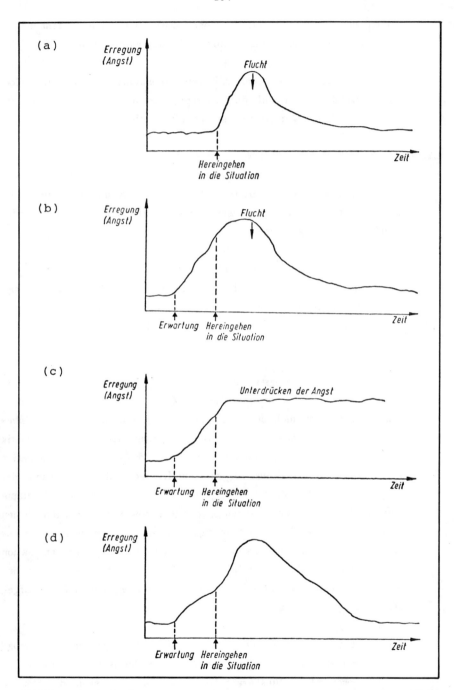

Abbildung 6: Verlauf von Angst und Erregung
(a) Fluchtreaktion
(b) Erwartungsangst und Flucht
(c) Unterdrückung der Angst

tion des Klienten als auch seine Erfolgserwartung positiv zu beeinflussen.

Die Eigenverantwortlichkeit des Klienten zur Lösung seiner Probleme
wurde hervorgehoben, indem er explizit dazu aufgefordert wurde, im
Verlaufe der nächsten Tage, spätestens bis zum Beginn des Therapie-
trainings, eine Entscheidung für oder gegen die Teilnahme an dem
vorgetragenen Verfahren zu treffen. Darüberhinaus wurde der Klient
auf mögliche Erfahrungen vor oder während des Intensivtrainings
vorbereitet, wie z.B.: Eine unter Umständen hohe Erwartungsangst
vor Beginn des Trainings; starke Ängste während der Konfrontation,
möglicherweise jedoch auch gar keine Angst; das zu erwartende Verhalten der Therapeuten, insbesondere das strikte Verhindern von
Flucht- und Vermeidungsverhalten.

4.1.3.   INTENSIVTRAINING

Das Intensivtraining fand an drei aufeinanderfolgenden Tagen mit jeweils ca. sechs Stunden Übungszeit (massierte Übung) statt. Während
des Trainings wurde der Klient mit möglichst vielen angstauslösenden
Situationen konfrontiert, beginnend mit den am stärksten angstbesetzten Situationen ("unmittelbare" Konfrontation).

Zu Beginn des ersten Intensivtages wurde ein Therapievertrag[1] abge-
schlossen, der die Funktion hatte,

- das Prinzip der Therapie noch einmal zu verdeutlichen,
- einem Therapieabbruch entgegenzuwirken,
- noch einmal auf das Therapeutenverhalten hinzuweisen (kein Eingehen auf Angstäußerungen, Verhinderung der Flucht),
- den Klienten zur Teilnahme an den Nachuntersuchungen zu ver-
  pflichten.

Mit der Unterzeichnung des Vertrages bestätigte der Klient seine
Entscheidung zur Teilnahme an der Therapie. Der Therapievertrag
stellte die letzte vorbereitende Maßnahme vor Beginn des Intensivtrainings dar.

----

[1] Siehe BARTLING et al., 1980a, S. 164f.

Während der Konfrontation mit den angstauslösenden Situationen wurde die **emotionale Aktivierung** des Klienten weder gezielt erhöht noch erniedrigt. Jedoch wurde der Klient wiederholt aufgefordert, und darin unterstützt, die Angst "zuzulassen", sie nicht zu unterdrücken und sich nicht abzulenken.

Die **Auswahl** der Übungssituationen richtete sich nach der individuellen Problematik des Klienten. Die **Konfrontationsdauer** bei einem einzelnen Item war nicht standardisiert. Als **Abbruchkriterium** für eine Situation galt die deutliche Angstreduktion (vgl. Kapitel 2.2.2.). Als Maß hierfür wurden die Selbsteinschätzung des Klienten (Befindlichkeitsliste) sowie die Fremdeinschätzung durch die Therapeuten verwendet. Die Entscheidung über die Beendigung einer Konfrontation wurde zunächst von den Therapeuten gefällt, während des selbständigen Übens jedoch vom Klienten selbst.

Der Klient übte am ersten und auch noch vereinzelt am zweiten Intensivtrainingstag in Begleitung der Therapeuten. Dies bedeutete zunächst ein starkes Maß an Fremdkontrolle, daß jedoch immer mehr reduziert wurde, bis der Klient gegen Ende des Intensivtrainings sowie während der Selbstkontrollphase eigenverantwortlich die Übungen durchführte.

4.1.4. SELBSTKONTROLLPHASE

Im Anschluß an das Intensivtraining wurde dem Klienten die Wichtigkeit selbständigen Übens und die Anwendung der Therapieprinzipien in problematischen Situationen noch einmal verdeutlicht. Er wurde angeleitet, einen detaillierten Plan zu erstellen und in der folgenden Zeit, besonders an den ersten Tagen nach dem Intensivtraining, gezielte Übungen durchzuführen und über diese Buch zu führen.

4.2.   Exkurs: Problemlösetraining in Gruppen

Eine Reihe von therapeutischen Konzepten hat die Verbesserung der
allgemeinen Problemlösefähigkeit zum Ziel (D'ZURILLA & GOLD-
FRIED, 1971; SPIVACK, 1973; BASTINE, 1974; GOLDFRIED & DAVI-
SON, 1976; SIEGEL & SPIVACK, 1976; DZIEWAS & GRAWE, 1978;
FIEDLER, 1978; LAZARUS, 1980; BARTLING et al., 1980c). Ausgangswerte waren empirische Befunde, welche aufzeigten, daß zahlreiche klinische Populationen ein Defizit im Problemlöseverhalten
gegenüber Normalpopulationen aufweisen (PLATT & SPIVACK, 1972a,
1972b; SHURE et al., 1972; PLATT et al., 1973a, b). Ein Problemlösetraining in Gruppen wird von GRAWE et al. (1980) beschrieben.
Da wir uns an diesen Therapieansatz anlehnen, sollen die Grundgedan-
ken im folgenden dargestellt werden:

Bei der Erarbeitung des Konzeptes der "interaktionellen Problemlösungs-
gruppen" konnten GRAWE et al. (1980) auf Forschungsergebnissen
aus der Arbeit mit Trainingsgruppen nach dem standardisierten Behandlungsprogramm des ATP[1] von ULLRICH & ULLRICH DE MUYNCK
(1976) aufbauen. Die Autoren suchten Hinweise auf Bedingungen des
Therapieprozesses, die dafür verantwortlich waren, daß ein im Mittel
erfolgreiches Therapieprogramm wie das ATP "bei einem erheblichen
Teil der Klienten nicht wirkte" (GRAWE et al., 1980, S. 267; vgl.
KRAUS, 1977; SCHRÖDER, 1977; OHLENDORF, 1977; WEDEL &
GRAWE, 1979). Aus den Analysen der Mißerfolge zogen GRAWE et
al. (1980) Schlußfolgerungen für Bedingungen einer erfolgreichen
Problemlösung in Gruppen:

1. Instrumentelle Gruppenbedingungen

Voraussetzung für eine Arbeit an den inhaltlichen Problemen sind
günstige Gruppenbedingungen wie ein hohes Ausmaß an Vertrauen,
Offenheit, Kohäsion und Arbeitshaltung. Beziehungsprobleme zwischen den Klienten können zudem als Chance begriffen werden,
wenn sie als Ausschnitt des realen Interaktionsverhaltens betrachtet
werden. Sie geben eventuell Hinweise darauf, welche Verhaltensweisen den Klienten außerhalb der Gruppe an einer erfolgreichen

----

[1]Assertive Training Program

Problembewältigung hindern.

2. Funktionierende Arbeitsbeziehung zwischen Therapeut und Klient

Eine weitere Voraussetzung für die erfolgreiche inhaltliche Arbeit stellt eine günstige Therapeut-Klient-Beziehung dar. Sind Therapeut und Klient "in ein Interaktionsmuster verstrickt, das letztlich nicht von dem Ziel einer inhaltlichen Zusammenarbeit im Hinblick auf bestimmte Therapieziele bestimmt wird, sondern der Befriedigung eines der beiden Interaktionspartner dient ..." (GRAWE et al., 1980, S. 271), besteht die Gefahr, daß die Arbeit am inhaltlichen Problem scheitert. Daher sind Maßnahmen zur Veränderung der Therapiebeziehung - wenn notwendig - vorrangig vor den Problemlösungsmaßnahmen durchzuführen.

3. Individuell günstige Problemdefinition

Die subjektive Definition, die ein Patient von seinem Problem hat, muß oft selbst als (wesentlicher) Teil seiner Problematik angesehen werden. Die Erarbeitung einer vom Patienten als gültig akzeptierten Problemdefinition stellt daher den ersten Ansatzpunkt der Behandlung und die Basis für Problemlösungsmaßnahmen dar. Sie soll den Klienten motivieren, sich aktiv um eine Problemlösung zu bemühen.

GRAWE et al. stellen die notwendigen Voraussetzungen für inhaltliche Problemlösemaßnahmen in einem Flußdiagramm dar:

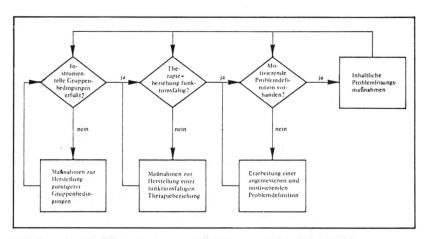

Abbildung 7: Flußdiagramm zur Darstellung der wichtigsten Bestandteile des Therapieprozesses und ihrer logischen Beziehung nach dem präskriptiven Modell der Interaktionellen Problemlösegruppen (aus: GRAWE et al., 1980, S. 273)

Bei der inhaltlichen Arbeit am Problem orient GRAWE sich an dem von D'ZURILLA & GOLDFRIED (1971) beschriebenen Ablauf eines Problemlöseprozesses. Der konkrete Ablauf läßt sich wie folgt be- beschreiben (vgl. hierzu Abb.8):

Nach der Spezifizierung der Probleme des Klienten (1) wird ein Problem, welches dem Klienten besonders dringend erscheint, ausge- wählt, um zum nächsten Schritt (2) überzugehen. Auf der Basis der bis dahin erarbeiteten Problemstruktur werden als nächstes die Ziele festgesetzt (3). Aus den übergeordneten Zielen werden Unterziele auf Verhaltensebene abgeleitet sowie konkrete Lösungsschritte geplant und ausgewählt (4, 5). Das Erproben der Schritte (6) schließt sich als weitere Stufe des Problemlösungsprozesses an. In der letzten Phase erfolgt die Bewertung der Ergebnisse (7): Entweder hat die Durchführung der Schritte eine Annäherung an das gewünschte Ziel gebracht und somit den eigentlichen Zweck der Therapie erfüllt, oder das Durchführungshandeln hat neue Informationen gebracht, die unmittelbar für die Planung alternativer Lösungsschritte verwertbar sind.

110

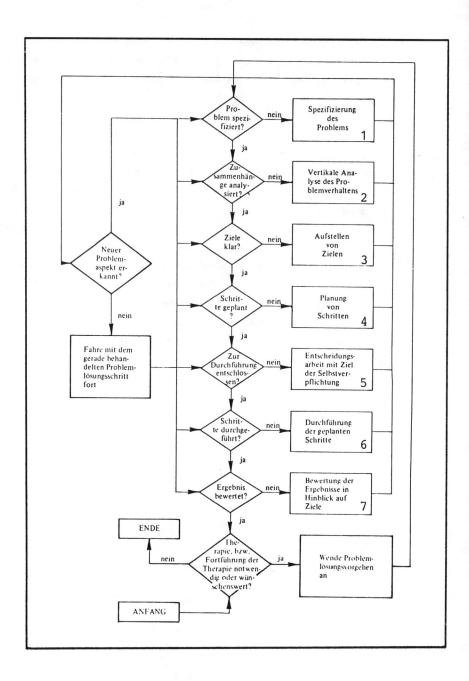

Abbildung 8: Problemlösen als diagnostisch-therapeutischer Prozeß
(aus: GRAWE et al., 1980, S. 283)

4.3.   Gruppentherapiekonzept zur Behandlung von Agoraphobikerinnen

Im folgenden soll das Gruppentherapiekonzept vorgestellt werden, welches im Rahmen unseres Therapieforschungsprojektes als ergänzendes Behandlungsprogramm für weibliche Agoraphobiker entwickelt wurde.

4.3.1. RAHMENBEDINGUNGEN

Die Gruppentherapie umfaßte sechs Doppelsitzungen, die in wöchentlichem Abstand stattfanden. Jede Doppelsitzung bestand aus zwei Halbsitzungen mit einer jeweiligen Dauer von ca. 90 Minuten und einer Zwischenpause von etwa 30 Minuten. Pro Doppelsitzung wurde ein thematischer Schwerpunkt festgelegt, der mit verschiedenen methodischen Zugängen und auf verschiedenen Verhaltensebenen (emotiv, kognitiv, handelnd) bearbeitet wurde.

Jede Gruppe bestand aus fünf Klientinnen und zwei Therapeuten. Diese Gruppengröße ermöglichte eine intensive und relativ angstfreie Beteiligung aller Gruppenmitglieder. Sie war zudem für die Therapeuten gut überschaubar.

Alle Klientinnen wurden von ihren Therapeuten in Einzelgesprächen auf Konzept, Zielsetzung und Ablauf der Gruppentherapie vorbereitet.

4.3.2. ALLGEMEINE PRINZIPIEN DES GRUPPENBEHANDLUNGSPROGRAMMS

Die Gruppenbehandlung war durch ein **problemlöseorientiertes** Vorgehen gekennzeichnet: Es sollte den Klientinnen ermöglichen, Prinzipien des Aufbaus effektiver Problemlöseprozesse kennenzulernen und diese auf die Bewältigung individuell relevanter Probleme anzuwenden. Dies bedeutete, daß den Klienten gezielte Bausteine des Problemlöseprozesses wie Planung, Initiierung, Durchführung und Bewertung von Veränderungsschritten vermittelt wurden. Wir orientierten uns dabei an dem von GRAWE et al. beschriebenen Phasenmodell des Problemlöseprozesses (siehe Abb. 8).

Als notwendige Voraussetzung für eine inhaltliche Arbeit an den Problemen der Klientinnen betrachten wir eine gute **Therapeut-Klient-Be-ziehung** und **förderliche Gruppenbedingungen**, d.h. ein ausreichendes Maß an Vertrauen, Offenheit, Kohäsion und Arbeitshaltung in der Gruppe (vgl. Kapitel 4.2.). Zu diesem Zweck wurde vor allem zu Beginn der Therapie der Aufbau instrumenteller Gruppenbedingungen gezielt gefördert. Die erste Therapiedoppelsitzung erhielt in diesem Rahmen eine besondere Funktion (siehe unten). Auch im weiteren Therapieprozeß wurde der Klärung aktueller Beziehungsprobleme in der Gruppe Vorrang vor der Arbeit an inhaltlichen Problemen gegeben.

Neben der Berücksichtigung des Problemlöseprozesses und der von GRAWE beschriebenen drei Grundvoraussetzungen inhaltlicher Arbeit in Gruppentherapien formulierten wir weitere Arbeitsprinzipien als Orientierungshilfen für das therapeutische Handeln:

- Wir gehen davon aus, daß das Verhalten der Teilnehmer in der Gruppe als Widerspiegelung ihres Alltagsverhaltens betrachtet werden kann (Prinzip des **sozialen Mikrokosmos**). Handelte es sich bei dieser Stichprobe des realen Interaktionsverhaltens um **relevantes Problemverhalten**, so erschien uns eine direkte Modifikation besonders erfolgversprechend und angezeigt. Als Voraussetzung galt dabei, daß der Klientin transparent gemacht werden konnte, in welcher Weise ihre interaktionellen Probleme innerhalb der Gruppe mit ihren Beziehungsproblemen in der täglichen Umwelt zusammenhängen, so daß sie die Problemlösung übertragen konnte.

- Die **Generalisierung von Erfahrungen** in der Gruppe und deren Übertragung auf andere Verhaltens- und Problemausschnitte wurden in der Gruppentherapie unter drei Aspekten gezielt gefördert:

  . die Übertragung der Gruppenerfahrung auf das Alltagsleben
  . Übertragung der Problembearbeitung eines anderen Gruppenmitgliedes auf die eigene Situation
  . Übertragung eines konkreten Problemlöseverhaltens auf allgemeine Problemlösestrategien

- Um die Generalisierung zu erleichtern, wurden die Gruppensitzungen möglichst erfahrungs- und **handlungsorientiert** gestaltet. In diesem Sinne wurden auf die Problembereiche zugeschnittene

Rollenspiele, Kommunikationsübungen und andere strukturierte Übungen eingesetzt. Das aktuelle Erfahren der eigenen Probleme in der Therapiesitzung sollte zum einen die innere Beteiligung der Klientinnen vergrößern, zum anderen eine funktionelle Analyse des problematischen Verhaltens mit Hilfe der Gruppenteilnehmner und der Therapeuten ermöglichen. Darauf aufbauende handlungserprobende und -modifizierende Übungen dienten dem direkten Einüben neuen und im Sinne der erlernten Problemlösungsstrategien günstigeren Verhaltens.

- Am Ende jeder Gruppensitzung wurden gemeinsame Handlungspläne zur Erprobung und Umsetzung veränderter Einstellungen und Verhaltensweisen im Alltagsleben ausgearbeitet. Die Erfahrungen mit diesen "**Hausaufgaben**" wurden in der jeweils nächsten Gruppensitzung aufgegriffen.

4.3.3. DIE THEMATISCHEN SCHWERPUNKTE DER GRUPPENARBEIT

Wir gehen davon aus, daß Agoraphobikerinnen untereinander ähnliche Problembewältigungsstrategien aufweisen und über ein hohes Maß gemeinsamer Erfahrung bei Begleit- und Folgeproblemen der Agoraphobie verfügen. Die inhaltliche Gruppenarbeit orientiert sich daher an den Hauptproblembereichen von Phobikern (vgl. Kapitel 1.4.):

- Probleme im interpersonellen Beziehungsverhalten
- Probleme im Umgang mit eigenen Wünschen und Gefühlen

Diese Probleme wurden anhand von inhaltlichen Vorgaben für die einzelnen Sitzungen präzisiert. (Eine Ausnahme bildete hier die erste Sitzung.)

1. Doppelsitzung

- Herstellen von arbeitsfähigen, vertrauensvollen Gruppenbeziehungen
- Förderung von Querkommunikation und hilfreichem Gruppenverhalten
- Überblick über Struktur und Inhalte der einzelnen Gruppensitzungen.

2. Doppelsitzung

- Analyse und Überprüfung von Verhaltensweisen und Einstellungen

("Meine Rolle als Frau"), die für die traditionelle Rolle der Frau kennzeichnend sind.

- Erprobung veränderter Verhaltensweisen in ausgewählten Bereichen

3. Doppelsitzung

- Analyse und Überprüfung der eigenen Alltagsrealität, Vergleich mit den eigenen Wunschvorstellungen
- Erarbeitung von Handlungsstrategien und Verringerung möglicher Diskrepanzen zwischen Wunsch und Wirklichkeit

4. Doppelsitzung

- Aushandlung von Wünschen und Bedürfnissen
- Unterscheidung von notwendiger und nicht notwendiger eigener und fremder Rücksichtnahme

5. Doppelsitzung

- Kennenlernen unterschiedlicher Erlebensweisen und Ausdrucksmöglichkeiten von Gefühlen
- Offener Ausdruck von Gefühlen, Sprechen über Gefühle

6. Doppelsitzung

- Überprüfung des früheren Problemverständnisses (eigene Erklärung der Probleme und der Problemzusammenhänge)
- Transfer der bisherigen Gruppenerfahrungen auf generelle Problembewältigungsstrategien.

(Die detaillierte Ausgestaltung der einzelnen Gruppensitzungen mit Hinweisen für das therapeutische Vorgehen findet sich in FIEGEN-BAUM, 1983).

4.3.4. GRUNDSTRUKTUR DER EINZELNEN GRUPPENSITZUNGEN

Alle Gruppensitzungen waren nach einem einheitlichen formalen Grundschema aufgebaut. Die festgelegte Sitzungsstruktur gewährleiste-te einerseits die Vergleichbarkeit der Therapiegruppen hinsichtlich des therapeutischen Vorgehens; sie stellte andererseits eine wertvolle Arbeitshilfe für die noch relativ unerfahrenen Therapeuten dar. Der Aufbau der einzelnen Sitzungen war in einem großen Schaubild darge-stellt; er war somit den Gruppenteilnehmern während der Therapie ständig präsent. Mit Ausnahme der ersten Sitzung liefen alle Therapiesitzungen nach folgendem Schema ab:

Blitzlicht

Kurze, unkommentierte Mitteilung jedes Gruppenmitgliedes über sein aktuelles Befinden

Bericht über die Erfahrungen der letzten Woche

Hier wurden die Hausaufgaben besprochen, eventuell auch ungeplante neue Erfahrungen mit dem Arbeitsschwerpunkt der letzten Sitzung.

Einstieg in das Thema der Sitzung

Mit Hilfe von Rollenspielen oder strukturierten Übungen sollte den Gruppenmitgliedern ein direkter oder gemeinsamer Zugang zum jeweiligen Thema der Sitzung ermöglicht werden. Ergebnis sollte eine Problemreflexion und -sammlung sein.

Problemauswahl

Aufbauend auf den Erfahrungen der Einstiegsübungen wählten die Klienten und Therapeuten gemeinsam ein **konkretes** Problem einer Teilnehmerin zur Bearbeitung aus. Hierbei sollte es sich um ein Problem handeln, das sowohl für die betroffene Person wichtig war als auch Identifikationsmöglichkeiten für die anderen Gruppenmitglieder bot. Die Therapeuten achteten darauf, daß alle Gruppenmitglieder im Verlauf der Gruppentherapie Gelegenheit zu einer Problembearbeitung erhielten.

Pause

Zwischenbesprechung für die Therapeuten; Möglichkeit zur Absprache, welcher Weg für die Problembearbeitung gewählt werden sollte.

Problembearbeitung

Diese erfolgte entsprechend dem Vorgehen problemlöseorientierter Therapien[1]: Problemdefinition, Problemanalyse, Zielbestimmung, Planung von Lösungsschritten, Durchführung der Lösungsschritte im Rollenspiel, Auswertung im Hinblick auf das angestrebte Ziel, gegebenenfalls Erprobung und Modifizierung der Lösungsschritte.

Transfer und Hausaufgaben

Im Gruppengespräch sollte die Generalisierung der Erfahrungen in

----

[1] Vergleiche D'ZURILLA & GOLDFRIED, 1971; GRAWE, 1980; BARTLING et al., 1980c.

der Einzelproblembearbeitung auf verschiedenen Ebenen gefördert werden (siehe hierzu Punkt "Generalisierung der Erfahrungen" im Abschnitt 4.3.2.). Für die Erarbeitung der Hausaufgaben wurden folgende Leitfragen formuliert:

- Welche Ziele strebe ich für die kommende Woche an?
- Wie kann ich diese Ziele (auf der Handlungsebene) umsetzen?
- Was habe ich heute im Hinblick auf die Realisierung dieser Ziele gelernt?

Blitzlicht

Erläuterungen s.o.

4.4. Vermittlung des therapeutischen Vorgehens gegenüber den Klientinnen

Das kombinierte Therapieprogramm wurde in zwei verschiedenen Abfolgen angeboten, dementsprechend wurden den Klientinnen zwei unterschiedliche Modelle zur Erklärung des gesamttherapeutischen Vorgehens vermittelt. Beide Erklärungsmodelle machten deutlich, daß die Angstsymptomatik durch ein übendes Verfahren direkt angegangen werden muß, daß die mit der Agoraphobie häufig einhergehenden Begleit- und Folgeprobleme allerdings nicht zwangsläufig durch die Angstbehandlung aufgehoben würden. Darüber hinaus unterschieden sich die Begründungen für die beiden Abfolgen der kombinierten Therapie:

Bei der Abfolge Gruppentherapie-Konfrontationstherapie wurde ein zusätzlicher Schwerpunkt auf die vorbereitende Funktion der Gruppentherapie für die Angstbehandlung gelegt und die Einbettung in eine umfassende Problem- und Zielanalyse deutlich gemacht.

Bei der Abfolge Konfrontationstherapie-Gruppentherapie wurde betont, daß nach erfolgreicher Angstreduktion Defizite in anderen Lebensbereichen auftreten können, die in der Gruppentherapie aufgefangen werden sollen.

Das Grundkonzept des kombinierten Therapieprogramms wurde den Klienten im Vorgespräch, im Anschluß an die generelle Abklärung der Indikationsstellung (siehe hierzu auch Kapitel 5) erläutert. Die Begründung der einzelnen Bestandteile wurden in gesonderten Einzelsitzungen ausführlich mit den Klienten besprochen und im Zusammenhang mit ihrer individuellen Problemgenese erörtert.

5. DURCHFÜHRUNG DER UNTERSUCHUNG

5.1. Untersuchungsplan

Zur Beantwortung der in Kapitel 3 formulierten Fragen verwenden wir den in Abb. 9 dargestellten unifaktoriellen, multivariaten, multi-repetiven Versuchsplan (vgl. LIENERT, 1978, S. 911).

Die Fragestellung erfordert ein multivariates Design, d.h. eine größere Zahl abhängiger Variablen (siehe Kap. 5.2.), die mehrfach zu messen sind (T1 - T4; multirepetiv). Als Faktor (Treatment) mit vier Stufen werden die beiden Behandlungsabfolgen 'Konfrontations-/ Gruppentherapie' (Gruppe 1) und 'Gruppen-/Konfrontationstherapie' (Gruppe 2) sowie die Warte-Kontrollbedingung (Gruppe 3) und die Kontrollbedingung 'nur Konfrontationstherapie' (Gruppe 4) aufgefaßt.

5.1.1. UNTERSUCHUNGSGRUPPEN

Die beiden Experimentalgruppen 1 und 2 erhielten in balancierter Reihenfolge sowohl eine Konfrontationstherapie (K) als auch eine Gruppentherapie (G; vgl. Kapitel 4). Der Vergleich der Experimental-gruppen untereinander dient primär der Ermittlung der günstigsten Reihung von Konfrontations- und Gruppentherapie, nicht so sehr dagegen der Feststellung der relativen Wirksamkeit der Einzelverfah-ren.

Als Eigenwartegruppe (die nach der Wartezeit eine Behandlung erhält) soll Gruppe 3 die Abschätzung von Spontanremissionen ermöglichen. Es erschien uns allerdings therapeutisch nicht vertretbar, diese Gruppe länger als bis zum Meßzeitpunkt T3 auf die versprochene Therapie warten zu lassen, so daß diese Gruppe für Meßzeitpunkt T4 als Kon-trollgruppe ausfällt.

Gruppe 4 erhielt nur eine Konfrontationstherapie. Ein Vergleich der Experimentalgruppen mit dieser Kontrollbedingung ermöglicht eine Prüfung der Frage, ob die Therapiekombinationen K/G oder G/K einer Konfrontationstherapie allein (K/-) und damit zugleich der bisher bestbewährten Therapieform überlegen sind.

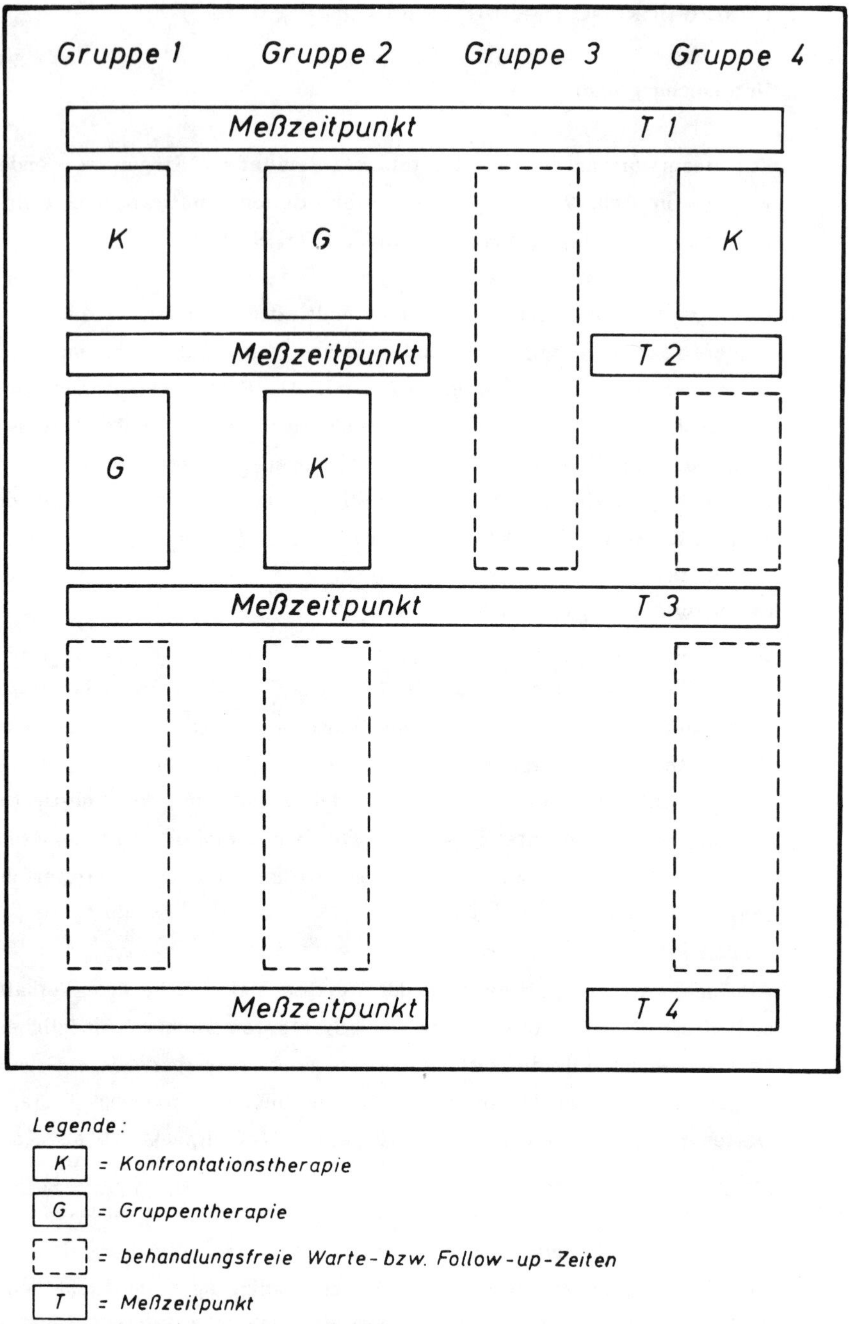
Gruppe 1
Gruppe 2
Gruppe 3
Gruppe 4
Meßzeitpunkt
T 1
K
G
K
Meßzeitpunkt
T 2
G
K
Meßzeitpunkt
T 3
Meßzeitpunkt
T 4
Legende:
K = Konfrontationstherapie
G = Gruppentherapie
= behandlungsfreie Warte- bzw. Follow-up-Zeiten
T = Meßzeitpunkt

Abbildung 9: Untersuchungsplan (Behandlungsbedingungen und Meßzeitpunkte)

Unter methodischen Gesichtspunkten wäre es wünschenswert gewesen, die beiden Therapiekombinationen G/K und K/G mit gleichlangen K/K- und G/G-Gruppen zu vergleichen. Die Zeitdauer der Konfrontationstherapie läßt sich jedoch aus inhaltlich-therapeutischen Gründen nicht entsprechend verlängern, da das Konzept der Therapie mehrere Phasen vorsieht, für die sich z.T. eine optimale Dauer bestimmen läßt (vgl. Kap. 4). Unser Therapiegruppenkonzept ist als Ergänzung zur Konfrontationstherapie konzipiert, daher schien uns sowohl eine G/G- als auch eine G/Wartezeit-Gruppe als Analogie zu Gruppe 4 (K/-) inhaltlich und ethisch nicht vertretbar.

Methodisch nicht ideal ist die Konzeption der Gruppe 3 als Eigenwartegruppe, der eine Therapie nach Abschluß der Wartezeit versprochen wurde. Hier könnten Appell-Effekte einer Spontanremission entgegenwirken.

Parallelisierung

Die Experimentalgruppen 1 und 2 wurden ebenso wie die Kontrollgruppen 3 und 4 hinsichtlich der Merkmale Alter, Symptomdauer und Schulbildung[1] vergleichbar gehalten. Es gelang, Mittelwerte und Streuungen aller Klientenmerkmale (siehe Tab. 1, Kap. 5.3.3.) ohne signifikante Unterschiede zwischen den Gruppen zu halten.[2] Das Ziel, im Hinblick auf die o.g. drei Merkmale Paarlinge zu bilden, konnte allerdings nicht in allen Fällen erreicht werden: Die paarweise Parallelisierung war durch Therapieabbrüche und die somit notwendige Ergänzung der Gruppen[3] erschwert.

Ein weiteres Problem bei den Kontrollgruppen besteht darin, daß ihre Daten zu anderer Zeit (4 1/2 Jahre früher als die der Experimentalgruppen) und an einem anderen Ort (Münster/Marburg) er-

----

[1]Zusätzlich konstant ist das Merkmal "Geschlecht" (nur weiblich)

[2]Ausgangsunterschiede bei den abhängigen Variablen werden ebenfalls in Kap. 5.3.3. diskutiert.

[3]Für die Vergleichbarkeit der Gruppen erschien es uns wichtig, die Gruppengröße bei der Gruppentherapie in allen vier Therapiegruppen der zwei Experimentalbedingungen konstant zu halten (N=5).

hoben worden waren (BARTLING. FIEGENBAUM & KRAUSE, 1980).[1]
Trotz dieser Nachteile entschlossen wir uns dazu, auf diese Kontrollgruppe zurückzugreifen, da die Auswahlkriterien der Klienten, die
Art der Stichprobengewinnung, die Ausbildung und Erfahrung der
Therapeuten, das behandelte Störungsbild und das verwendete Konfrontationsprogramm in beiden Untersuchungen identisch waren. Wir
wollten zudem, den Empfehlungen von O'LEARY & BORCOVEC (1978)
folgend, auf die neuerliche Einrichtung einer Wartebedingung ver-
zichten, und schließlich waren die personellen und materiellen Voraussetzungen für eine weitere Ausweitung der Therapiestudie nicht
gegeben.

Gruppengrößen

Die Anzahl der Klienten in den Experimentalgruppen 1 und 2 betrug
je 10. Damit war es möglich, während der Gruppentherapie-Phase
(G) zwei der therapeutisch als ideal angesehenen Fünfer-Gruppen
durchzuführen. Hierdurch ergab sich ferner die therapeutisch erwün-
schte Möglichkeit, jeweils die älteren sowie die jüngeren Klienten
einer Experimentalgruppe in je einer Therapiegruppe zusammenzufas-
sen. Dagegen ist als Nachteil dieser Aufteilung festzuhalten, daß ein
Vergleich der beiden Therapiegruppen einer Experimentalgruppe
untereinander keine Hinweise über Therapeuten- bzw. gruppenspezi-
fische Effekte ermöglicht, da eventuelle Unterschiede auch durch die
beiden Altersklassen bedingt sein können.

Für die Gruppentherapie stellte sich die Frage, ob bei den Beobach-
tungseinheiten von den Einzelklienten (N=10) oder den Gruppen (N=2)
auszugehen war (vgl. STELZL, 1982, S. 56ff.). Aus pragmatischen
Gründen (jeweils nur zwei Therapiegruppen) entschieden wir uns
trotz des Risikos der Erhöhung des Alpha-Fehlers[2] bei Vorliegen von
unberücksichtigten Gruppeneffekten (vgl. STELZL, 1982, S. 65f.) für
die Auswertung über Einzelklienten. Wir nehmen allerdings an, daß

----

[1]Diese Untersuchung wird hier nur in ihrer Funktion als Kontrollgruppe dargestellt. Eine vollständige Übersicht über Fragestellung
und Ergebnisse findet sich a.a.O..

[2]Vergleiche die zusammenfassende Diskussion der Ergebnisse der
Gruppentherapie in Kapitel 8.

derartige Gruppeneffekte durch die Kürze und Vorstrukturierung der Therapie (vgl. Kap. 4.3.) vergleichsweise gering ausfallen.

Die Zahl der Klienten in Gruppe 3 betrug 12 und in der 4. Gruppe 14. Zusammen mit fünf Therapieabbrechern bei Gruppe 1 wurden insgesamt 51 Frauen untersucht.

5.1.2. MEßZEITPUNKTE

Der Versuchsplan[1] umfaßt die Meßzeitpunkte T1 bis T4 (siehe Abb. 9). Zu diesen Zeitpunkten erhielten alle Klienten im Rahmen einer jeweils ca. 1 1/2 stündigen Gruppensitzung die vorgesehenen Fragebögen (siehe Kap. 5.2.).

- Meßzeitpunkt T1 fand für alle Gruppen kurz nach dem Erstgespräch statt, da für einige Testverfahren Angaben aus dem Erstgespräch benötigt wurden.[2]

- Meßzeitpunkt T2 lag für die Gruppen 1, 2 und 4 nach dem Ende der ersten Therapiephase, die für die Gruppe 4 zugleich das Ende der Behandlung darstellte. Bedingt durch die unterschiedlich lange Therapiedauer[3] bei Konfrontations- und Gruppentherapie liegt Meßzeitpunkt T2 bei den Gruppen 1 und 4 ca. 4 Wochen, bei Gruppen 1 und 2 etwa 6 Wochen nach Meßzeitpunkt T1. Für die Wartekontrollgruppe 3 verzichteten wir auf eine Messung um bis zum Meßzeitpunkt T3 die Wartezeit nicht zu unterbrechen.

----

[1]Der Vollständigkeit halber sei erwähnt, daß neben der Therapieerfolgsmessung zu den Zeiträumen T1 - T4 auch eine Therapieverlaufsmessung durchgeführt wurde. Deren insgesamt 17 Meßzeitpunkte: z.B. Anfang und Ende jedes Intensivtherapietages (K), bzw. Ende jeder Gruppentherapiesitzung (G). Erste Ergebnisse finden sich für die Gruppen 1 und 2 in KUZINA-SCHIEKIRKA (1984), für Gruppe 4 in BARTLING, FIEGENBAUM & KRAUSE (1980a).

[2]Bei den symptomorientierten Meßmitteln (siehe Kapitel 5.2.2.) wurden den Klienten jeweils die individuellen hauptphobischen Situationen zur Einschätzung vorgelegt.

[3]Die Gruppentherapie erstreckte sich durch eine andere zeitliche Verteilung über einen etwa doppelt so langen Zeitraum wie die Konfrontationstherapie. Die effektive Therapiezeit (Klient-Therapeuten-Kontakt) liegt mit ca. 22 Stunden in beiden Verfahren gleich hoch.

- Meßzeitpunkt T3 liegt für alle vier Gruppen ca. 10 Wochen nach Meßzeitpunkt T1 und damit für die Gruppen 1 und 2 unmittelbar nach dem Ende der kombinierten Gesamtbehandlung.

- Meßzeitpunkt T4 erfüllt die Funktion einer Follow-up-Messung. Er mußte aus organisatorischen und finanziellen Gründen für die Experimentalgruppen 1 und 2 bereits drei Monate nach Therapieende durchgeführt werden, während in der älteren Untersuchung (Kontrollgruppe 4) der zeitliche Abstand zwischen T3 und T4 acht Monate betrug. Eine Interpretation eventuell auftretender Unterschiede zwischen den Gruppen 1 und 2 einerseits und der Kontrollgruppe 4 andererseits ist daher zu diesem Meßzeitpunkt nur eingeschränkt möglich. Ein strikter Vergleich zwischen den Gruppen 1, 2 und 4 muß sich daher auf die Meßzeitpunkte T1 und T3 und den weiter unten erläuterten Meßzeitpunkt T5 beschränken.

Für Kontrollgruppe 3 entfiel der Meßzeitpunkt T4: Sie hatte nach 10 wöchiger Wartezeit bereits mit der Therapie begonnen.

- Ein weiterer Meßzeitpunkt T5 drei Jahre nach Therapieende ist für die Gruppen 1, 2 und 4 zur Überprüfung der langfristigen Therapieeffekte vorgesehen. Wenngleich die Ergebnisse dieses Meßzeitpunktes noch nicht in dieser Arbeit berücksichtigt werden können, so soll im folgenden doch auf diesen (für Gruppe 4 bereits durchgeführten) Meßzeitpunkt kurz eingegangen werden, da seine von den Meßzeitpunkten T1 und T4 abweichende Konzeption Auswirkungen auf die Auswahl der im folgenden Kapitel dargestellten Meßmittel hatte:

Zum Meßzeitpunkt T5 sollen die verbal-kognitiven Meßinstrumente (siehe unten) mit einem Verhaltenstest kombiniert werden. T5 besteht aus drei Teilabschnitten:

(1) Zu Beginn erhalten die Klienten die in den Kapiteln 5.2.2. bis 5.2.4. beschriebenen Fragebögen.

(2) Im Anschluß an das Ausfüllen der Fragebögen bitten wir alle Klienten, ihre vormals hauptphobische Situation[1] noch einmal in der Realität aufzusuchen. Dabei wird deutlich gemacht, daß es sich nicht um eine Wiederholung einer therapeutischen Übung handelt,

---

[1] Diese Situation wurde bereits im ersten Therapiekonzept mit dem Klienten näher definiert und dient auch als Stimulussituation für eine Anzahl von Fragebögen (vgl. Kapitel 5.1.2. und 5.2.2.).

sondern jederzeit die Möglichkeit besteht, die Situation vorzeitig zu verlassen oder das Hineingehen in die Situation völlig zu verweigern. Um einen Druck im Sinne sozial erwünschter Reaktionen zu verweigern, werden Versuchsleiter eingesetzt, die den Klienten unbekannt sind. Die Durchführungszeit des Verhaltentests muß variabel gehalten werden, da viele phobische Situationen u.a. auch zeitlich definiert sind (z.B. Kinovorstellung, Fahrt über eine bestimmte Distanz). Das Verhalten der Klienten im Verhaltenstest wird von den Versuchsleitern mittels eines standardisierten Beobachtungsbogens eingeschätzt.

(3) Im Anschluß an den Verhaltenstest wird den Klienten nochmals von den bei (1) durchgeführten Fragebögen das Emotionalitätsinventar-S (vgl. Kapitel 5.2.2.) gegeben, um eventuelle Auswirkungen des Verhaltenstests im Sinne eines erneuten therapeutischen Effekts überprüfen zu können.

Mit der gewählten Anordnung läßt sich (neben dem Langzeit-Effekt der Therapie) auch überprüfen, inwieweit verbal-subjektive Maße mit dem realen Verhalten übereinstimmen und ob eine erneute Praxisübung auch drei Jahre nach Therapieende möglicherweise noch Auswirkungen auf der verbal-subjektiven Ebene haben kann (vgl. BARTLING et al., 1980a).

Auf die Gründe, die uns dazu veranlaßten, den Verhaltenstest erst am Ende unserer Untersuchung einzusetzen, kommen wir im folgenden Abschnitt noch zurück.

5.2. Messmittel

Die zur Anwendung kommenden Meßmittel sollen möglichst differenziert Auskunft geben über Art, Ausmaß, Generalisation und Dauerhaftigkeit der Behandlungseffekte. Bei der Auswahl der Instrumente wurden folgende Aspekte berücksichtigt:

(1) In der Psychotherapieforschung wird eine Vielzahl z.T. nicht miteinander korrelierender Erfolgskriterien verwendet. Die Frage nach dem optimalen Kriterienmaß ist u.E. nicht zu beantworten, da sie inhaltlich von untersuchter Population, behandelter Störung, therapeutischer Methode und vor allem von der therapeutischen Zielfrage abhängig ist. Es empfiehlt sich daher, in Abhängigkeit von den jeweiligen Hypothesen, ein breiteres Spektrum von Meßinstrumenten zu verwenden, um die Ergebnisse nicht einseitig zu präjudizieren (vgl. HARTIG, 1975, S. 75; GRAWE, 1976, S. 62).

Bedingt durch die Kombination zweier Therapieverfahren mit unterschiedlicher therapeutischer Zielfrage entschieden wir uns für einen Pool von Meßinstrumenten, die z.T. unterschiedliche Erfolgskriterien repräsentieren (siehe Kap. 5.2.1. bis 5.2.4.).

(2) Da kognitiv-verbale, physiologische und motorische Veränderungen nicht eng miteinander korrelieren, ist es am günstigsten, Veränderungsmessungen auf jeder dieser drei Ebenen durchzuführen.

Aus verschiedenen Gründen beschränken wir uns in dieser Untersuchung auf die kognitiv-verbale Veränderungsmessung: Auf eine Messung physiologischer Reaktionen wurde in unserer Untersuchung verzichtet, da die für unsere Fragestellungen relevanten Ableitungen nicht im Labor, sondern in der realen Lebensumwelt des Klienten hätten durchgeführt werden müssen. Hier jedoch sind sie (FIEGENBAUM, 1978; STERN & MARKS, 1973; LESCH-KLEIN, 1982; RAMASWAMY, 1982) äußerst anfällig für Störungen durch Bewegung (z.B. ein Klient mit Höhenangst besteigt einen Turm). So konnte FIEGENBAUM (1978) in seiner Untersuchung aufzeigen, daß die kontinuierliche Registrierung der Herzfrequenz während der In-Vivo-Konfrontationen keine Unterschiede z.B. zwischen Anfang und Ende einer Konfrontationsphase oder zwischen verschiedenen Formen von Konfrontationstherapien erbringt. Die im Laborversuch z.T. nachweisbaren Herzfrequenzveränderungen bei einer Konfrontation mit angstauslösenden Stimuli werden bei In-Vivo-Übungen durch Bedingungen, die vom Angsterleben unabhängig sind (vor allem durch Körperbewegungen) überlagert. Komplexe und eventuell aussagekräftigere physiologische Maße als die Herzfrequenz sind noch schwieriger in realen Konfrontationssituationen zu erheben.

Auf die Erfassung des offen beobachtbaren Verhaltens wurde für die in dieser Arbeit zu betrachtenden Meßzeitpunkte T1 bis T4 verzichtet: Eine solche Messung müßte in Form eines Verhaltenstests durch Konfrontation mit angstauslösenden Situationen durchgeführt werden. Je nach Länge einer Konfrontation hat der Verhaltenstest im Vortest entweder bereits therapeutische Wirksamkeit oder er erhöht (bei kurzer Konfrontationsdauer) das Angstniveau des Klienten. Da in einem Verhaltenstest eine Vermeidung oder Flucht möglich sein muß, interferiert er zudem mit den Zielsetzungen und dem praktischen Vorgehen der Konfrontationstherapie. Er kann wohl auch die Motivation zu dieser Therapieform drastisch senken, wenn massive Angst erzeugt wird, ohne daß (wegen der Testsituation) therapeutische Unterstützung gegeben werden kann (vgl. auch BARTLING et al., 1980a). Für die Follow-up-Tests ergibt sich insofern ein Problem, als auch dort ein relativ kurzer Verhaltenstest noch eine deutliche therapeutische Wirkung aufweisen kann. So fand BARTLING (1978) z.T. signifikante Verbesserungen bei einigen symptomorientierten Fragebögen beim Vergleich der Werte vor und nach Durchführung eines Verhaltenstests acht Monate nach Beendigung einer Konfrontationstherapie. Da bei unseren Experimentalgruppen der Meßzeitpunkt T4 bereits drei Monate nach Therapieende liegt, wäre ein solcher Verhaltenstest zwar unter therapeutischen Gesichtspunkten wünschenswert, gäbe jedoch noch weniger Aufschluß über die Stabilität des Therapieerfolges. Wir entschlossen uns daher, wie bereits in Abschnitt 5.1.2. dargestellt, einen Verhaltenstest erst zum Meßzeitpunkt T5 durchzuführen.

(3) Ein wichtiges Auswahlkriterium für die zu wählenden Meßmittel ist die Vergleichsmöglichkeit mit anderen Untersuchungen, die unter

ähnlicher Fragestellung durchgeführt wurden.

Für uns war besonders die Vergleichsmöglichkeit mit der Arbeit von BARTLING et al. (1980a) wichtig, deren Daten z.T. in unserer Untersuchung als Kontrollgruppendaten dienen sollten.

(4) Anwendungs- und teststatistische Gesichtspunkte bilden weitere Auswahlkriterien: Die Meßmittel sollen möglichst gut erprobt und einfach zu handhaben sein. Sie sollen zudem befriedigende teststatistische Kennwerte sowie Normen für unterschiedliche Stichproben aufweisen.

Die ausgewählten Meßinstrumente lassen sich drei Gruppen zuordnen, die folgende Aspekte erfassen:

- symptomspezifische Veränderungen, d.h. insbesondere Angstreduktion;

- Generalisierung der Behandlungseffekte auf andere mit dem Symptom zusammenhängende Störungs- und Lebensbereiche;

- Auswirkungen auf allgemeine, als relativ stabil konzipierte Persönlichkeitsdimensionen.

Jede der drei Gruppen umfaßt jeweils drei verschiedene Testverfahren, die im folgenden dargestellt werden. Zuvor wird als weiterer Aspekt der Therapieabbruch als vorgeordnetes Therapieerfolgskriterium erläutert.

5.2.1. THERAPIEABBRECHER

Der Anteil der Klienten, die eine Therapie vorzeitig abbrechen oder bis zum vorgesehenen Therapieabschluß durchhalten, ist ein vorgeordnetes Therapieerfolgskriterium. Dies erscheint uns besonders wichtig, weil unsere beiden Experimentalgruppen unterschiedlich schnelle Veränderungen der phobischen Symptomatik im engeren Sinne erwarten lassen.

Ein Klient wird in unserer Untersuchung als Therapieabbrecher definiert, wenn er ab irgendeinem Zeitpunkt **nach** der "Erklärung von Verhaltensanalyse und Therapie" und **vor** Beendigung der vereinbarten Serie von Therapiestunden nicht weiter an der Behandlung teilnimmt, unabhängig von der Begründung für diesen Abbruch. Ein Fernbleiben **vor** der Therapieerklärung (also vor Einführung der unabhängigen Variablen) wird nicht als Abbruch mitgezählt.

5.2.2. SYMPTOMORIENTIERTE MEßMITTEL

Mit diesen Testverfahren sollen Qualität und Stärke der kognitiv-emotionalen Reaktionen des Klienten auf die phobischen Situationen erfaßt werden. Folgende Meßmittel werden eingesetzt:

(a) Globalbewertung mit dem Angstthermomether (Glob)
(b) Situationsbewertungsskala (SB)
(c) Emotionalitätsinventar - S (EMI-S)

zu (a) Globalbewertung mit dem Angstthermometer

Bei dem Angstthermometer soll der Klient die Stärke der Angst, die er in einer vorgegebenen Situation empfindet, auf einer Skala von 0 - 100 angeben (O = vollständige Angstfreiheit, 100 = höchste vorstellbare Angst). In unserer Untersuchung werden dem Klienten die drei Situationen zur Beurteilung vorgegeben, die er in der Exploration als am stärksten angstauslösend identifiziert hatte. Der Klient muß die Angsteinschätzung durch Eintragen in drei entsprechende Skalen vornehmen, der Summenwert der drei bewerteten Situationen ergibt den Global-Angstwert.

Eine partielle Validität des Angstthermometers durch Korrelation mit einem Verhaltenstest wurde u.a. von LANYON & MANOSEVITZ (1966) aufgezeigt. LANG et al. (1970) fanden bei gleichzeitiger Messung physiologischer Variablen und verbaler Angstmessung eine Korrelation zwischen Herzfrequenz und Angsteinschätzung mit dem Angstthermometer. Eine Übersicht über weitere Untersuchungen zu Gütekriterien findet sich bei BERGOLD (1974).

Das Verfahren ist wegen seiner einfachen Konstruktion anfällig für eine Reihe von Meßfehlern: Insbesondere die Definition der Extremwerte im Angstthermometer kann dazu führen, daß Verschlechterungen durch die Therapie nicht feststellbar sind und Effekte der statistischen Regression als Verbesserungen gewertet werden. Hinzu kommen nur mittelhohe Validitäts- und Reliabilitätskoeffizienten. Der Hauptvorteil liegt in der unkomplizierten und schnellen Durchführbarkeit.

zu (b) Situationsbewertungsskala (SB) (ULLRICH & ULLRICH DE MUYNCK, 1979a)

Die SB-Skala erfaßt unterschiedliche kognitive Bewertungsdimensionen angstauslösender Situationen, Verhaltenstendenzen, Erwartungen über Konsequenzen des eigenen Verhaltens und eine Selbsteinschätzung des Klienten. Die Skala wurde von den Autoren speziell zur Kontrolle von Angstbehandlungsmethoden entwickelt und überprüft. Der Fragebogen enthält 55 Items, die jeweils aus Gegensatzpaaren bestehen, mit denen die jeweilige phobische Auslöse-Situation des Klienten auf einer sechsstufigen Skala zu bewerten ist. Faktorenanalysen ergaben folgende Faktoren:

SB 1: Schwierigkeit der eigenen Situation (10 Items)

> z.B. "Die Situation ... finde ich zur Zeit langweilend - überfordernd"

SB 2: Bedrohlichkeit der Situation (8 Items)

> z.B. "bedrohlich - ungefährlich"

SB 3: Vermeidungstendenz (8 Items)

> z.B. "In der betreffenden Situation würde ich am liebsten ausharren - abbrechen"

SB 4: Positive Fremdkonsequenz/Ermutigung (10 Items)

> z.B. "In der betreffenden Situation würde meine Umwelt wahrscheinlich reagieren mit Nichtbeachtung - Beachtung"

SB 5: Negative Fremdkonsequenz/Bestrafung (4 Items)

> z.B. "In der betreffenden Situation würde meine Umwelt reagieren mit Bestätigung - Herabsetzung"

SB 6: Positive Selbsteinschätzung in der Handlung (10 Items)

> z.B. "In der betreffenden Situation fände ich mich zur Zeit fähig - unfähig"

Die Autoren geben für die einzelnen Skalen Retest-Reliabilitäts-Koeffizienten zwischen 0.88 und 0.93 an (ULLRICH & ULLRICH DE MUYNCK, 1979a; REVENSTORF et al., 1979). Als Validitätshinweise zeigen sich u.a. signifikante Korrelationen mit relevanten Kriterien aus der Verhaltensbeobachtung hauptsächlich phobischer Klienten

(ULLRICH & ULLRICH DE MUYNCK, 1979b).

Zur Auswertung der Tests liegen Normwerttabellen sowie Kennwerte für verschiedene klinische Gruppen und unterschiedliche angstauslösende Situationen vor (ULLRICH & ULLRICH DE MUYNCK, 1979a).

zu (c) Emotionalitätsinventar (EMI-S) (ULLRICH & ULLRICH DE MUYNCK, 1979a)

Während die SB-Skala primär kognitive Aspekte des Verhaltens in phobischen Situationen umfaßt, stehen beim Emotionalitätsinventar (EMI-S) die reaktionsspezifischen Emotionen des Klienten auf die phobische Situation im Mittelpunkt. Auch diese Skala wurde speziell zur Kontrolle von Angstbehandlungsmethoden entwickelt.

Das EMI-S enthält 70 Eigenschaftsgegensatzpaare, die auf einer sechsstufigen Skala im Hinblick auf die aktuelle Befindlichkeit durch den Klienten einzuschätzen sind. Jedes Item beginnt mit der Instruktion: "In der Situation ... fühle ich mich vorwiegend ...". Hierbei wird dem Klienten die hauptphobische Situation vorgegeben. Die Autoren ermitteln sieben interpretierbare Faktoren mit ausreichendem Varianzanteil:

EMI-S 1: Ängstlich-gehemmt vs. gelöst-sichere Reaktion (20 Items)

z.B. "verkrampft - gelöst"

EMI-S 2: Depressiv-traurige vs. zufrieden-frohe Reaktion (10 Items)

z.B. "resignierend - hoffnungsvoll"

EMI-S 3: Erschöpft-passive vs. dynamisch-aktive Reaktion (10 Items)

z.B. "kraftlos - kräftig"

EMI-S 4: Aggressiv-feindliche vs. friedfertig-nachgiebige Reaktion (10 Items)

z.B. "wütend - gelassen"

EMI-S 5: Optimistisch-bejahende vs. pessimistisch-resignative Reaktion (8 Items)

z.B. "antriebsarm - angetrieben"

EMI-S 6: Risikobereit-offene   vs.   abwägend-verschlossene   Reaktion
(10 Items)

z.B. "spontan - zögernd"

EMI-S 7: Verlassenheits- vs. Geborgenheitsgefühl (5 Items)

z.B. "ausgeliefert - geschützt"

Die Reliabilitätskoeffizienten für die einzelnen Skalen liegen zwischen 0.75 und 0.95 (ULLRICH & ULLRICH DE MUYNCK, 1979a). Umfangreiche Validitätsuntersuchungen ergaben je nach Kriterium mittlere bis hohe Validitätshinweise (ULLRICH & ULLRICH DE MUYNCK, 1979a). Es wurden Normwerttabellen für verschiedene Belastungssituationen sowie Kennwerte für gestörte und klinisch nicht gestörte Stichproben erstellt (ULLRICH & ULLRICH DE MUYNCK, 1979a).

Die weiter oben besprochene SB-Skala und das Emotionalitätsinventar EMI-S stellen u.E. im deutschsprachigen Raum die derzeit am besten überprüfbaren Meßinstrumente zur Erfassung emotionaler und kognitiver Angstreaktionen (state anxiety) bei phobischen Klienten dar.

5.2.3.   GENERALISIERUNGSMESSUNG

Die Generalisierungsmessung[1] soll - in ausgewählten Bereichen - überprüfen, ob bei einer Besserung der Angstsymptomatik Veränderungen auch in anderen Symptombereichen zu erwarten sind. Hierfür werden folgende drei Meßmittel eingesetzt:

(a) Unsicherheitsfragebogen (U)

(b) Depressionsskala

(c) Hostilitätsfragebogen

zu (a) Unsicherheitsfragebogen (U) (ULLRICH DE MUYNCK & ULL-RICH, 1977)

Dieses Meßmittel erfaßt die häufig mit multiplen Situationsphobien einhergehenden Unsicherheiten im Sozialbereich. Es soll quantifizier-

----

[1]Der Begriff Generalisierung wird in der Lerntheorie üblicherweise im Sinne von Reiz- bzw. Reaktionsgeneralisierung verwendet. Hier meint er dagegen die Auswirkungen von Veränderungen der Angstsymptomatik auf andere Bereiche.

bare Informationen über den Bereich sozialer Angst und sozialer Kompetenz ermöglichen.

Der Fragebogen besteht aus 65 Aussagen, die auf einer fünfstufigen Lickertskala hinsichtlich ihres Zutreffens bewertet werden sollen. ULLRICH DE MUYNCK & ULLRICH (1977) ermittelten sechs Faktoren der sozialen Unsicherheit:

U 1: Fehlschlag- und Kritikangst (15 Items)

> z.B. "In Diskussionen fallen mir immer erst nachher die richtigen Argumente ein".

U 2: Kontaktangst (15 Items)

> z.B. "Ich finde es schwierig, mit einem Freund ein Gespräch zu beginnen.

U 3: Fordern können (15 Items)

> z.B. "Ich treffe Entscheidungen immer schnell und sicher."

U 4: Nicht-Nein-Sagen-Können (10 Items)

> z.B. "Ich schlucke meinen Ärger meist herunter."

U 5: Schuldgefühle (5 Items)

> z.B. "Wenn ich einem Bettler nichts gebe, habe ich Schuldgefühle."

U 6: Anständigkeit (5 Items)

> z.B. "Ich bin zu höflich, um in einem Restaurant ein schlechtes Essen zu beanstanden."

Interpretiert werden die Rohwerte pro Subtest. Der Gesamttest weist eine innere Konsistenz von $r = 0.91$ bis 0.95 auf (ULLICH DE MUYNCK & ULLRICH, 1977). Die Retest-Reliabilitäten der einzelnen Subskalen werden zwischen 0.71 und 0.85 angegeben (ULLRICH DE MUYNCK & ULLRICH, 1977). Es liegen u.a. Kenndaten für verschiedene Gruppen sozialphobischer Patienten vor (ULLRICH DE MUYNCK & ULLRICH, 1977).

zu (b) Depressionsskala (VON ZERSSEN, 1976)

Dieser Fragebogen erfaßt emotionale Beeinträchtigungen ängstlich-depressiver Gestimmtheit. Er besteht aus 16 Items, die auf einer vierstufigen Skala zu beantworten sind (trifft gar nicht zu - trifft ausgesprochen zu). Beispiel: "Ich muß mich sehr dazu antreiben, etwas zu tun."

Für die Paralleltestreliabilität wurden Koeffizienten zwischen 0.75 und 0.82 errechnet (VON ZERSSEN, 1976). Die Validität, berechnet durch Korrelation mit der klinischen Beurteilung des Klienten, wird mit 0.72 angegeben (VON ZERSSEN, 1976).

zu (c) Hostilitätsfragebogen (BUSS & DURKEE, 1957, deutsche Version von BOTTENBERG, 1975)

Eine Reihe von Autoren (vgl. Kapitel 2) weist darauf hin, daß phobische Verhaltensweisen mit starken aggressiven Impulsen und ihrer Unterdrückung zusammenhängen, d.h. Aggression wird nicht nach außen ausgeübt, sondern nach innen gekehrt und als Angst erlebt. Der Hostilitätsfragebogen erfaßt beide o.g. Aggressivitätskomponenten.

Der Test besteht aus 28 Items, die auf einer vierstufigen Skala (0 = trifft gar nicht zu; 3 = trifft in starkem Maße zu) zu bewerten sind. Es lassen sich zwei faktorenanalytisch abgeleitete Aggressivitätskomponenten unterscheiden:

(1) Komponente aggressiver und reaktiver, affektgeladener verhaltensmassiver Aggression - insbesondere in Form von Gewalttätigkeit (Faktor VA)

(2) Komponente von Aggressionshemmung im Rahmen von Gewissenskontrollen und Schuldgefühlen - Komponente verhaltener Aggressivität (Faktor AH) (BOTTENBERG, 1975, S. 132).

Ein Ausmaß für die individuelle Ausprägung der beiden Aggressivitätskomponenten ergibt sich aus der Summierung der angekreuzten Punktwerte pro Skala. Die Testhalbierungsreliabilität der deutschen Version für die beiden Testskalen beträgt 0.83 (AH) und 0.92 (VA) (BOTTENBERG, 1975).

5.2.4. PERSÖNLICHKEITSMAßE

Diese Gruppe von Meßmitteln erfaßt allgemeine übergreifende Persönlichkeitsdimensionen bzw. -merkmale, die als relativ stabil betrachtet werden. Sie bestehen aus den Meßmitteln:

(a) IPC-Fragebogen zu Kontrollüberzeugungen (IPC)

(b) Freiburger Persönlichkeits-Inventar (FPI)

(c) Gießen-Test (GT)

zu (a) IPC-Fragebogen zu Kontrollüberzeugungen (KRAMPEN, 1981)

Der Fragebogen dient der Erfassung der kognitiven Attribuierungs-
prozesse des Klienten im Hinblick auf interne bzw. externe Kontrolle.
Der Test enthält 24 Aussagen, die auf einer sechsstufigen Skala zu
bewerten sind (1 = sehr falsch; 6 = sehr richtig). Faktorenanalytisch
ergaben sich drei Faktoren:

(1) Internalität (8 Items),

> d.h. die subjektiv wahrgenommene Kontrolle über das eigene
> Leben und über Ereignisse und Verstärker in der personenspezi-
> fischen Umwelt.

(2) Externalität, die durch ein subjektives Gefühl der Machtlosigkeit
bedingt ist (8 Items),

> Gefühl sozialer Abhängigkeit von anderen mächtigen Personen.

(3) Externalität, die durch Fatalismus bedingt ist (8 Items),

> d.h. die generalisierte Erwartung, daß das Leben von Schicksal,
> Glück, Pech und Zufall abhängt.

Die interne Konsistenz dieses Meßinstrumentes wird von den Autoren
zwischen 0.94 und 0.98 angegeben (KRAMPEN, 1981). Die differentielle Validität des IPC-Fragebogens wurde an mehreren Stichproben
durch Subgruppenvergleiche relativ gut belegt (KRAMPEN & NISPEL,
1978; KRAMPEN & OHM, 1979).

zu (b) Freiburger Persönlichkeits-Inventar (FPI) (FAHRENBERG & SELG, 1970)

Das FPI enthält 212 Items, die zu neun Testskalen unterschiedlicher
Länge und zu drei Zusatzskalen verrechnet werden. Mit diesen 12
faktorenanalytisch gewonnenen Skalen sollen folgende Eigenschafts-
dimensionen gemessen werden:

FPI 1: Nervosität

> psychosomatisch gestört vs. psychosomatisch nicht gestört

FPI 2: Aggressivität

    spontan aggressiv, emotional unreif vs. nicht aggressiv, beherrscht

FPI 3: Depressivität

    mißgestimmt, selbstunsicher vs. zufrieden, selbstsicher

FPI 4: Erregbarkeit

    reizbar, leicht frustriert vs. ruhig, stumpf

FPI 5: Geselligkeit

    gesellig, lebhaft vs. ungesellig, zurückhaltend

FPI 6: Gelassenheit

    sich selbst vertrauend, gut gelaunt vs. irritierbar, zögernd

FPI 7: Dominanzstreben

    relativ aggressiv, sich durchsetzend vs. nachgiebig, gemäßigt

FPI 8: Gehemmtheit

    gehemmt, gespannt vs. ungezwungen, kontaktfreudig

FPI 9: Offenheit

    offen, selbstkritisch vs. verschlossen, unkritisch (dient auch als Kontrollskala)

FPI (E): Extraversion

    extravertiert vs. introvertiert

FPI (N): Emotionale Labilität

    emotional labil vs. emotional stabil

FPI (M): Maskulinität

    typisch männliche vs. typisch weibliche Selbstschilderung

Die Zuverlässigkeitskoeffizienten der Skalen streuen zwischen 0.62 und 0.85 (FAHRENBERG & SELG, 1970). Zahlreiche Untersuchungen an unterschiedlichen Stichproben und Vergleiche mit anderen Persönlichkeitsinventaren weisen den Test als einen sorgfältig validierten Persönlichkeitsfragebogen aus (GRUNDLER, 1970; UNSER, 1970).

zu (c) Gießen-Test (BECKMANN & RICHTER, 1972)

Der Gießen-Test gilt als diagnostisches Intrument zur Erfassung des Selbst-, Fremd- und Idealbildes des Klienten. Wir beschränken uns in unserer Untersuchung auf die Erfassung des Selbstbildes.

Der Test enthält 40 Aussagen, die auf einer siebenstufigen Skala hinsichtlich ihres Zutreffens zu beurteilen sind. Sechs Aspekte des Selbstbildes werden erfaßt:

GT 1: Soziale Resonanz

    negativ sozial resonant (NR) vs. positiv sozial resonant (PR)

GT 2: Dominanz

    dominant (DO) vs. gefügig (GE)

GT 3: Kontrolle

    unkontrolliert (UK) vs. überkontrolliert (ZW)

GT 4: Grundstimmung

    hypomanisch (HM) vs. depressiv (DE)

GT 5: Durchlässigkeit

    durchlässig, aufgeschlossen (DU) vs. verschlossen (RE)

GT 6: Soziale Potenz

    sozial potent (PO) vs. sozial impotent (IP)

Die Autoren geben eine Retest-Reliabilität von 0.65 bis 0.76 und eine innere Konsistenz von durchschnittlich 0.86 (BECKMANN & RICHTER, 1972).

5.3. Klienten

5.3.1. EXPERIMENTALGRUPPEN

Zielgruppe

Als Zielgruppe unserer Untersuchung wählten wir Frauen mit ausge-prägten Störungen im Sinne der multiplen Situationsphobie bzw. im Sinne der erweitert verstandenen Agoraphobie (vgl. Kapitel 1.1.).

Dieser Störungsbereich nimmt in der Gruppe der Phobien den breite-
sten Raum mit der stärksten Beeinträchtigung ein (vgl. MARKS,
1969; LEITENBERG, 1976). Die Beschränkung auf weibliche Klienten
hat epidemiologisch-methodische sowie konzeptionelle Gründe: Rund
zwei Drittel aller Phobiker sind Frauen (MARKS, 1970; BARTLING,
FIEGENBAUM & KRAUSE, 1980a), so daß es sinnvoll erschien, zur
Erhöhung der Gruppenhomogenität und Verringerung der intervenieren-
den Variablen vorerst nur Frauen zu behandeln. Unser Gruppentherapiekonzept trägt zudem stark geschlechtsspezifische Züge, die durch
die in Kapitel 1.4. gezeigten Überlegungen zur Sozialisations- und
Partnerproblematik bei Phobikerinnen bedingt sind.

Stichprobengewinnung

Die Klientinnen der Experimentalgruppen wurden durch Kontaktauf-
nahme zu anderen psychotherapeutischen Institutionen sowie durch
einen Bericht in zwei Marburger Zeitungen gewonnen. Der Bericht
enthielt eine kurze Beschreibung der typischen Symptomatik einer
Agoraphobie und den Hinweis auf die Möglichkeit einer kostenlosen
Therapie im Rahmen eines Forschungsprojektes am Fachbereich
Psychologie der Philipps-Universität Marburg. Zur ersten Kontaktauf-
nahme wurden telefonische Sprechstundenzeiten eingerichtet.

Klientenauswahl

Die Auswahl der Klientinnen der Experimentalgruppen erfolgte nach
dem telefonischen Anmeldegespräch und einem längeren Erstgespräch
und orientierte sich an folgenden Kriterien:

(1)   Die Symptomatik der Agoraphobie bzw. der multiplen Situations-
      phobie sollte eindeutig im Zentrum der Beschwerden stehen.

(2)   Wir wählten bevorzugt solche Klientinnen aus, die aufgrund
      ihrer Symptomatik eine erhebliche Einschränkung ihres täglichen
      Lebens hinnehmen mußten und/oder eine lange Symptomdauer
      aufwiesen.

(3)   Die Herstellbarkeit der angstauslösenden Situationen in der
      Therapie sollte für die In-Vivo-Konfrontation überwiegend ge-
      geben sein.

(4)   Die Klientinnen mußten organisch gesund sein (vom Arzt be-

stätigt) und bereits vor Therapiebeginn eine Bescheinigung (auf einem spezifizierten Formular) eines Internisten bezüglich der Belastbarkeit des Herz-Kreislauf-Systems vorlegen.

(5) Das Alter sollte zwischen 20 und 65 Jahren liegen. Die Altersgrenze von 65 Jahren war bedingt durch das höhere Risiko von Herz-Kreislauf-Anomalien, die untere Grenze von 20 Jahren sollte verhindern, daß durch die hohe Spontanremissionsrate während des Jugendalters die Ergebnisse beeinflußt würden.

Von den insgesamt 43 Klientinnen, die sich – meist telefonisch – anmeldeten, wurden 31 zu einem Erstgespräch eingeladen. 20 von ihnen wurde eine Therapie im Rahmen der Experimentalgruppen angeboten. Darüber hinaus wurden für beide Experimentalgruppen Wartelisten gebildet, um die durch Therapieabbrecher evtl. freiwerdenden Plätze neu vergeben zu können. Klientinnen, die nicht im Rahmen des Projektes behandelt werden konnten, erhielten außerhalb des Projektes eine Therapie bei uns oder wurden an andere Institutionen weitervermittelt. Parallelisierung und Aufteilung der Klientinnen auf die beiden Experimentalgruppen wurden bereits im Kapitel 5.1.1. dargestellt. Aufgrund der zu erwartenden Regressionseffekte durch mangelnde Retest-Reliabilität verzichteten wir auf die Auswahl der Klientinnen nach Fragebogendaten und bevorzugten die o.g. fünf inhaltlichen Kriterien.

5.3.2. KONTROLLGRUPPEN

Aus personellen und materiellen Gründen waren wir nicht in der Lage, neue Kontrollgruppen mit der damit verbundenen Notwendigkeit einer anschließenden Therapie zu gewinnen. Für den Vergleich unserer Experimentalgruppen 1 und 2 mit einer Gruppe, die mit einem bewährten Behandlungsverfahren behandelt worden war, sowie einer Wartekontrollgruppe bot sich der Vergleich mit einer 4 1/2 Jahre zuvor durchgeführten Therapiestudie (BARTLING, FIEGENBAUM & KRAUSE, 1980a) an, die unter sehr ähnlichen Rahmenbedingungen stattgefunden hatte und deren Daten vorhanden waren. Aus den drei Gruppen, die in diese Untersuchung einbezogen waren, wählten wir als Kontrollgruppen:

(1) eine Wartekontrollgruppe (Gruppe 3) sowie

(2) eine Gruppe, die nur eine Konfrontationstherapie gleicher Art und Dauer wie in der neuen Studie erhalten hatte (Gruppe 4).

Beide Kontrollgruppen weisen im Vergleich zu den Experimentalgruppen ähnliche sozio-demographische Daten (siehe Tab. 1, Kap. 5.3.3.), weitgehend identische Auswahlkriterien[1] und eine gleichartige Stichprobengewinnung auf. Ihre studentischen Therapeuten erhielten eine gleich lange und intensive Spezialausbildung und gleichartige Supervision während der Therapie (vgl. Kapitel 5.4. sowie BARTLING, FIEGENBAUM & KRAUSE, 1980a). Unterschiede bestehen dagegen in folgenden Bereichen:

(1) Der Follow-up-Zeitraum beträgt bei den Experimentalgruppen 1 und 2 drei Monate, bei der Kontrollgruppe 4 dagegen 8 Monate (vgl. Kap. 5.1.2.).

(2) Bei den Experimentalgruppen wurden einige Meßmittel verwendet, die bei den Kontrollgruppen nicht verwendet worden waren, und umgekehrt. Für einen Vergleich kommen daher nur die gemeinsam in beiden Untersuchungen verwendeten Meßmittel in Betracht.

(3) Bei den Kontrollgruppen wurden zwei Meßmittel in Vorformen verwendet (EMI-S, SB), während bei den Experimentalgruppen die publizierten Endformen verwandt werden konnten. Da die Rohdaten noch zur Verfügung standen, konnten jedoch die Fragebogendaten für die Kontrollgruppen mit Ausnahme von zwei Variablen neu entsprechend der veränderten Faktorenstruktur ausgewertet werden.[2]

(4) Bei den Kontrollgruppen waren sowohl Frauen als auch Männer behandelt worden. Da jedoch nur Einzeltherapien durchgeführt worden waren, war es problemlos möglich, für unsere vergleichende Untersuchung die Daten der männlichen Klienten bei der Berechnung nicht zu berücksichtigen.[2]

----

[1] Eine Ausnahme bildet das Maximalalter von 50 Jahren, das wir damals aufgrund geringerer Erfahrung mit Konfrontationsverfahren wählten. Dennoch unterscheiden sich Experimental- und Kontrollgruppen nicht bezüglich der Variable 'Alter' ($\bar{x}$, s; vgl. Tab.1; Kap. 5.3.3.).

[2] Die Unterschiede zu Punkt 3 und 4 erklären die Differenz der hier aufgeführten Daten der Kontrollgruppen mit den 1980 (a) bei BARTLING, FIEGENBAUM & KRAUSE publizierten Daten.

(5) Das Bildungsniveau der Stichproben (vgl. Tab. 1) ist bei Experimental- und Kontrollgruppen - zwar nicht signifikant, aber doch tendenziell - unterschiedlich. Hier spiegelt sich die unterschiedliche sozio-ökonomische Struktur der Städte Marburg und Münster wider.[1]

Zusammenfassend sind die therapeutischen Gegebenheiten für die Kontrollgruppen sehr ähnlich denen der Experimentalgruppen zu beurteilen; die Unterschiede zu den o.g. Punkten 2 bis 4 können kaum Einfluß auf die Ergebnisse ausüben. Die Punkte 1 und 5 werden bei der Interpretation der Ergebnisse zu berücksichtigen sein.

5.3.3. DATEN DER KLIENTEN

Die wichtigsten sozio-demographischen Daten sowie Angaben zur Symptomdauer und früheren Behandlungen der Klientinnen der beiden Experimentalgruppen sowie der beiden Kontrollgruppen werden in Tabelle 1 dargestellt.

Hinsichtlich keiner dieser Variablen[2] besteht ein signifikanter Unterschied zwischen den vier Gruppen.

15 der 20 Klientinnen der Experimentalgruppen hatten bereits einen

----

[1] Münster hat einen ungewöhnlich hohen Bevölkerungsanteil, der weiterführende Schulen besucht (vgl. KEMMLER, 1970, 1976).

[2] Die Gruppen wurden ebenfalls hinsichtlich möglicher Ausgangswertunterschiede in den abhängigen Variablen (vgl. Kapitel 5.2.2. bis 5.2.4.) zum Meßzeitpunkt T1 überprüft. Die Überprüfung der zusammen 58 Variablen erfolgte in 14 multivariaten Tests (MANOVA bzw. HOTELLING T^2; vgl. Kapitel 5.6.2.), von denen zwei signifikante Gruppenunterschiede aufweisen. Bei diesen beiden multivariaten Vergleichen waren 8 bzw. 5 Variablen univariat zu sichern. Im ersten Fall war die Kontrollgruppe 3 den Experimentalgruppen in 6 (von 30) Variablen unterlegen (also gestörter) und in 2 Variablen überlegen (also weniger gestört). Im zweiten Fall wies die Kontrollgruppe 4 in 2 Variablen (von 30) günstigere und in 3 Variablen ungünstigere Werte auf. Bei der großen Zahl geprüfter Gruppenunterschiede sind Unterschiede in der genannten Größenordnung durchaus zu erwarten, zumal sie sich in beiden Fällen nicht gleichsinnig auswirken. Dennoch werden wir im Ergebnisteil auf diese bestehenden Unterschiede zurückkommen (Kap. 7.1.1. und 7.1.2.) und sie zusammenfassend in Kapitel 8.4.1. und 8.4.2. diskutieren.

Tabelle 1: Soziodemographische Daten der Experimentalgruppen 1 und 2 und der Kontrollgruppen 3 und 4

Variablen		Gruppe 1 N = 10		Gruppe 2 N = 10		Gruppe 3 N = 12		Gruppe 4 N = 14	
ALTER in Jahren	$\bar{x}$ s Min. Max.	34,5 12,2 20 60		35,1 13,2 21 64		32,2 9,9 22 50		33,4 8,2 21 45	
SYMTOM- DAUER in Mo- naten	$\bar{x}$ s Min. Max.	87,0 31,1 36 123		87,8 72,4 6 240		114,4 99,8 8 276		117,9 92,1 18 252	
SCHULABSCHLUSS		N	%	N	%	N	%	N	%
Hauptschule		5	(50,0)	4	(40,0)	4	(33,3)	3	(21,4)
Mittlere Reife		4	(40,0)	3	(30,0)	4	(33,3)	5	(35,7)
Abitur		0	(0,0)	3	(30,0)	1	(8,3)	2	(14,3)
Hochschulstudium		1	(10,0)	0	(0,0)	3	(25,0)	4	(28,6)
BERUFSTÄTIGKEIT		N	%	N	%	N	%	N	%
nicht berufst.		4	(40,0)	3	(30,0)	6	(50,0)	4	(28,6)
teilzeitbesch.		3	(30,0)	2	(20,0)	1	(8,3)	2	(14,3)
ganztags besch.		3	(30,0)	5	(50,0)	5	(41,7)	8	(57,1)
FAMILIENSTAND		N	%	N	%	N	%	N	%
ledig		4	(40,0)	3	(30,0)	1	(5,3)	3	(21,4)
verheiratet		5	(50,0)	6	(60,0)	11	(91,7)	11	(78,6)
verwitwet		1	(10,0)	1	(10,0)	0	(0,0)	0	(0,0)
FRÜHERE BE- HANDLUNG		ja	nein	ja	nein	ja	nein	ja	nein
		8	2	7	3	12	0	14	0

oder mehrere **Therapieversuche** unternommen, wobei an erster Stelle medikamentöse Therapie (15 mal) genannt wurde, jedoch auch Psychoanalyse (6 mal) und Gesprächstherapie (4 mal). Damit in engem Zusammenhang steht auch der relativ hohe Medikamentenkonsum der Klientinnen. Fast zwei Drittel (65,0%) nahm regelmäßig Beruhigungsmittel ein.

Das Gruppenprofil der Experimentalgruppen im Freiburger Persönlichkeitsinventar (Messung nach dem Erstgespräch; Abbildung 10, S.140) zeigt deutliche Abweichungen von der Normalbevölkerung.

Die Werte der Skalen "Nervosität", "Depressivität", "Geselligkeit", "Gelassenheit", "Gehemmtheit", "Emotionale Labilität" und "Maskulinität" liegen außerhalb des Normbereiches, in dem 54% der Bevölkerung liegen.

Skala	Standardwert	9	8	7	6	5	4	3	2	1	Stanine
FPI 1	Nervosität psychosomatisch gestört					54 %					psychosomat. nicht gestört
FPI 2	Spontane Aggressivität spontan aggressiv, emotional unreif										nicht aggressiv, beherrscht
FPI 3	Depressivität mißgestimmt, selbstunsicher										zufrieden, selbstsicher
FPI 4	Erregbarkeit reizbar, leicht frustiert										ruhig, stumpf
FPI 5	Geselligkeit gesellig, lebhaft										ungesellig, zurückhaltend
FPI 6	Gelassenheit selbstvertrauend, gutgelaunt										irritierbar, zögernd
FPI 7	Reaktive Aggressivität, Dominanzstreben reaktiv aggressiv, sich durchsetzend										nachgiebig, gemäßigt
FPI 8	Gehemmtheit gehemmt, gespannt										ungezwungen, kontaktfähig
FPI 9	Offenheit offen, selbstkritisch										verschlossen, unkritisch
FPI E	Extraversion extravertiert										introvertiert
FPI N	Emot. Labilität emotional labil										emotional stabil
FPI M	Maskulinität typisch männliche Selbstschilderung										typisch weibl. Selbstschilderung
						54 %					

Abbildung 10: FPI-Profil der Experimentalgruppen 1 und 2 bei Therapiebeginn (T1)

Konkrete Beispiele für die auftretenden Ängste finden sich im Anhang, wo für jeden Klienten die wichtigsten Angaben zu demographischen Daten, Schwere und Art der Symptomatik, Vorbehandlungen und Medikamenteneinnahme zusammengestellt wurden. Ein Fallbeispiel brachten wir bereits in Kapitel 1.2.; weitere Fallbeispiele finden sich in FIEGENBAUM (1978; S. 203ff., und 1982a, S. 126ff.).

5.4. Die Therapeuten der Experimentalgruppen

Zur Durchführung der über 1.000 erforderlichen Therapiestunden[1] wurden 14 Studenten der Psychologie, die sich im letzten Semester ihrer klinischen Ausbildung befanden, eingesetzt. Das Alter der Therapeuten lag zwischen 22 und 30 Jahren, acht Therapeuten waren weiblich, sechs Therapeuten männlich.

Da Gruppentherapien unbedingt von zwei Therapeuten geleitet werden sollten und dasselbe - bei geringer Therapieerfahrung - für Konfrontationstherapien gilt, bildeten wir aus den 14 Therapeuten 7 Paare, die über den gesamten Projektzeitraum zusammenarbeiteten. Um Geschlechtseinflüsse weitgehend auszuschalten, waren 6 Paare jeweils gemischtgeschlechtlich zusammengesetzt, nur in einem Fall bildeten zwei Frauen ein Therapeutenpaar. Da alle Therapeuten nur geringe praktische Therapieerfahrungen aufwiesen, wurden sie zunächst ein Semester lang intensiv theoretisch auf ihre Augaben[2] vorbereitet. Auch im Verlaufe der Untersuchungen wurden die Therapeuten in allen Phasen der Therapie von erfahrenen klinischen Psychologen supervidiert (siehe hierzu den Abschnitt "Supervision der Therapeuten", Seite 143ff.).

Zuordnung der Therapeuten zu den Behandlungsgruppen

Aufgrund der unterschiedlichen Anzahl von Konfrontationstherapien und Gruppentherapien (20 bzw. 4) gestaltete sich die Zuordnung der 7 Therapeutenpaare zu den Behandlungsbedingungen schwierig. Mehrere - z.T. miteinander kollidierende - methodische, organisatorische und therapeutische Anforderungen sollten erfüllt werden.

Wir ordneten die Therapeuten den Behandlungsgruppen wie folgt zu (vgl. Abb. 11):

(1) Alle sieben Therapeutenpaare (A - G) führten (mehrere) Konfrontationstherapien durch.

----

[1] 20 Klienten mit jeweils rund 45 Therapiestunden, ferner Erstgespräche und Therapien von Therapieabbrechern.

[2] Alle Therapeuten erhielten ein Training in beiden Therapieformen.

(2) Vier dieser Paare (A, D, F, G) leiteten außerdem noch jeweils eine Gruppentherapie. Sie wurden **nach Zufall** den Experimentalgruppen 1 und 2 zugewiesen.

(3) Die drei Therapeutenpaare, die nur Konfrontationstherapien durchführten (B, C, E), behandelten jeweils gleich viele Klientinnen der Gruppe 1 und Gruppe 2; sie wurden in beiden Gruppen den Klientinnen **nach Zufall** zugeordnet.

Experimentalgruppe	1										2									
Klient	1	2	3	4	5	6	7	8	9	10	11	12	13	14	15	16	17	18	19	20
1. Therapiephase	A	A	B	B	C	C	D	D	E	E	F					G				
2. Therapiephase	D					A					B	B	G	G	E	E	F	F	C	C

A - G = Therapeutenpaare

Abbildung 11: Zuordnung der Therapeutenpaare A - G zu den Klienten 1 - 20

(4) Die Therapeutenpaare, die die Gruppentherapie leiteten, mußten aus organisatorischen Gründen[1] auch mit Klienten derselben Experimentalgruppe Konfrontationstherapien durchführen. Da jede Experimentalgruppe während der Gruppentherapie in zwei Therapiegruppen aufgeteilt war, wurde dafür Sorge getragen, daß die Therapeuten in der zweiten Phase jeweils Klientinnen der anderen Therapiegruppe behandelten. Es fand also für **alle** Klientinnen nach der ersten Therapiephase ein **Therapeutenwechsel** statt. Selbstverständlich wurde innerhalb einer Therapiephase kein Therapeutenwechsel vorgenommen.

(5) Die Therapeutenpaare, die die Gruppe leiteten, führten jeweils 2 Konfrontationstherapien durch. Die Therapeuten, die nur Konfrontationstherapien leiteten (B, C, E), führten jeweils 4 Kon-

----

[1] Diese Paare hätten andernfalls gleichzeitig beide Therapieformen durchführen müssen, was wegen der zeitlichen Belastung nicht möglich war. Zu den reinen Therapiestunden muß der 2- bis 3-fache Zeitaufwand an Therapieplanung, -nachbereitung, Supervision und Protokollführung gerechnet werden.

frontationstherapien durch. Hierdurch sollte der Einfluß von Erfahrungszuwachs, der gerade bei "Anfängertherapeuten" mit jeder durchgeführten Behandlung ansteigt, möglichst gleichgehalten werden. Gehen wir davon aus, daß der Erfahrungszuwachs einer Gruppentherapie mit 5 Klientinnen mit dem von 2 Konfrontationstherapien gleichzusetzen ist, so treffen beide Experimentalgruppen in der zweiten Therapiephase **gleichhäufig** auf Therapeuten, die durch vorangegangene Therapien erfahrener geworden sind. Allerdings muß hier die Art des Erfahrungszuwachses (durch Konfrontations- oder Gruppentherapie) unberücksichtigt bleiben.

Mit der gewählten Verteilung lassen sich nicht alle denkbaren Therapeuten-Effekte kontrollieren: Der Einfluß der Therapeutenpaare D und A wird nur in der Exppermentalgruppe 1 wirksam, der Einfluß der Therapeutenpaare F und G nur in der Experimentalgruppe 2, während B, C und E auf beide Experimentalgruppen einwirken. Dieser Effekt wäre jedoch nur durch einen anderen organisatorisch-zeitlichen Ablauf mit u.E. schwerwiegenden methodischen Konsequenzen zu verhindern gewesen. Nur durch die gewählte Therapeuten-Zuordnung konnten die vorgegebenen, therapeutisch bedeutsamen zeitlichen Abstände zwischen Erstgesprächen, Diagnostik, Therapieerklärung, 1. Therapiephase und 2. Therapiephase streng eingehalten werden (siehe dazu Kapitel 5.5.).

Darüberhinaus schätzen wir den möglichen systematischen Einfluß relativ unerfahrener Therapeuten gering ein.[1]

Supervision der Therapeuten

Die geringe Erfahrung der Therapeuten und die Notwendigkeit eines standardisierten Vorgehens veranlassten uns zu einer intensiven Supervisionsarbeit.

----

[1]Vergleiche hierzu eine Untersuchung von FRANKE & ZIMMER (1981), die den Einfluß verschiedener Therapeutenvariablen auf zwei Varianten der Reizüberflutung untersuchten: Die Varianz im Therapieerfolg konnte bei unerfahrenen Therapeuten nicht auf diese zurückgeführt werden.

Die drei Projektleiter[1] supervidierten einen großen Teil der Explorationsgespräche und der Sitzungen zur kognitiven Vorbereitung auf die Konfrontationstherapie bzw. zur Vermittlung des therapeutischen Vorgehens in den Gruppentherapien (siehe Kapitel 4.1.1., 4.1.2., 4.3. und 4.4.); sie kontrollierten die schriftlichen Verhaltensanalysen, Therapiepläne und Therapieprotokolle aller Klienten. Am ersten Therapietag der Konfrontationstherapie, der für unerfahrene Therapeuten der schwierigste,andererseits für den weiteren Therapieablauf häufig der entscheidende ist, wurden Therapeuten und Klienten von einem Supervisor begleitet, der auch an den folgenden Konfrontationstagen das weitere Vorgehen und auftretende Schwierigkeiten mit den Therapeuten besprach.

Die erläuterte intensive Betreuung und Kontrolle des therapeutischen Vorgehens konnte u.E. die Vergleichbarkeit der Experimentalgruppen gewährleisten. Darüber hinaus erwiesen sich die beiden Therapieprogramme zur Konfrontationstherapie und Gruppentherapie (siehe Kapitel 4.1. und 4.3.) als weitgehend handlungssteuernd und -bindend für die Therapeuten. Besonders gute Erfahrungen machten wir zum einen mit der Vorgabe voll- und teilstandardisierter Einzelbestandteile der Therapieprogramme, wie sie z.B. die Leitfäden der Exploration und zur kognitiven Vorbereitung auf die Konfrontation (siehe Kapitel 4.1.1. und 4.1.2.) bzw. die Übungsinstruktionen zum Einstieg in die jeweiligen Themen der Gruppensitzungen (siehe Kapitel 4.3.3.) darstellen.

Bei den Gruppentherapien, die ja aufgrund der Eigendynamik der Gruppe weitaus "sperriger" gegen Standardisierungsmaßnahmen sind, bewährte sich vor allem die formale Grundstruktur der Gruppensitzungen (siehe Kapitel 4.3.4.), die für Therapeuten **und** Klienten in Form einer Wandtafel ständig präsent war. Hier prüften wir mittels entsprechender Protokolle zusätzlich nach, ob sowohl alle geforderten Einzelbestandteile einer Gruppensitzung (z.B. "Bericht über die Erfahrungen der letzten Woche") als auch die inhaltlichen Themen (z.B. "Unterscheidung von notwendiger und nicht notwendiger eigener und

---

[1]Ich möchte hier nochmals meinen Kollegen Gisela Ohrenberg und Friedemann Gerhards für ihre Mitarbeit und Unterstützung danken.

fremder Rücksichtnahme") eingehalten wurden. Lediglich die 5.
Gruppensitzung mit der thematischen Vorgabe "Kennenlernen unterschiedlicher Erlebensweisen und Ausdrucksmöglichkeiten von Gefühlen;
offener Ausdruck von Gefühlen, Sprechen über Gefühle" bereitete
den Therapeuten erhebliche Probleme, da die Klientinnen sich durch
die vorgegebenen Übungen offensichtlich überfordert fühlten (siehe
auch Kapitel 8.4.3.). Hier waren geringe Abweichungen vom inhaltlichen Plan der Stunde nicht vermeidbar.

Die Gruppentherapiesitzungen wurden darüber hinaus von den Projekt-
leitern vollständig mittels Videoübertragung supervidiert. Mit Genehmi-
gung der Klienten wurden sämtliche Therapiestunden (mit Ausnahme
des Intensivtrainings) auf Videoband aufgezeichnet.

Therapeuten und Supervisoren führten zusätzlich einmal wöchentlich
ein gemeinsames Arbeitstreffen zur Besprechung allgemeiner Probleme
durch.

Um auch den Einfluß der Supervisoren zu kontrollieren, wurden diese
in gleichem Verhältnis auf die beiden Experimentalgruppen verteilt:
Bei den Konfrontationstherapien betreuten die Supervisoren jeweils
die vollständige Behandlung eines Klienten. Die Gruppentherapiesitzungen wurden im Rotationsverfahren durch die Projektleiter supervidiert, sodaß jeder Supervisor je 2 Sitzungen pro Gruppe zu betreuen
hatte.

5.5.   Formaler Projektablauf

Die Therapien der Experimentalgruppen fanden von März bis Juli
1981 am Fachbereich Psychologie der Philipps-Universität Marburg
statt. Während die Gruppentherapien werktags ab 18.00 Uhr in einem
Gruppentherapieraum durchgeführt wurden, variierten in der Konfrontationstherapie Orte und Zeiten der Behandlung mit den jeweiligen
Angstinhalten. So waren z.B. bei Klienten mit Ängsten vor dem
Verlassen der näheren Umgebung längere Reisen erforderlich.

Auf das inhaltliche Konzept beider Therapieformen wurde bereits in
Kapitel 4 eingegangen, sodaß hier nur die zeitliche Abfolge darge-

stellt werden soll. Nach der telefonischen Anmeldung wurde mit allen Klientinnen ein Erstgespräch geführt, in dem auch geprüft wurde, ob die Klientin den von uns definierten Kriterien (vgl. Kapitel 5.3.1.) für die Aufnahme in die Experimentalgruppen entsprach. Hieran anschließend erfolgte die erste Testsitzung T1. Etwa eine Woche später begannen - je nach Gruppenordnung der Klientinnen - die Konfrontations- bzw. Gruppentherapien.

Zu Beginn der Konfrontationstherapie fand jeweils eine längere Exploration statt. Der zeitliche Abstand zwischen der Exploration und der Therapieerklärung sowie der Therapieerklärung und dem Intensivtraining betrug jeweils eine Woche. Das Intensivtraining wurde an drei aufeinanderfolgenden Tagen durchgeführt, wobei die Klientinnen täglich etwa sechs Stunden lang die angstauslösenden Situationen aufsuchten. Eine Woche später erfolgte die Nachbesprechung.

Die Gruppentherapie umfaßte ein Einzelgespräch als Therapieerklärung sowie sechs Gruppensitzungen, die jeweils drei Stunden dauerten und im wöchentlichen Abstand aufeinander folgten. Ebenfalls eine Woche später folgte auch hier eine Nachbesprechung.

Nach der ersten Therapiephase und dem damit verbundenen Meßzeitpunkt T2 wechselten die Behandlungsformen beider Gruppen. Nach der zweiten Phase folgte schließlich der Meßzeitpunkt T3. Die Therapiedauer betrug für beide Experimentalgruppen knapp drei Monate[1], wobei die Gruppentherapie einen Zeitraum von 6 - 7 Wochen[1] und die Konfrontationstherapie 4 - 5 Wochen[1] in Anspruch nahm.

5.6.   Datenauswertung

5.6.1.   ALLGEMEINE ÜBERLEGUNGEN

Für den in Kapitel 5.1.1. dargestellten einfaktoriellen, multivariaten, multirepetiven Untersuchungsplan bietet sich eine varianzanalytische Auswertung an. Wenngleich multivariate Untersuchungspläne in der

----

[1]Die von diesen Zahlen leicht abweichenden Werte im Vergleich zum Kap. 5.1.2. (Meßzeitpunkte) sind bedingt durch den Abstand vom Erstgespräch bis zum Meßzeitpunkt T1.

klinischen Psychologie überwiegend mehrfach univariat ausgewertet werden, schien uns - insbesondere wegen der großen Variablenzahl - nur ein multivariates Vorgehen aufgrund folgender damit verbundener Vorteile sinnvoll:

- Verringerung der Fehlerrate pro Experiment durch Reduktion der Gesamtzahl durchgeführter Tests (DIEHL, 1977, S. 41ff.),

- Ausschaltung der Duplizierung der Ergebnisse bei signifikanten Wirkungen der Prädiktorvariablen auf mehrere korrelierende Kriteriumsvariablen (MOOSBRUGGER, 1978, S. 101).

Die den vier Faktorenstufen der Prädiktorvariable zugeordnete Gruppe (2 Experimental- und 2 Kontrollgruppen) betrachten wir als voneinander statistisch unabhängig, da sie lediglich nach den Merkmalen Alter, Symptomdauer und Schulbildung (vgl. Kapitel 5.1.1.) parallelisiert wurden (in Bezug auf Mittelwert, Streuung bzw. Klassenhäufigkeiten), nicht aber im Hinblick auf die abhängigen Variablen. Dagegen sind die vier Repetitionen T1 - T4 voneinander abhängige Variablen. Da wir hierbei (evtl. bei T1, mit großer Wahrscheinlichkeit aber bei T2 - T3) unterschiedliche (Ausgangs-) Werte beider Gruppen erwarteten, arbeiteten wir beim Vergleich mit unterschiedlichen Veränderungen zwischen den Gruppen von einem zum anderen Meßzeitpunkt mit Differenzwerten[1], ansonsten mit Originaldaten.

Für die Auswertung wählten wir (im Gegensatz zu FIEGENBAUM, 1978) aus zwei Gründen ausschließlich parametrische Verfahren:

(1) Für die relativ neuen nichtparametrischen Prüfverfahren wie die für unseren Untersuchungsplan denkbaren multivariaten Verlaufskurvenvergleiche mit der Interaktions-Struktur-Analyse nach KRAUTH (s. LIENERT, 1978, S. 835ff. und 1012f.) ist unser Stichprobenumfang zu gering.

(2) Die Voraussetzungen für parametrische Verfahren (vgl. Kapitel 5.6.2.) wurden von den meisten Variablen unseres Datenpools erfüllt; die wenigen diese Voraussetzung verletzenden Daten

----

[1]Die Notwendigkeit von Differenzwerten ergibt sich zusätzlich für den o.g. Fall und darüber hinaus für alle Vergleiche abhängiger Variablen aus verfahrenstechnischen Überlegungen (siehe folgender Abschnitt 5.6.2.).

konnten ohne Informationsverlust aus den Berechnungen ausgeschlossen werden.

5.6.2. STATISTISCHE PRÜFVERFAHREN

Die Gesamtauswertung gliederte sich durch die bei Experimental- und Kontrollgruppen unterschiedlich große Zahl von abhängigen Variablen (vgl. Kapitel 5.3.2.) in zwei Bereiche mit unterschiedlichen Prüfverfahren.[1]

(1) Vergleich der beiden Experimentalgruppen (Gruppen 1 und 2)
(2) Vergleich der Experimentalgruppen mit den Kontrollgruppen (Gruppen 1 und 2 mit Gruppen 3 und 4)

Zu (1) Vergleich der beiden Experimentalgruppen

Für den Vergleich der beiden Experimentalgruppen wurde der HOTELLING-T^2-Test, ein verallgemeinerter multivariater t-Test für unabhängige Stichproben (ANDERSON, 1958) bei folgenden Berechnungen verwendet:

- Vergleich der vier Meßzeitpunkte für jede einzelne der Gruppen[2]
- Vergleich der zwei Gruppen hinsichtlich der Veränderungen von einem zum anderen Meßzeitpunkt.[3]

Da die Gesamtzahl der zu berücksichtigenden Variablen aus Gründen der Programmkapazität und der jeweiligen Stichprobengröße (10 bzw. 20) begrenzt ist, wurde der Gesamtpool der Variablen in Gruppen (analog unseren Meßmittelgruppen) aufgeteilt. Die genaue Aufteilung findet sich bei der Darstellung der Ergebnisse in Kapitel 7.

Nur bei Vorliegen eines multivariat statistisch gesicherten Unterschiedes wurden zur weiteren Analyse die einzelnen Variablen univariat mittels t-Test überprüft bzw. interpretiert.

----

[1]Bedingt durch die Möglichkeit, bei manchen Variablen vier Gruppen miteinander zu vergleichen, bei anderen nur zwei.

[2]Da es sich bei diesem Vergleich um abhängige Messungen handelt, die der HOTELLING-T^2-Test nicht vorsieht, wird jeweils die Differenz zwischen den Meßzeitpunkten errechnet und mittels HOTELLING-T^2-Test geprüft, ob diese verschieden von Null ist.

[3]Wegen unterschiedlicher Ausgangswerte und weil es sich um abhängige Messungen handelt (siehe[1]), werden die Differenzwerte der beiden Gruppen miteinander verglichen.

Beide Rechenschritte (HOTELLING-T²-Test und univariater t-Test) erfolgten in einem Arbeitsgang mit dem BMDP-P3D-Programm(DIXON & BROWN, 1979) am Rechenzentrum der Philipps-Universität Marburg.[1]

Zu (2) Vergleich der Experimentalgruppen mit den Kontrollgruppen

Für den Vergleich der Experimentalgruppen mit den Kontrollgruppen verwendeten wir multivariate Varianzanalysen (MANOVA; vgl. COOLEY & LOHNES, 1971, S. 223ff.; MAXWELL, 1977, S. 129ff.; VAN DE GEER, 1971) für folgende Berechnungen:

- Vergleich der Gruppen 1 - 3 zu den Meßzeitpunkten T1 und T3[1]
- Vergleich der Gruppen 1 - 3 hinsichtlich der Veränderungen von Meßzeitpunkt T1 zu T3[1+2]
- Vergleich der Gruppen 1, 2, 4 zu den Meßzeitpunkten T1 - T4
- Vergleich der Gruppen 1, 2, 4 hinsichtlich der Veränderungen von einem zum anderen Meßzeitpunkt[2]

Die Überprüfung von Unterschieden auf Signifikanz erfolgte mit WILKS' Lambda-Kriterium (vgl. MOOSBRUGGER, 1978, S. 119ff.). Da die Gesamtzahl der abhängigen Variablen aus Gründen der Programmkapazität auf 20 begrenzt ist,[4] wurden die Variablen in drei Gruppen entsprechend unserer Meßmittelgruppen aufgeteilt (vgl. Kapitel 5.2.). Um zu überprüfen, welche der in die MANOVA eingehenden Gruppen sich von anderen unterscheiden, erlaubt das Pro-

----

[1] Für ihre Unterstützung bei der Arbeit am Computer danke ich besonders meinen Kollegen Birgit Sitorus, Erwin Grüner und Ralph Jürgensen.

[2] Die gesonderte Berechnung für die Zeitpunkte T1 und T3 ist notwendig, da für die Gruppe 3 die Zeitpunkte T2 und T4 nicht definiert sind; eine MANOVA (über alle vier Gruppen und vier Meßzeitpunkte) somit nicht zugelassene leere Zellen enthalten würde.

[3] Da es sich bei diesem Vergleich um abhängige Messungen handelt, werden die Differenzwerte der Gruppen miteinander verglichen. Erst die neueste BMDP-Version P4V (URWAS) von DAVIDSON & TOPOREK (1981) erlaubt wiederholte Messungen. Das Programm stand uns noch nicht zur Verfügung.

[4] Demgegenüber spielt die Stichprobengröße von 32 bzw. 34 hier keine Rolle.

gramm die Bildung spezieller Kontraste. Wir berechneten aufgrund der hier interessierenden Fragestellung jeweils die speziellen Kontraste für die Gruppen 1 und 2 zu 3 bzw. die Gruppen 1 und 2 zu 4. Bei Vorliegen multivariat statistisch gesicherter Unterschiede dienen univariate Varianzanalysen für jede einzelne Variable der näheren Interpretation. Alle beschriebenen Rechenschritte erfolgten mit einem von LUITJENS (1976) adaptierten Programm des Biometric Laboratory der University of Miami am Rechenzentrum der Philipps-Universität Marburg (vgl. BEUTEL et al., 1980).

Zur Überprüfung der bereits in Kapitel 5.6.1. genannten Voraussetzungen für unsere Prüfverfahren (Varianzhomogenität bzw. Normalverteilung) berechneten wir für alle Variablen den Nullklassentest und den BARTLETT- bzw. F-Test. Die bei Verletzung der Voraussetzungen jeweils ausfallenden Variablen sind bei der Darstellung der Ergebnisse aufgeführt (Kapitel 7).

6. HYPOTHESEN

Die in Kapitel 3. beschriebenen Untersuchungsfragen und allgemeinen Hypothesen werden im folgenden Kapitel auf der Basis des Untersuchungsplans und der Meßinstumente konkretisiert und spezifiziert.

Die Gliederung orientiert sich an den Untersuchungsfragen (siehe Kap. 3.1.), innerhalb dieser an den Meßmittelgruppen (siehe Kap. 5.2.). In gleicher Weise werden in Kapitel 7 die Ergebnisse dargestellt, so daß sich z.B. die Ergebnisse zu den Hypothesen des Abschnittes 6.2.3. im Abschnitt 7.2.3. finden.

6.1. Erwartungen beim Vergleich der Experimentalgruppen (kombinierte Therapien) mit der Wartekontrollgruppe

Der Vergleich dient der Kontrolle von Spontanremissionen innerhalb des Therapiezeitraumes T1 bis T3.[1]

6.1.1. SYMPTOMORIENTIERTE MEßMITTEL

Die Gruppe der symptomorientierten Meßmittel (Globalbewertung, Situationsbewertungsskala, Emotionalitätsinventar-S) erfaßt Qualität und Stärke kognitiv-emotionaler Reaktionen auf phobische Situationen.

- Für den Therapiezeitraum (T1 - T3) erwarten wir bei den symptomorientierten Meßmitteln der Experimentalgruppen 1 und 2 deutliche Verbesserungen (vgl. Kapitel 6.3.1.).

- Aufgrund der langen Symptomdauer unserer Klienten (vgl. Kapitel 5.3.3.) und der bei erwachsenen Phobikern geringen Tendenz zu Remissionen (vgl. Kapitel 1.2.) werden keine Verbesserungen der Wartekontrollgruppe auftreten. Allenfalls wäre eine geringe Verschlechterung im Sinne einer Appellfunktion an die Therapeuten zu erwarten.

- Nach Abschluß der Therapie (T 3) erwarten wir einen signifikanten Unterschied zwischen Wartekontrollgruppe und Experimentalgruppen, der sich in einer deutlichen Überlegenheit der Experimentalgruppen bei allen symptomorientierten Variablen niederschlägt.

----

[1]An Vergleichsmessungen stehen die Zeitpunkte T1 und T3 zur Verfügung (vgl. Kapitel 5.1.2.).

6.1.2. GENERALISIERUNGSMESSUNG

Zum Vergleich der beiden Experimentalgruppen 1 und 2 mit der Wartekontrollgruppe 3 steht uns bei den Generalisierungsmaßen der Unsicherheits-Fragebogen zur Verfügung.

- Beide Experimentalgruppen werden gegenüber der Wartekontrollgruppe hinsichtlich der Veränderungen von **T1 nach T3** sowie zum Meßzeitpunkt **T3** auf allen Skalen des Unsicherheitsfragebogens einen statistisch gesicherten Unterschied aufweisen.

6.1.3. PERSÖNLICHKEITSMAßE

Für den Vergleich der Experimentalgruppen 1 und 2 mit der Wartekontrollgruppe 3 steht an Persönlichkeitsmaßen das Freiburger Persönlichkeitsinventar zur Verfügung.

- Da sich der Meßzeitraum auf die reine Therapiezeit der Experimentalgruppe **(T1 - T3)** beschränkt, erwarten wir bei diesem auf langfristige Veränderungen angelegten Persönlichkeitstest keine statistisch bedeutsamen Unterschiede zwischen den Gruppen 1, 2 und 3.

Unterschiede können allenfalls dadurch entstehen, daß die Werte der Wartegruppe von T1 nach T3 nicht stabil bleiben, sondern sich im Sinne einer Appellfunktion noch verschlechtern, während die der Gruppen 1 und 2 sich im gleichen Zeitraum leicht verbessern.

6.2. Erwartungen beim Vergleich der Experimentalgruppen (kombinierte Therapien) mit einer ausschließlich mit Konfrontationstherapie behandelten Kontrollgruppe

Die Hypothesen dieses Abschnittes beziehen sich auf die Frage, ob die Ergänzung einer Konfrontationstherapie durch eine Gruppentherapie (Gruppen 1 und 2) größere Therapieerfolge bewirkt als eine ausschließlich konfrontationstherapeutische Behandlung (Gruppe 4). Aus therapeutischen Gründen (vgl. Kapitel 5.1.1.) war es nicht sinnvoll, Gruppe 4 über den Meßzeitpunkt T2 hinaus zu behandeln. Dennoch wurde auch bei dieser Gruppe zu den Meßzeitpunkten T3 und T4 eine Therapieerfolgskontrolle durchgeführt, wobei T4 bei der Kontrollgruppe fünf Monate später als bei den Experimentalgruppen liegt. Ein strikter Vergleich ist daher zu diesem Meßzeitpunkt nur bedingt möglich.

Wie im vorangegangenen Kapitel werden die Hypothesen für die drei Meßmittelgruppen getrennt dargestellt.

6.2.1. SYMPTOMORIENTIERTE MEßMITTEL

In der ersten Therapiephase (T1 - T2) erhält Experimentalgruppe 1 die gleiche Therapie wie die Kontrollgruppe 4, während Experimentalgruppe 2 die Gruppentherapie durchläuft, bei der wir im Hinblick auf die symptomorientierten Meßmittel sehr viel geringere Veränderungen annehmen (vgl. Kapitel 6.3.1.). Somit wird Gruppe 4 zum Meßzeitpunkt T2 signifikant bessere Ergebnisse aufzeigen als die zusammengefaßten Experimentalgruppen.

- Wir erwarten im Meßzeitraum T1 - T2 für alle Variablen mit Ausnahme von SB 4 ("Positive Fremdkonsequenz") und SB 5 ("Negative Fremdkonsequenz") (vgl. Kapitel 6.3.1.) statistisch bedeutsame Unterschiede in den Veränderungswerten zugunsten der ausschließlich symptomorientiert behandelten Kontrollgruppe 4.

- Für die zweite Therapiephase (T2 - T3) erwarten wir signifikante Unterschiede in den Mittelwertsveränderungen zugunsten der Experimentalgruppen, da sich nun die von uns vermuteten besseren Behandlungseffekte des erweiterten Therapieprogramms auswirken werden.

- Wir erwarten nach Abschluß der Therapie (T3) eine statistisch bedeutsame Überlegenheit der Experimentalgruppen für die Werte aller symptomorientierten Variablen mit Ausnahme von SB 4 und SB 5 ("Positive und negative Fremdkonsequenz").

- Für den Follow-up-Zeitraum (T3 - T4) läßt sich eine Stabilisierung der für Meßzeitpunkt T3 beschriebenen Behandlungseffekte voraussagen, d.h. wir erwarten keine signifikanten Unterschiede zwischen Gruppe 4 und den Experimentalgruppen bei den Veränderungswerten.

- Nach Abschluß der Gesamtuntersuchung (T4) sind bei den symptomorientierten Maßen günstigere Therapieerfolge für die Experimentalgruppen zu erwarten. Wie schon weiter oben erwähnt, ist der Meßzeitpunkt T4 zwischen Experimental- und Kontrollgruppen durch unterschiedliche Follow-up-Zeiträume nur bedingt vergleichbar.

6.2.2. GENERALISIERUNGSMESSUNG

An Generalisierungsmaßen der Gruppe 4 steht lediglich der Unsicherheitsfragebogen zur Verfügung, sodaß wir ausschließlich Aussagen über den therapeutischen Generalsierungseffekt hinsichtlich der sozialen Kompetenz machen können. Wir erwarten generell, daß die Kombination aus Gruppen- und Konfrontationstherapie einen stärkeren Generalisierungseffekt auf soziale Unsicherheit zeigt als Konfrontationstherapie allein, da ein Teil des kombinierten Verfahrens explizit die Selbstsicherheitsproblematik der Klienten angeht und dies additiv zum indirekten Effekt der Konfrontationstherapie wirkt. Dies wird sich zu den verschiedenen Meßzeitpunkten wie folgt manifestieren:

- Im Verlauf des ersten Therapieabschnitts (T1 -T2) erwarten wir für die beiden Experimentalgruppen (vgl. Kapitel 6.3.2.) und ebenso für die Kontrollgruppe Verbesserungen auf allen Skalen des Unsicherheitsfragebogens, die jedoch statistisch nicht gesichert werden können.

- Wir erwarten daher zum Zeitpunkt T2 keine bedeutsamen Unterschiede zwischen den Gruppen.

- Da von T2 nach T3 für die Experimentalgruppen eine weitere Verbesserung, für die Kontrollgruppe jedoch bestenfalls Stabilität der Werte vorausgesagt werden kann, nehmen wir zum Meßzeitpunkt T3 einen statistisch gesicherten Unterschied zugunsten der Experimentalgruppen an.

Im Anschluß an die Therapie (T3 nach T4) werden die Werte der Experimentalgruppen stabil bleiben, eventuell sich weiter verbessern; für die Kontrollgruppe 4 erwarten wir günstigstenfalls keine Veränderung, möglicherweise eine leichte Verschlechterung. Über den – besonders bei den Experimentalgruppen[1] – relativ kurzen Zeitraum T3 - T4 wird der Unterschied der Veränderungen jedoch statistisch nicht bedeutsam sein.

- Wir erwarten keinen Unterschied der Veränderungen zwischen den Gruppen im Follow-up-Zeitraum (T3 - T4).

- Zum Zeitpunkt des ersten Follow-up (T4) werden die Experimentalgruppen hinsichtlich der sozialen Kompetenz signifikant besser abschneiden als Kontrollgruppe 4.

- Über den gesamten Meßzeitraum (T1 - T4) werden die Experimentalgruppen einen signifikant stärkeren Generalisierungseffekt zeigen als die Kontrollgruppe 4.

----

[1]Vergleiche die Diskussionen zum unterschiedlich langen Follow-up-Zeitraum im folgenden Abschnitt 6.2.3. und in Kapitel 8.4.2.

6.2.3.   PERSÖNLICHKEITSMAßE

Für einen Vergleich der Experimentalgruppen 1 und 2 mit der ausschließlich mit Konfrontationstherapie behandelten Kontrollgruppe 4
steht bei den Perönlichkeitsmaßen das Freiburger Persönlichkeitsinventar zur Verfügung.

> - In Analogie zu Kapitel 6.1.3. erwarten wir zu diesem Meßinstru-
> ment keine statistisch zu sichernden Unterschiede zwischen den
> Gruppen und/oder den Meßzeitpunkten im eigentlichen Therapiezeit-
> raum der Experimentalgruppen 1 und 2 (T1 - T3).

Für den Gesamtzeitraum (T1 - T4) ergeben sich folgende Überlegungen: Da Gruppe 4 im Gegensatz zur Wartekontrollgruppe 3 eine wirk-
same Therapie erhält, wird ihre von uns vermutete Überlegenheit
gegenüber den Gruppen 1 und 2 geringer (d.h. nicht signifikant)
ausfallen als beim Vergleich mit der Wartekontrollgruppe 3 (vgl.
Kapitel 6.1.3.). Erschwert wird der Vergleich durch die unterschiedlich
langen Follow-up-Zeiträume (T3 bis T4) bei den Experimentalgruppen
einerseits (3 Monate) und der Kontrollgruppe andererseits (8 Monate;
vgl. Kapitel 5.1.2.). Hier konkurrieren bei den Experimentalgruppen
verbesserte allgemeine Problemlösefertigkeiten durch Gruppentherapie
und damit erhöhte Stabilität des Therapieerfolges im Zeitraum T3 -
T4 mit dem bei der Kontrollgruppe 4 fünf Monate längeren Zeitfak-
tor. Ob sich dieser positiv oder negativ für die Klienten der Gruppe
4 auswirkt, hängt jeweils von deren Therapieerfolg und dessen Stabilität ab. Wir erwarten aus den genannten Gründen:

> - Zum Meßzeitpunkt T4 bestehen keine Unterschiede zwischen den
> Gruppen 1, 2 und 4, ebenso nicht beim Vergleich der Veränderungen
> dieser Gruppen von T1 nach T4.

6.3.   **Erwartungen beim Vergleich der Therapieabfolgen Konfrontationstherapie – Gruppentherapie und Gruppentherapie – Konfrontationstherapie**

6.3.1.   SYMPTOMORIENTIERTE MEßMITTEL

Erster Therapieabschnitt (Meßzeitraum T1 - T2)

Hier erhält Gruppe 1 Konfrontationstherapie, Gruppe 2 Gruppentherapie. Die Konfrontationstherapie stellt ein primär symptomorientiertes
Behandlungsverfahren mit dem Hauptziel der Angstreduktion dar. Die

symptomorientierten Meßmittel reagieren besonders auf Veränderungen in diesem Bereich. Wir erwarten daher:

- Gruppe 1 erzielt eine starke Angstreduktion in allen Variablen der symptomorientierten Meßmittel mit Ausnahme von SB 4 und SB 5 ("Positive", bzw. "negative Fremdkonsequenz").

Die Konfrontationstherapie greift nicht direkt in den sozialen Kontext der Klienten und das Verhalten der Bezugspersonen ein. Veränderungen in den Reaktionen der Umwelt werden so langsam erfolgen, daß sie in den hier behandelten Katamnesezeiten noch unbedeutend sind:

- In den Skalen SB 4 ("Positive Fremdkonsequenz") und SB 5 ("Negative Fremdkonsequenz") werden keine bedeutsamen Veränderungen der Werte auftreten.

Im Gegensatz zur Konfrontationstherapie steht bei der Gruppentherapie nicht die Angstreduktion, sondern die Vermittlung von Strategien zur konstruktiven Problembewältigung im Mittelpunkt der Behandlung. Erfahrungen mit einer erfolgreichen Problembewältigung führen u.U. auch zu einer veränderten Wahrnehmung angstauslösender Situationen und damit auch für die Klienten der Gruppe 2 zu Verbesserungen in den oben genannten symptomspezifischen Variablen. Diese werden jedoch deutlich geringer ausfallen und in der Mehrzahl nicht statistisch gesichert werden können, da die Gruppentherapie die Symptombehandlung explizit ausklammert und die Klienten der Gruppe 2 im ersten Therapieabschnitt noch keine Erfahrungen im Umgang mit den phobischen Situationen machen.

- Wir erwarten im ersten Therapieabschnitt keine signifikanten Verbesserungen der Gruppe 2 bei den symptomorientierten Meßmitteln.

Aufgrund der o.g. Überlegungen erwarten wir für den Vergleich der beiden Experimentalgruppen:

- Zum Zeitpunkt T2 bestehen signifikante Unterschiede zwischen den Gruppen sowie für den ersten Therapieabschnitt (T1 - T2) signifikante Unterschiede zwischen den Veränderungswerten der Gruppe zugunsten der Experimentalgruppe 1.

Zweiter Therapieabschnitt (Meßzeitraum T2 - T3)

Der Wechsel der Behandlungsformen wird im zweiten Therapieab-

schnitt zu komplementären Entwicklungen der beiden Experimentalgruppen führen:

- Wir erwarten für Gruppe 1 (Konfrontationstherapie - Gruppentherapie) nur noch geringe Verbesserungen auf der symptomorientierten Meßebene.

- Gruppe 2 (Gruppentherapie - Konfrontationstherapie) zeigt erhebliche Angstreduktion, die sich in deutlichen Verbesserungen der
symptomzentrierten Meßmittel manifestiert.

- Dies wird angesichts der oben postulierten signifikanten Ausgangswertunterschiede zum Zeitpunkt T2 zu signifikant unterschiedlichen Veränderungen im Zeitraum T2 - T3 zugunsten der Gruppe
2 führen.

Wir nehmen an, daß die Klienten der Gruppe 1 aufgrund des Wegfalls
der bisher im Vordergrund stehenden (und andere Probleme in den
Hintergrund rückenden) Angstsymptomatik eher in der Lage sind, die
Angebote der Gruppentherapie sinnvoll zu nutzen, als dies in Gruppe
2 in der ersten Behandlungsphase der Fall war. Die in der Konfrontationstherapie gemachten Erfahrungen mit stark übenden Therapie-
elementen werden sich zudem positiv auf die Bereitschaft, an den
übenden Bestandteilen der Gruppentherapie (z.B. Rollenspiele) teil-
zunehmen, auswirken.

- Wir erwarten zum Zeitpunkt T3 trotz der größeren Veränderungswerte von Gruppe 2 eine Überlegenheit der Gruppe 1 auf der
symptomorientierten Meßebene.

Katamnese (Meßzeitraum T3 - T4)

- Im Follow-up Zeitraum wird bei beiden Experimentalgruppen
eine Stabilisierung der Therapieeffekte auf dem Niveau des Meßzeitpunktes T3 eintreten, so daß keine bedeutsamen Veränderungswerte von T3 zu T4 mehr festzustellen sind.

Wir nehmen jedoch aus den schon genannten Gründen an, daß die
Behandlungsabfolge Konfrontationstherapie - Gruppentherapie ein insge-
samt günstigeres Ergebnis aufweisen wird als die Behandlungsabfolge
Gruppentherapie - Konfrontationstherapie.

- Wir erwarten für Gruppe 1 auch langfristig (d.h. zum Zeitpunkt
T4) einen signifikant größeren Therapieerfolg bei den symptomorientierten Meßmitteln als bei Gruppe 2.

6.3.2.   GENERALISIERUNGSMESSUNG

Die Instrumente der Generalisierungsmessung (Depressionsskala, Unsicherheitsfragebogen und Hostilitätsfragebogen) erfassen, inwieweit
die beiden Therapievariationen neben dem Abbau der phobischen
Symptomatik auch Veränderungen bei typischen Begleitsymptomen
bewirken. Dabei erwarten wir für beide Behandlungsabfolgen aus z.T.
unterschiedlichen Gründen eine ähnliche Entwicklung.

Allgemeine Erwartungen für beide Gruppen

Die in beiden Therapieformen stattfindende Aktivierung der Klienten,
die Veränderung des negativen Selbstkonzepts und die erfolgreiche
Kontrolle von bislang problematischen Situationen werden zu einer
Verringerung der Depressivität beitragen.

    - Wir erwarten ein Absinken der Werte der Depressionsskala für
    beide Experimentalgruppen.

Die stark handlungsorientierte Konfrontationstherapie wird einen
auch im sozialen Kontext aktivierenden Trainingseffekt zur Folge
haben; die neu gewonnene Sicherheit in früher bedrohlichen Situationen wird zu einer generellen Stärkung des Selbstbewußtseins, einer
Verminderung der Versagensängste und Abhängigkeitsgefühle und
damit zu einem höheren Maß an sozialer Sicherheit führen. Auch die
Gruppentherapie wird durch das Training von Problemlösestrategien
(bei denen es sich überwiegend um zwischenmenschliche Probleme
handeln wird) sowie durch gezielte Sicherheitsübungen einen meßbaren
Abbau der sozialen Unsicherheit bewirken.

    - Wir erwarten daher für beide Experimentalgruppen im Unsicher-
    heitsfragebogen eine Verbesserung der Werte.

Mit der durch die Konfrontationstherapie bedingten Reduzierung der
phobischen Ängste, der daraus resultierenden Stärkung der sozialen
Sicherheit und geringer werdenden Abhängigkeit von Bezugspersonen
wird das Wahrnehmen und Äußern aggressiver Gefühle weniger bedrohlich und eher möglich. Die Gruppentherapie trägt zu einer Veränderung der Aggressionsproblematik bei, indem die Klienten direkt adäquate Äußerungsformen (auch) für Aggressionen lernen.

- Wir erwarten daher auf der Skala 1 des Hostilitätsfragebogens ("Verhaltensmassive Aggression") einen leichten Anstieg und auf der Skala 2 ("Aggressionshemmung") eine deutliche Senkung der Werte für beide Experimentalgruppen.

Zeitlicher Verlauf

- Wir erwarten hinsichtlich der Generalisierungsmessung für beide Gruppen Verbesserungen der Werte vom Meßzeitpunkt **T1 nach T2** sowie von **T2 nach T3.**

- Für beide Gruppen nehmen wir an, daß die Verbesserungen erst über den Gesamttherapiezeitraum **(T1 - T3)** statistisch gesichert werden können, da sich die genannten Begleitsymptome langsamer verändern werden als die phobischen Angstreaktionen.

- Da wir keine unterschiedlichen Veränderungen der Gruppen von T1 nach T2 und von T2 nach T3 erwarten, werden sich die beiden Gruppen weder zum Zeitpunkt **T2** noch zum Zeitpunkt **T3** voneinander unterscheiden.

- Eine Differenz wird frühestens zum Follow-up-Zeitpunkt **T4** erfolgen, wo wir aufgrund der schon in Abschnitt 6.3.1. gemachten Überlegungen die Abfolge Konfrontationstherapie - Gruppentherapie (Gruppe 1) präferieren.

6.3.3. PERSÖNLICHKEITSMAßE

Die von uns verwendeten Tests (IPC-Fragebogen zu Kontrollüberzeugungen, Freiburger Persönlichkeitsinventar, Gießen-Test) messen relativ stabil konzipierte Persönlichkeitsmerkmale.

- Wir erwarten daher über den Zeitraum der Therapie **(T1 - T3)** nur geringe, statistisch nicht bedeutsame Veränderungen in beiden Experimentalgruppen, so daß sich die Gruppen auch zu Therapieende **(T3)** nicht voneinander unterscheiden.

- Auch zum Meßzeitpunkt **T4** (3 Monate Follow-up) sind in beiden Gruppen erst mittlere Verbesserungen zu erwarten, die allenfalls bei einem Vergleich der Meßzeitpunkte **T1** mit **T4** statistisch gesichert werden können.

- Bei den Variablen FPI 4 ("Erregbarkeit"), GT 2 ("Dominanz") und GT 3 ("Kontrolle") erwarten wir keine Veränderung, da die Ausgangswerte der Klienten bereits zu Therapiebeginn im Normbereich liegen.

Eine Prognose für ein günstigeres Abschneiden einer der beiden Gruppen zum Zeitpunkt T4 ist schwierig. Zwar nehmen wir an, daß die Behandlungsabfolge Konfrontationstherapie - Gruppentherapie (Gruppe 1) langfristig stabilere Erfolge aufweisen wird, doch dürften sich diese bei den Persönlichkeitsmaßen erst zum noch nicht abgeschlossenen Meßzeitpunkt T5 auswirken.

6.4. Erwartungen im Hinblick auf die Therapieabbrecher

Wie bereits in Abschnitt 5.2.1. dargelegt, betrachten wir als Therapieabbrecher diejenigen Klienten, die nach der zweiten Sitzung die Therapie abbrechen. In dieser Sitzung (vgl. Kapitel 5.5.) wird die unabhängige Variable eingeführt, d.h., den aufgrund des Parallelisierungsverfahrens ausgewählten Klienten wird die für sie vorgesehene Therapieabfolge möglichst plausibel aus der Störung abgeleitet und in allen Einzelheiten erläutert.

- Wir erwarten unmittelbar nach dieser Sitzung in Experimentalgruppe 1 (zuerst Konfrontationstherapie) aufgrund der im Vergleich zur Gruppentherapie stärker angstauslösenden Therapie die höhere Abbrecherquote.

- Durch die Verhinderung des Vermeidungsverhaltens und die erfahrungsgemäß schnelle Symptomreduktion bei der Konfrontationstherapie erwarten wir bei Gruppe 1 im weiteren Verlauf der ersten Therapiephase (T1 - T2) keine Abbrecher.

Die Klienten der Gruppe 2 arbeiten zunächst nicht unmittelbar an ihren primären Symptomen, was eine relativ hohe Abbrecherquote zur Folge haben könnte. Andererseits wissen sie, daß die zweite Therapiephase der direkten Therapie der Angst gewidmet sein wird.

- Wir erwarten für den Gesamtzeitraum der ersten Therapiephase bei Gruppe 2 eine höhere Abbrecherquote als bei Gruppe 1.

- Für beide Gruppen erwarten wir durch die in der ersten Phase gemachten Erfahrungen keine weiteren Therapieabbrecher in der zweiten Phase.

- Aufgrund der bisherigen empirischen Befunde (BARTLING et al., 1980a) erwarten wir, daß die Klienten mit dem geringeren Leidensdruck (geringe Symptomdauer, günstigere Meßwerte) eher die Therapie abbrechen.

Ein Grund hierfür mag bei Gruppe 1 darin liegen, daß bei diesen Klienten den Therapie-Erwartungsängsten kein entsprechend lohnendes Ziel gegenübersteht, für Gruppe 2 möglicherweise darin, daß bei niedrigerem Leidensdruck schwieriger nachvollziehbar ist, warum man sich in der Gruppentherapie mit symptomübergreifenden Fragestellungen auseinandersetzen soll.

- Da andererseits unsere Klienten u.a. nach der Schwere und Dauer der Symptomatik selegiert wurden, erwarten wir in Umkehrung des oben Gesagten insgesamt eine niedrige Abbrecherquote von ca. 20%.

7.   Ergebnisse und Diskussion

Das folgende Kapitel ist entsprechend den drei Hauptfragestellungen
der Untersuchung gegliedert (vgl. Kapitel 3.); wir beginnen mit
einem Vergleich der beiden Experimentalgruppen mit einer Eigenwartegruppe (Kapitel 7.1.). Es schließen sich der Vergleich der Experimentalgruppen mit der ausschließlich mit Konfrontationstherapie
behandelten Kontrollgruppe (Kapitel 7.2.) sowie der Vergleich der
Experimentalgruppen untereinander (Kapitel 7.3.) an.

Die Darstellung der Befunde folgt im einzelnen dem Gliederungsprin-
zip der in Kapitel 6 vorgestellten Hypothesen; so finden sich z.B.
die Hypothesen zum Abschnitt 7.2.3. unter dem Abschnitt 6.2.3.

Um den Gesamtzusammenhang bei der Vielzahl der Einzelergebnisse
nicht zu zerreißen, schließen wir die Darstellung der Ergebnisse zu
den einzelnen Teilbereichen jeweils mit einer ersten kurzen Diskussion ab, die unter übergeordneten Gesichtspunkten in Kapitel 8
zusammengefaßt und weitergeführt wird.

7.1.   **Vergleich der Experimentalgruppen (kombinierte Therapien) mit der
        Wartekontrollgruppe**

Die Frage nach der generellen Wirksamkeit der oben dargestellten
Therapiekombinationen für die Behandlung von Agoraphobien läßt
sich durch den Vergleich der Experimentalgruppen (Gruppen 1 und
2) mit der Wartekontrollgruppe (Gruppe 3) beantworten.

Aus therapeutischen Gründen (vgl. Kap. 5.1.2.) standen hier lediglich
T1 und T3 als Vergleichsmeßpunkte zur Verfügung, so daß Effekte
im Follow-up-Zeitraum unberücksichtigt bleiben müssen.

Die Darstellung der Ergebnisse soll getrennt für die Meßmittelgruppen erfolgen.

7.1.1. SYMPTOMORIENTIERTE MEßMITTEL

Ergebnisse

Für den Vergleich der Wartekontrollgruppe mit den Experimentalgruppen wurden die 12 Variablen der symptomorientierten Meßmittel[1]
zusammengefaßt, und es wurde eine multivariate Varianzanalyse
berechnet (spezielle Kontraste: Gruppen 1 und 2 gegen Gruppe 3).

Abbildung 12 zeigt den Verlauf der 12 Variablen der symptomorientierten Meßmittel von den Meßzeitpunkten T1 bis T3.

Der multivariate Vergleich der absoluten **Ausgangswerte** (1) weist
Unterschiede zwischen den Gruppen auf. Zwar zeigen sich (vergleiche
Kapitel 7.3.1.) keine Unterschiede zwischen den Gruppen 1 und 2,
doch unterscheidet sich die Wartekontrollgruppe statistisch bedeutsam
von den Experimentalgruppen (s. Tab. 2).

Die univariate Überprüfung der Einzelvariablen ergibt für die Wartekontrollgruppe signifikant schlechtere Ergebnisse in den Variablen
Globalbewertung, SB 1 ("Schwierigkeit"), SB 3 ("Vermeidungstendenz"), SB 6 ("Positive Selbsteinschätzung"), EMI-S 2 ("depressiv")
und EMI-S 7 ("Verlassenheitsgefühl"). Deutlich bessere Ausgangswerte zeigte diese Gruppe jedoch für die Skalen EMI-S 3 ("erschöpft")
und EMI-S 6 ("risikobereit") (vgl. Abb. 12).

----

[1]Globalbewertung (1 Variable), Situationsbewertungsskala (6 Variablen) und Emotionalitätsinventar-S (5 Variablen). Die Variablen
EMI-S 1 ("ängstlich") und EMI-S 5 ("optimistisch") konnten wegen
einer bei den Kontrollgruppen verwendeten Vorform dieses Meßinstrumentes mit anderer Faktorenstruktur nicht für einen Vergleich
mit den Experimentalgruppen verwendet werden (vgl. Kap. 5.3.2.)

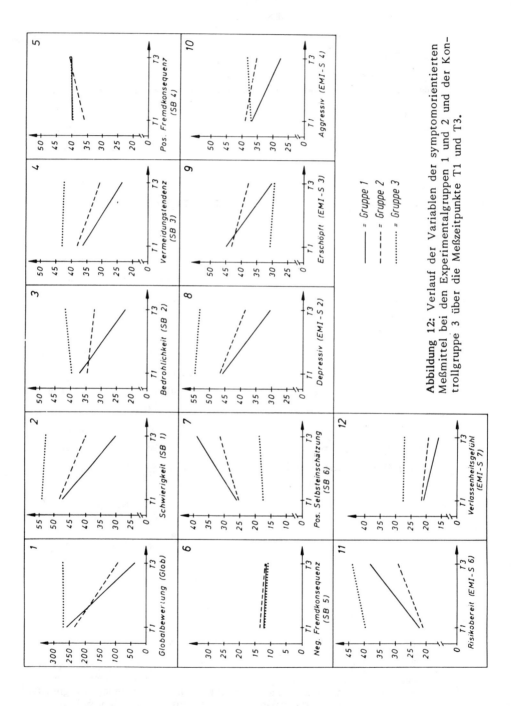

Abbildung 12: Verlauf der Variablen der symptomorientierten Meßmittel bei den Experimentalgruppen 1 und 2 und der Kontrollgruppe 3 über die Meßzeitpunkte T1 und T3.

Der Vergleich der Veränderungen im Therapiezeitraum (T1 - T3)
zeigt erwartungsgemäß signifikante Unterschiede zwischen den Differenzwerten der Wartekontrollgruppe und denen der Experimentalgruppen:

Tabelle 2: Experimentalgruppen 1 und 2 vs.
Wartekontrollgruppe 3:
Symptomorientierte Meßmittel
Meßzeitpunkte T1 vs. T3
(F-Werte)*)

Meßzeitpunkt Gruppe	T1 1+2/3 (N=32)	T1 - T3 1+2/3 (N=32)	T3 1+2/3 (N=32)
multivariat	17.73***	4.01***	9.89***
Glob	4.66*	23.88***	78.77***
SB 1	7.32**	12.38***	21.13***
2	3.02	17.61***	24.37***
3	5.73*	12.24***	23.65***
4	0.19	2.21	0.00
5	0.10	1.50	0.24
6	6.65*	5.79**	25.13***
EMI-S 2	8.92**	7.06**	23.49***
3	26.38***	8.14**	4.43*
4	0.10	7.59**	5.23*
6	135.14***	19.80***	28.54***
7	31.02***	12.47***	33.69***

*) Die Legende zu dieser und den folgenden Tabellen findet sich am
Schluß des Buches.

Dieses Ergebnis läßt sich im univariaten Vergleich für alle Einzelvariablen mit Ausnahme von SB 4 ("Positive Fremdkonsequenz") und
SB 5 ("Negative Fremdkonsequenz) zugunsten der Experimentalgruppen
statistisch absichern. Abbildung 12 macht deutlich, daß die o.g.
Unterschiede in den Veränderungen bei 10 der 12 Variablen auf eine
starke Verbesserung der Experimentalgruppen zurückzuführen sind;
während die Werte der Wartekontrollgruppe relativ konstant bleiben.

Nach Abschluß der Therapie (T3) ergibt der multivariate Vergleich der Absolutwerte wiederum den vermuteten Unterschied zwischen Wartekontrollgruppe und Experimentalgruppen. Der univariate Vergleich zeigt statistisch bedeutsame Unterschiede für die Werte aller Variablen mit Ausnahme von SB 4 und SB 5 ("Positive bzw. negative Fremdkonsequenz"). Abbildung 12 erlaubt Aussagen über die Richtung der o.g. Gruppenunterschiede: Mit Ausnahme von EMI-S 3 ("erschöpft") und EMI-S 6 ("risikobereit") zeigen die Experimentalgruppen nach Abschluß der Behandlung die besseren Endresultate im Sinne eines Therapieerfolges.

Diskussion

Wenngleich die Experimentalgruppen nach Abschluß der Therapie (T3) im Vergleich zur Wartekontrollgruppe die signifikant besseren Ergebnisse zeigen, sagt dies zunächst nichts über die Effektivität des kombinierten Therapieprogramms aus, da die Wartekontrollgruppe bereits zum Beginn der Therapie (T1) deutlich ungünstigere Ausgangswerte aufweist. Wir beschränken uns daher auf den Vergleich der Differenzwerte der Veränderungen beider Gruppen im Therapiezeitraum, da sich diese unabhängiger von unterschiedlichen Ausgangswerten interpretieren lassen.

Hier zeigen sich bei 10 der 12 Variablen deutliche Verbesserungen zugunsten der Experimentalgruppen, während die Werte der Wartekontrollgruppe relativ konstant bleiben. Die zwei Ausnahmen (SB 4 und 5, "Positive bzw. negative Fremdkonsequenz") haben wir bereits im Kapitel 6.3.1. als eher einer langfristigen Veränderung zugänglich charakterisiert. Das Ergebnis läßt den Schluß zu, daß die Veränderung in den Gruppen mit kombinierten Therapieprogrammen als Behandlungseffekte zu werten sind und zufällige Verbesserungen im Sinne von Spontanremissionen ausgeschlossen werden können.

Bei der Interpretation der Ergebnisse zu berücksichtigen sind die deutlichen Ausgangswertunterschiede zwischen den Experimentalgruppen und der Wartekontrollgruppe, die in sechs Variablen signifikant schlechtere Ausgangswerte aufweist. Dabei kann es sich nicht um Appelleffekte der Wartekontrollgruppe an die Therapeuten handeln, da zum

Meßzeitpunkt T1 die Gruppeneinteilung noch nicht festlag. Zudem finden sich bei der nur mit Konfrontationstherapie behandelten Kontrollgruppe 4 (vgl. Kapitel 7.2.1.) die gleichen Unterschiede zu den Experimentalgruppen 1 und 2. Daraus ist zu folgern, daß unsere Kontrollgruppen trotz gleicher soziodemographischer Ausgangsdaten (vgl. Kapitel 5.3.3.) bei den Variablen Globalwertung, SB 1 ("Schwierigkeit"), SB 3 ("Vermeidungstendenz"), SB 6 ("Positive Selbsteinschätzung"), EMI-S 2 ("depressiv") und EMI-S 7 ("Verlassenheitsgefühl") signifikant schlechtere Ausgangswerte hatten, d.h. daß der akute, symptomspezifische Leidensdruck vermutlich größer war. Andererseits waren bei dieser Gruppe erheblich bessere Werte bei den Variablen EMI-S 3 ("erschöpft") und EMI-S 6 ("risikobereit") zu verzeichnen. Gerade die o.g. Kombination von Merkmalen ist für den Erfolg von Konfrontationstherapien möglicherweise besonders günstig.

7.1.2. GENERALISIERUNGSMESSUNG

Ergebnisse

Abbildung 13 gibt einen Überblick über die Variablen der Generalisierungsmessung (Unsicherheitsfragebogen) zu den Meßzeitpunkten T1 und T3.

Die beiden Experimentalgruppen 1 und 2 wurden mit der Wartekontrollgruppe 3 mittels multivariater Varianzanalysen über alle sechs Variablen verglichen. Aufgrund der Fragestellung wurden spezielle Kontraste zwischen den Gruppen 1 und 2 gegen Gruppe 3 berechnet.

Bei den Ausgangswerten (T1) sind die Unterschiede zwischen den Experimentalgruppen und der Wartekontrollgruppe insignifikant (siehe Tabelle 3).

Während Experimentalgruppe 1 im **Therapiezeitraum** (T1 - T3) signifikante Verbesserungen für den Unsicherheitsfragebogen aufweist, zeigt Gruppe 2 nur leichte, statistisch nicht gesicherte Verbesserungen (siehe Kap. 7.3.2.). Für die Wartekontrollgruppe sind auf fünf Skalen des Unsicherheitsfragebogens praktisch keine Veränderungen zu bemerken. Auf Skala 6 ("Anständigkeit")ist sogar eine deutliche Verschlech-

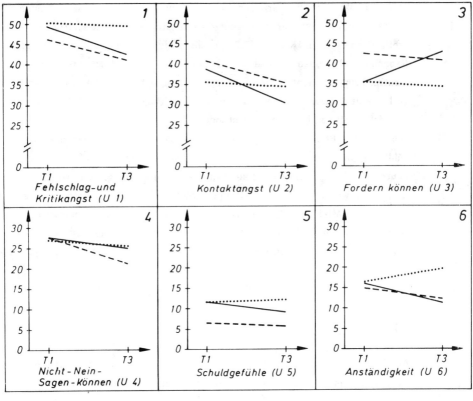

Abbildung 13: Verlauf der Variablen der Generalisierungsmessung bei den Experimentalgruppen 1 und 2 und der Kontrollgruppe 3 über die Meßzeitpunkte T1 und T3.

terung zu verzeichnen (s. Abb. 13). Zwar lassen sich im Gegensatz zu unseren Annahmen die unterschiedlichen Veränderungen der Gruppen 1 und 2 im Vergleich zu Gruppe 3 statistisch nicht sichern; nach Ende der Therapie (T3) weisen jedoch die Experimentalgruppen erwartungsgemäß signifikant bessere Absolutwerte auf als die Kontrollgruppen. Univariat läßt sich dieser Unterschied für die Skalen U 5 ("Schuldgefühle") und U 6 ("Anständigkeit") sichern.

Tabelle 3: Experimentalgruppen 1 und 2 vs.
Wartekontrollgruppe 3:
Generalisierungsmessung
Meßzeitpunkte T1 vs. T3
(F-Werte)

Meßzeitpunkt Gruppe	T1 1+2/3 (N=32)	T1 - T3 1+2/3 (N=32)	T3 1+2/3 (N=32)
multivariat	0.90	1.43	3.59**
U 1	0.15	0.75	1.90
2	0.48	0.50	0.19
3	0.52	1.50	2.81
4	0.02	0.72	0.40
5	2.01	1.19	10.10**
6	0.21	4.41*	12.18***

Diskussion

Der statistisch gesicherte Unterschied zwischen den Experimentalgruppen und der Kontrollgruppe 4 zum Meßzeitpunkt T3 kommt im
wesentlichen durch Addition zweier entgegengesetzter Effekte zustande
(vgl. Abb. 13). So bestehen bereits zum Meßzeitpunkt T1 -insignifi-
kante - Unterschiede zwischen den Gruppen, die sich dadurch vergrös-
sern, daß die Werte der Kontrollgruppe über den Meßzeitraum T1 -
T3 konstant bleiben bzw. sich verschlechtern, die Werte der Experimentalgruppen sich dagegen - ebenfalls insignifikant - verbessern.

Die Interpretation dieses Ergebnisses wird dadurch erschwert, daß
die Verbesserungen der Experimentalgruppen nach Ende der Therapie
(T3 - T4) z.T. nicht stabil sind (s. Kap. 7.3.2.). Deutlich wird jedoch,
daß die Klientinnen, die keine Therapie erhielten, auf allen Skalen
des Unsicherheitsfragebogens konstante Werte aufweisen bzw. sich
verschlechtern.

Die Veränderungen bei den Experimentalgruppen in diesem Bereich
sind daher in Zusammenhang mit der durchgeführten Behandlung zu
sehen; zur endgültigen Bewertung fehlt jedoch die Information über

die langfristige Entwicklung der Experimentalgruppen, die erst zum Drei-Jahres-Follow-up vorliegen wird.

Bei Betrachtung der Einzelvariablen zeigen sich die größten Unterschiede zwischen den Gruppen bei den Skalen U 5 ("Schuldgefühle") und U 6 ("Anständigkeit") (vgl. Tab. 3). Hier werden im Gegensatz zu den sozialen Ängsten (U 1 und U 2) und den verhaltensorientierten Problemen (U 3 und U 4) hauptsächlich Bewertungen der Einstellungen zu sozialen Verhaltensweisen erfaßt, die sich offensichtlich bei den Experimentalgruppen deutlich veränderten.

7.1.3. PERSÖNLICHKEITSMAßE

Ergebnisse

Abbildung 14 gibt einen Überblick über den Verlauf der FPI-Variablen[1] in den beiden Experimentalgruppen und in der Wartekontrollgruppe zu den Meßzeitpunkten T1 und T3. Für einen Vergleich der drei Gruppen wurden die FPI-Variablen in multivariaten Varianzanalysen zusammengefaßt.[2] (Kontraste Gruppe 1 und 2 gegen Gruppe 3).

Dabei zeigen sich bei den **Ausgangswerten** (T1) keine statistsich bedeutsamen Gruppenunterschiede.

Bei den Differenzwerten T1 nach T3 bestehen ebenfalls zwischen den Gruppen keine Unterschiede, wohl aber beim Vergleich der Absolutwerte zum Zeitpunkt T3 (s. Tab. 4).

Diskussion

Obwohl eine Reihe insignifikanter Ausgangswertunterschiede zum Zeitpunkt T1 (speziell bei den Variablen FPI 5 "Geselligkeit", FPI 6 "Ge-

----

[1] Im Gegensatz zu Kapitel 7.3.3. verwenden wir beim Freiburger Persönlichkeits-Inventar hier die Standard-Nine-Werte statt der Rohwerte, da für die Kontrollgruppen 3 und 4 nur die transformierten Werte greifbar waren.

[2] Die Variablen FPI 2 und FPI 9 erfüllen bei Transformierung auf Standard-Nine-Werte nicht mehr das MANOVA-Kriterium der Varianzhomogenität und bleiben daher unberücksichtigt.

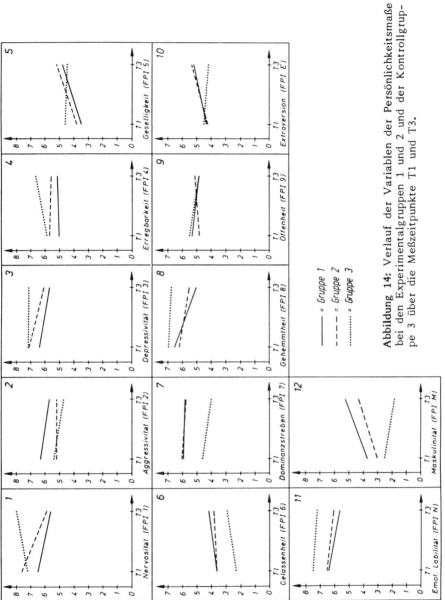

Abbildung 14: Verlauf der Variablen der Persönlichkeitsmaße bei den Experimentalgruppen 1 und 2 und der Kontrollgruppe 3 über die Meßzeitpunkte T1 und T3.

Tabelle 4: Experimentalgruppen 1 und 2 vs.
Wartekontrollgruppe 3:
Persönlichkeitsmaße
Meßzeitpunkte T1 vs. T3
(F-Werte)

Meßzeitpunkt Gruppe	T1 1+2/3 (N=32)	T1 - T3 1+2/3 (N=32)	T3 1+2/3 (N=32)
multivariat	1.63	1.07	5.42***
FPI 1	0.05	4.67*	11.39***
2'	0.26	0.37	0.97
3	0.38	1.12	2.62
4	0.80	0.93	3.73*
5	1.67	1.86	0.36
6	4.56*	0.20	3.12
7	2.66	0.34	6.04**
8	1.09	1.86	5.73**
9'	0.45	1.07	0.05
E	0.06	1.35	2.15
N	1.64	0.20	2.82
M	1.60	5.86**	24.36***

[1]Bei einer Gruppe bzw. einem Meßzeitpunkt besteht keine Varianzhomogenität (nur relevant für MANOVA)

lassenheit", FPI 7 "Dominanzstreben", FPI 8 "Gehemmtheit", FPI N "Emotionale Labilität" und FPI M "Maskulinität") bestehen (vgl. Abb. 14), erscheint es gerechtfertigt, die zum Zeitpunkt T3 bestehenden signifikanten Gruppenunterschiede zwischen den Experimentalgruppen 1 und 2 und der Wartekontrollgruppe 3 zu interpretieren, da die Entwicklung von T1 nach T3 recht deutlich verläuft: Während sich die Experimentalgruppen in 9 bzw. 10 von 12 Variablen verbessern, verschlechtert sich die Wartekontrollgruppe in fünf Variablen und weist im übrigen relativ konstante Ergebnisse auf. Diese unterschiedliche Entwicklung wird zwar nicht bei den Differenzwerten von T1 nach T3 signifikant, addiert sich aber mit den bestehenden insignifikanten Ausgangswertunterschieden beim Meßzeitpunkt T3. Trotz des kurzen Meßzeitraumes von T1 nach T3 erweisen sich daher am Ende der Therapie beide Therapiekombinationen auf der Ebene der Persönlichkeitsmaße als der Wartekontrollgruppe überlegen. Wie die univariaten Varianzanalysen (s. Tab. 4) verdeutlichen, sind hierbei vor allem die Variablen FPI 1 ("Nervosität"), FPI 7 ("Dominanzstreben"), FPI 8 ("Gehemmtheit") und FPI M ("Maskulinität") beteiligt. Die Zusatzvariable M (deren eine Ausprägung gekennzeichnet ist durch "zurückhaltend", "schüchtern") besteht überwiegend aus den Items der Variablen 1 und 8 und charakterisiert eine der Variablen 7 ("nachgiebig", "gemäßigt") ähnliche Komponente.

Die Veränderungen der Experimentalgruppen auf der Ebene von relativ stabilen Persönlichkeitsmerkmalen zeigen sich damit im Bereich von Durchsetzungsvermögen, sozialer Kompetenz und in der Verringerung von psychosomatischen Beschwerden (FPI 1 "Nervosität").

Während wir letzteres hauptsächlich auf die durch Konfrontationstherapie verringerten Angstsymptome zurückführen, war der Aufbau von sozialer Kompetenz ein wichtiger Gegenstand der Gruppentherapie.

7.2. **Vergleich der Experimentalgruppen (kombinierte Therapien) mit einer ausschließlich mit Konfrontationstherapie behandelten Kontrollgruppe**

Dieser Vergleich soll die Frage klären, inwieweit unser kombiniertes Therapieprogramm einer reinen Konfrontationstherapie überlegen ist. Analog der bisherigen Darstellung werden wir die Ergebnisse getrennt nach den Meßmittelgruppen beschreiben.

7.2.1. SYMPTOMORIENTIERTE MEßMITTEL

Ergebnisse

Für die Überprüfung der in Kapitel 6.2.1. formulierten Hypothesen wurden wiederum alle Variablen der symptomorientierten Meßmittel in multivariaten Varianzanalysen zusammengefaßt und spezielle Kontraste zwischen den Gruppen 1 und 2 einerseits und der Gruppe 4 andererseits gebildet. Die Ergebnisse finden sich in Tabelle 5.

In Abbildung 15 ist der Verlauf der Variablen für die Gruppen 1 und

174

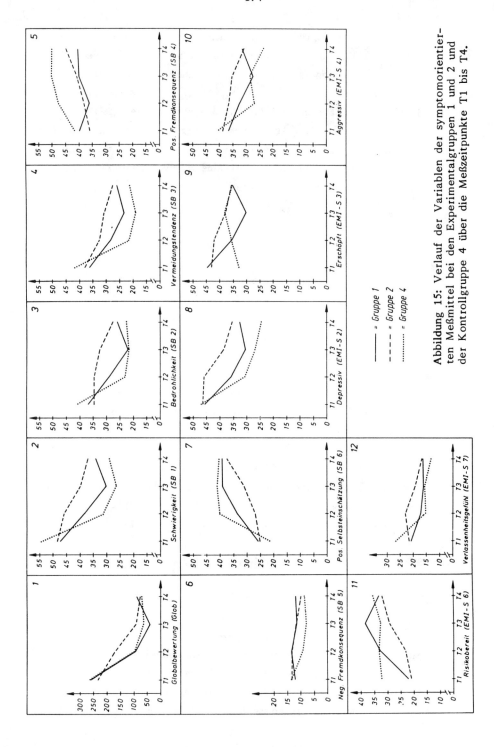

Abbildung 15: Verlauf der Variablen der symptomorientierten Meßmittel bei den Experimentalgruppen 1 und 2 und der Kontrollgruppe 4 über die Meßzeitpunkte T1 bis T4.

2 sowie die Gruppe 4 über die Meßzeitpunkte T1 - T4 dargestellt.

Tabelle 5: Experimentalgruppen 1 und 2 vs. Kontrollgruppe 4:
Symptomorientierte Meßmittel
Meßzeitpunkte T1 - T4
(F-Werte)

Meßzeitpunkt	T1	T1-T2	T2	T2-T3	T3	T3-T4	T4	T1-T3	T1-T4
Gruppe				1+2/4 (N=34)					
multivariat	6.88***	2.29*	1.71	1.16	2.57*	1.02	1.34	2.11*	2.67**
Glob	0.58	4.86*	3.03	1.35	13.48***	2.55	0.18	3.17	0.63
SB 1	4.42*	7.74**	4.28*	0.65	18.56***	1.39	1.21	3.98*	4.64*
2	4.52*	6.83**	5.17*	2.19	16.94***	2.99	0.94	10.53***	4.72
3	1.65	6.54**	5.21*	0.63	23.40***	1.85	1.06	6.60**	3.46*
4	0.98	1.98	8.26**	0.17	10.71***	1.33	6.71**	2.21	3.74*
5	0.30	2.88	5.34**	0.10	6.60**	2.08	3.40*	1.84	2.07
6	0.19	3.82*	5.63**	1.09	17.39***	1.91	0.19	3.61*	0.95
EMI-S 2	0.69	3.54*	6.63**	0.50	17.82***	0.69	2.80	3.36*	2.87
3	8.40**	7.20**	3.63*	3.66*	7.41**	2.35	0.01	4.11*	5.31**
4	1.61	4.94*	3.30*	1.08	4.02	3.72*	3.14	3.60*	3.61*
6	45.68***	3.61*	2.76	1.29	5.97**	1.67	0.23	7.15**	19.77***
7	11.72***	7.69**	6.53**	3.55*	13.13***	0.97	1.64	7.63**	10.81***

Zum Meßzeitpunkt T1 (Ausgangswerte) zeigt sich ein signifikanter Unterschied zwischen Kontrollgruppe 4 und den Experimentalgruppen. Im univariaten Vergleich über die Einzelvariablen ergeben sich statistisch bedeutsame Unterschiede für die Werte der Skalen SB 1 ("Schwierigkeit"), SB 2 ("Bedrohlichkeit"), EMI-S 3 ("erschöpft"), EMI-S 6 ("risikobereit") und EMI-S 7 ("Verlassenheitsgefühl"). Abbildung 15 macht deutlich, daß Gruppe 4 in diesen Variablen mit Ausnahme von EMI-S 3 ("erschöpft") und EMI-S 6 ("risikobereit") ungünstigere Ausgangswerte aufweist als die Experimentalgruppen.

In der **ersten Therapiephase** (T1 - T2) zeigen sich erwartungsgemäß signifikante Unterschiede in den Veränderungen zwischen Gruppe 4 und den Experimentalgruppen. Statistisch absichern läßt sich dieses Ergebnis im univariaten Vergleich für die Differenzwerte aller Variablen mit Ausnahme von SB 4 und 5 (Positive bzw. negative Fremdkonsequenz).Bei allen Variablen mit Ausnahme von EMI-S 3 ("erschöpft") und EMI-S 6 ("risikobereit") schlagen sich diese unterschiedlichen Verbesserungen zugunsten der Gruppe 4 nieder.

Zum Zeitpunkt T2 ergibt sich dagegen kein statistisch bedeutsamer Unterschied zwischen Gruppe 4 und den Experimentalgruppen. Zwar weisen 10 der 12 Einzelvariablen signifikante Unterschiede auf, die sich - wie Abbildung 15 zeigt - auf das erwartete bessere Abschneiden der Gruppe 4 zurückführen lassen; der multivariate Vergleich verfehlt jedoch die 5%-Signifikanzgrenze, so daß diese Unterschiede nicht interpretiert werden können.

Für die **zweite Therapiephase** (T2 - T3) ließen sich keine unterschiedlichen Veränderungen zwischen Gruppe 4 und den Experimentalgruppen feststellen. Die Hypothese einer Überlegenheit der Experimentalgruppen in dieser Therapiephase konnte also nicht bestätigt werden.

Nach Beendigung der Therapie (T3) zeigt der multivariate Vergleich einen signifikanten Unterschied zwischen Gruppe 4 und den Experimentalgruppen. Dies trifft im univariaten Vergleich auf alle Einzelvariablen mit Ausnahme von EMI-S 4 ("aggressiv") zu. Im Gegensatz zu unseren Vermutungen sind diese Unterschiede jedoch auf die Überlegenheit der rein symptomorientiert behandelten Gruppe 4 zurückzuführen. Die behandelte Kontrollgruppe zeigt zum Zeitpunkt T3 in acht Variablen signifikant bessere Ergebnisse als die Experimentalgruppen und ist bei keiner der Variablen unterlegen (vgl. Abb. 15).

Im **Follow-up-Zeitraum** ergeben sich erwartungsgemäß keine unterschiedlichen Veränderungen zwischen den Gruppen. Nach Abschluß der Gesamtuntersuchung T4 ließen sich erwartungswidrig keine statistisch gesicherten Unterschiede zwischen symptomzentriert behandelter Gruppe und den Experimentalgruppen feststellen.

Bei Betrachtung des **gesamten Therapiezeitraumes** (T1 - T3) zeigt der multivariate Vergleich unterschiedliche Differenzwertveränderungen zwischen den Gruppen, die sich auf die Werte aller Einzelvariablen mit Ausnahme von Globalbewertung, SB 4 und 5 ("Positive bzw. negative Fremdkonsequenz") statistisch absichern lassen. Diese unterschiedlichen Veränderungen fallen - wie Abbildung 15 zeigt - überwiegend zugunsten der Gruppe 4 aus.

Für den **gesamten Untersuchungszeitraum** (T1 - T4) ergeben sich ebenfalls signifikante Unterschiede zwischen den Experimentalgruppen und der Gruppe 4, wobei die univariate Varianzanalyse signifikante

Unterschiede für die Werte der Variablen SB 1 ("Schwierigkeit"), SB 3 ("Vermeidungstendenz"), SB 4 ("Positive Fremdkonsequenz"), EMI-S 3 ("erschöpft"), EMI-S 4 ("aggressiv"), EMI-S 6 ("risikobereit") und EMI-S 7 ("Verlassenheitgefühl") aufweist. Abbildung 15 zeigt, daß diese Veränderungen in fünf der genannten acht Variablen als Verbesserungen zugunsten von Gruppe 4 zu sehen sind.

Diskussion

Die oben dargestellten Ergebnisse zeigen, daß unser kombiniertes Therapieprogramm im Bereich der symptomspezifischen Maße insgesamt keine günstigeren Therapieeffekte zeigt als die ausschließliche Behandlung durch Konfrontationstherapie. Unsere Erwartung, daß die Experimentalgruppen sich zum Meßzeitpunkt T4 als überlegen erweisen würden, konnte nicht bestätigt werden.

Auch zum Meßzeitpunkt T3 schneiden nicht, wie erwartet, die Experimentalgruppen besser ab, sondern die Kontrollgruppe 4 mit erheblich günstigeren Werten. Dieses Resultat läßt sich primär durch die unterschiedlichen Mittelwertsveränderungen der Gruppen im Meßzeitraum T1 - T2 erklären: Einer sehr ausgeprägten Angstreduktion in der Kontrollgruppe 4 steht ein deutlich geringerer Angstabbau in den Kombinationsgruppen - auch in der bis zu diesem Zeitpunkt in gleicher Weise behandelten Experimentalgruppe 1 - gegenüber. Dies Ergebnis kann mehrere Gründe haben. Zum einen weist die Kontrollgruppe (ähnlich wie die Wartekontrollgruppe 3; vgl. Kap. 7.1.1.) zu Therapiebeginn in drei Variablen signifikant ungünstigere, gleichzeitig aber in zwei Variablen signifikant günstigere Ergebnisse auf: Wir vermuten bei der Kontrollgruppe einen höheren symptombedingten Leidensdruck (SB 1 "Schwierigkeit", SB 2 "Bedrohlichkeit" und EMI-S 7 "Verlassenheitsgefühl") gepaart mit einer größeren Bereitschaft zur aktiven Angstbewältigung, worauf die Ausprägung der Variablen EMI-S 6 ("risikobereit") hinweist. Es scheint plausibel, daß Konfrontationstherapie bei dieser Kombination eine größere Angstreduktion bewirkt.

Eine andere Erklärung könnte darin bestehen, daß die Wirksamkeit der Konfrontationstherapie im kombinierten Therapieangebot durch die Vorschaltung einer Therapieerklärung, die die Notwendigkeit einer symptomorientierten **und** einer symptomübergreifenden Therapie für einen dauerhaften Therapieerfolg betont, verringert wird (vgl. auch Kap. 7.3.1.). Darüberhinaus werden in Kapitel 8 auf dem Hintergrund der Ergebnisse aller Meßmittel mögliche Konzeptunverträglichkeiten unserer beiden Therapiebestandteile für die Klientinnen und eventuell sogar für unsere Therapeuten zu diskutieren sein.

7.2.2. GENERALISIERUNGSMESSUNG

Ergebnisse

An Generalisierungsmaßen stehen die sechs Variablen des Unsicherheitsfragebogens zur Verfügung, deren Verlauf über die vier Meßzeitpunkte aus Abbildung 16 hervorgeht. Obwohl zum Zeitpunkt T1 relativ große **Ausgangswert**-Unterschiede zwischen den Experimentalgruppen 1 und 2 und der Kontrollgruppe bestehen, verfehlt der multivariate Vergleich[1] die festgelegte Signifikanzgrenze (s. Tab. 6).

In der **ersten Therapiephase** (T1 - T2) entwickelten sich erwartungsgemäß die Experimentalgruppen und die Kontrollgruppe 4 ähnlich; es treten im Durchschnitt leichte, statistisch nicht signifikante Verbesserungen ein. Nach Ende der ersten Therapiephase (T2) haben sich die Ausgangsdifferenzen vergrößert und können erwartungswidrig multivariat gesichert werden. Univariat ist der Unterschied für die Skalen U 1 ("Fehlschlag- und Kritikangst") und U 2 ("Kontaktangst") zugunsten der Kontrollgruppe nachzuweisen.

Entgegen unserer Hypothese ist für den Verlauf der Meßwerte in der **zweiten Therapiephase** (T2 - T3) kein Unterschied zwischen den Gruppen festzustellen. Zum Meßzeitpunkt T3 ist daher der zu T2 bestehende Unterschied zwischen den Gruppen weiterhin erhalten. Auf vier von sechs Skalen (siehe Abb. 16) zeigt die Kontrollgruppe entgegen unseren Vermutungen die günstigeren Werte; für die Variable U 2 ("Kontaktangst") kann der Unterschied auch univariat gesichert werden.

----

[1]Es wurden spezielle Kontraste zwischen den Gruppen 1 und 2 gegen Gruppe 4 berechnet.

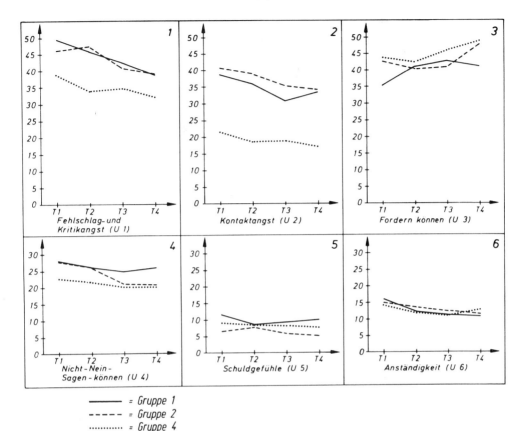

= Gruppe 1
----- = Gruppe 2
.... = Gruppe 4

Abbildung 16: Verlauf der Variablen der Generalisierungsmessung bei den Experimentalgruppen 1 und 2 und der Kontrollgruppe 4 über die Meßzeitpunkte T1 bis T4

Vom Therapieende bis zum ersten **Follow-up** (T3 - T4) ist erwartungsgemäß keine unterschiedliche Entwicklung für die Gruppen festzustellen. Auch zur Nachuntersuchung T4 zeigt die behandelte Kontrollgruppe entgegen unseren Annahmen signifikant bessere Werte als die Experimentalgruppen. Dies gilt vor allem für die Skala U 2 ("Kontaktangst"), auf der auch univariat ein statistisch bedeutsamer Unterschied besteht.

Hinsichtlich der Entwicklung der Differenzwerte über den **Gesamtverlauf der Therapie** (T1 - T3) sowie über den **gesamten Meßzeitraum** (T1 - T4) läßt sich erwartungswidrig kein Unterschied zwischen den Gruppen nachweisen.

Tabelle 6: Experimentalgruppen 1 und 2 vs. Kontrollgruppe 4:
Generalisierungsmessung
Meßzeitpunkte T1 - T4
(F-Werte)

Meßzeitpunkt	T1	T1-T2	T2	T2-T3	T3	T3-T4	T4	T1-T3	T1-T4
Gruppe				1+2/4 (N=34)					
multivariat	2.08	1.34	2.16*	0.93	3.01*	1.18	2.81*	1.15	0.56
U 1	3.04	0.98	3.37*	1.62	3.06	0.12	0.93	0.26	0.51
2	10.84***	0.03	15.20***	0.96	18.40***	0.73	8.64**	0.41	0.11
3	2.08	2.53	0.16	0.62	3.09	3.51*	2.33	2.50	0.02
4	1.72	0.12	0.67	0.85	1.34	0.18	1.18	0.74	1.33
5	0.31	3.02	0.25	1.57	0.82	0.59	4.36*	0.47	0.01
6	0.96	1.10	0.37	0.12	3.27	0.68	0.35	0.88	1.03

Diskussion

Unsere Hypothese, das kombinierte Behandlungsprogramm zeige stärkere Generalisierungseffekte als die reine Konfrontationstherapie, konnte durch die Ergebnisse der Untersuchung nicht gestützt werden. Der zu den Meßzeitpunkten T2, T3 und T4 bestehende signifikante Unterschied zugunsten der behandelten Kontrollgruppe 4 ist zum überwiegenden Teil auf die bereits zum Zeitpunkt T1 bestehenden Ausgangswertunterschiede zurückzuführen und nur zu einem geringen Anteil auf eine deutliche Verbesserung der Kontrollgruppe während des gesamten Meßzeitraumes (vgl. die insignifikanten Ergebnisse der Differenzwerte T1 - T3; bzw. T1 - T4; Tab. 6). Die deutlichsten Unterschiede zugunsten unserer Kontrollgruppe bestehen dabei bei den Variablen U 1 ("Fehlschlag- und Kritikangst") und U 2 ("Kontaktangst").

Die Frage, ob das kombinierte Therapieangebot eine stärkere Generalisierung von der Angstreduktion auf den Bereich der sozialen Sicherheit bewirkt, kann aufgrund der Ausgangswertunterschiede weder verneint noch bejaht werden: So ist es möglich, daß die Klienten beider Experimentalgruppen nur durch die Gruppentherapie die schlechteren Ausgangswerte im Bereich sozialer Angst und Unsicherheit (vgl. Kap. 7.3.2.) im gleichen Ausmaß verbessern konnten wie die nur mit Konfrontationstherapie behandelten Klienten der Kontrollgruppe. Es ist aber auch möglich, daß die Gruppentherapie keine weitere Generalisierungswirkung, die über die der Konfrontationstherapie hinausgeht, bewirkt. In diesem Zusammenhang soll noch einmal auf die deutlicheren Verbesserungen der Kontrollgruppe bei den symptomorientierten Maßen hingewiesen werden (vgl. Kapitel 7.2.1.). Der Gedanke der Generalisierung besagt ja, daß symptomspezifische Verbesserungen einen positiven Einfluß auf andere Störungs- und Lebensbereiche ausüben. Gehen wir von einem linearen Zusammenhang zwischen den Veränderungen der symptomorientierten Maße und denen der Generalisierungsmaße aus (d.h., je größer die Verbesserungen bei den symptomorientierten Maßen sind, umso größer fallen auch die Verbesserungen in anderen Bereichen aus), so erscheinen die Ergebnisse unserer Experimentalgruppen bei der Generalisierungsmessung sogar noch erstaunlich günstig. Mögliche Gründe für das insgesamt trotzdem enttäuschende Ergebnis wurden bereits in Kapitel 7.2.1. diskutiert, so daß wir hier nicht noch einmal darauf zurückkommen.

7.2.3. PERSÖNLICHKEITSMAßE

Ergebnisse

Abbildung 17 zeigt den Verlauf der Variablen des Freiburger Persönlichkeitsinventars[1] der beiden Experimentalgruppen 1 und 2 und der ausschließlich mit Konfrontationstherapie behandelten Kontrollgruppe 4 für die Meßzeitpunkte T1 - T4. Für einen Vergleich dieser drei Gruppen faßten wir jeweils die Absolutwerte der 12 Variablen des Freiburger Persönlichkeitsinventars zu den vier Meßzeitpunkten sowie deren Differenzen in multivariaten Varianzanalysen zusammen.[2]

Erwartungsgemäß bestehen für sämtliche Differenzen zwischen den vier Meßzeitpunkten keine Unterschiede zwischen den Gruppen (ebenso keine für den Meßzeitpunkt T1). Dagegen können erwartungswidrig Unterschiede zwischen den Gruppen zu den Meßzeitpunkten T2 und T4 gesichert werden (s. Tab. 7). Bei Betrachtung der Einzelvariablen

----

[1] Im Gegensatz zu Kapitel 7.3.3. verwenden wir hier die Standard-Nine-Werte.

[2] Bei den Meßzeitpunkten T1, T3 und T4 mußten die Variablen FPI 2, bei T3 zusätzlich FPI 9 wegen mangelnder Varianzhomogenität unberücksichtigt bleiben.

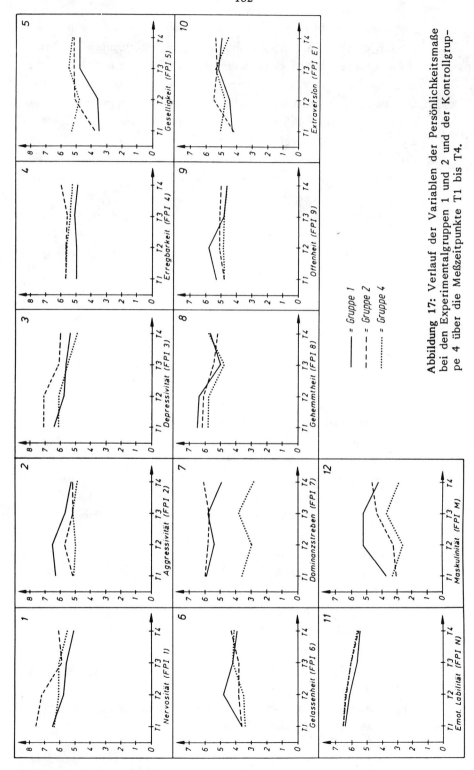

Abbildung 17: Verlauf der Variablen der Persönlichkeitsmaße bei den Experimentalgruppen 1 und 2 und der Kontrollgruppe 4 über die Meßzeitpunkte T1 bis T4.

können wir zu diesen beiden Zeitpunkten signifikante Unterschiede nur in der Variable FPI 7 ("Dominanzstreben") zugunsten der Experimentalgruppe feststellen.

Tabelle 7: Experimentalgruppen 1 und 2 vs. Kontrollgruppe 4:
Persönlichkeitsmaße
Meßzeitpunkte T1 - T4
(F-Werte)

Meßzeitpunkt	T1	T1-T2	T2	T2-T3	T3	T3-T4	T4	T1-T3	T1-T4
Gruppe				1+2/4 (N=34)					
multivariat	1.05	1.01	2.68**	0.88	0.90	0.57	1.94*	0.77	0.68
FPI 1	1.70	0.21	1.46	1.38	0.65	0.59	0.65	2.29	0.54
2	0.52	0.35	1.75	0.74	0.00	0.15	0.19	0.32	0.56
3	1.60	0.35	1.10	0.66	1.64	0.12	0.55	0.10	0.03
4	0.10	0.01	0.47	0.13	0.52	0.35	0.87	0.16	0.58
5	3.06	5.23*	1.44	1.09	0.88	0.03	0.14	1.34	2.97
6	0.32	2.55	1.10	1.24	1.29	0.48	0.10	0.24	0.15
7	5.10*	0.11	6.84**	0.50	4.70*	1.47	8.05**	0.06	0.49
8	2.22	0.03	0.64	0.84	2.77	1.73	0.36	0.87	1.27
9	0.63	0.26	1.33	1.58	0.06	0.01	0.13	0.96	1.08
E	1.08	2.61	0.75	1.11	0.64	0.66	0.37	0.61	2.79
N	0.21	0.02	0.04	0.08	0.16	0.06	0.04	0.08	0.03
M	0.17	3.07	3.22	1.54	0.00	1.41	2.31	2.33	2.75

Diskussion

Am Zustandekommen der Gruppenunterschiede zu den Meßzeitpunkten T2 und T4 ist im wesentlichen die Variable FPI 7 ("Dominanzstreben") beteiligt. Abbildung 17 zeigt, daß bei dieser Variablen bereits zum Zeitpunkt T1 große, univariat signifikante Ausgangswertunterschiede zwischen den Experimentalgruppen 1 und 2 und der Kontrollgruppe 4 bestehen, die sich über den gesamten Meßzeitraum nicht verändern. Während die Experimentalgruppen weitgehend im mittleren Normbereich (54%) liegen, ist die Kontrollgruppe mit Stanine-Werten z.T. unter 3 (12%) sehr "nachgiebig", "rücksichtsvoll" und "gemäßigt". Alle anderen Variablen des Freiburger Persönlichkeitsinventars weisen nur geringe Unterschiede auf, wobei zu keinem Zeitpunkt die Überlegenheit einer der drei Gruppen feststellbar ist. Dieses Ergebnis entspricht - abgesehen von der o.g. Ausnahme - durchaus unseren Erwartungen, die deutliche Unterschiede zwischen den Gruppen erst zum Drei-Jahres-Follow-up annehmen.

7.3.   Vergleich der Therapieabfolgen Konfrontationstherapie – Gruppenthe-
        rapie und Gruppentherapie – Konfrontationstherapie

7.3.1. SYMPTOMORIENTIERTE MEßMITTEL

Ergebnisse

In Abbildung 18 sind die Verläufe der Einzelvariablen für die Gruppen
1 und 2 über die vier Meßzeitpunkte dargestellt. Zur Berechnung von
Unterschieden zwischen den Meßzeitpunkten wurden alle 14 Variablen
der symptomorientierten Meßmittel (Globalbewertung, Situationsbewertungsskala, Emotionalitätsinventar-S) mit dem HOTELLING-T^2-Test
geprüft.[1] Bei Vorliegen eines signifikanten Unterschiedes wurde zur
weiteren Analyse der t-Test für die jeweilige Einzelvariable herangezogen (vgl. Kapitel 5.6.).

Die Überprüfung der **Ausgangswertunterschiede** (T1) mit dem HO-
TELLING-T^2-Test ergibt keine signifikanten Unterschiede zwischen
den Experimentalgruppen.

Im **ersten Therapieabschnitt** (T1 – T2) zeigt die Gruppe 1 die erwartete signifikante Verbesserung der Angstsymptomatik (s. Tabelle 8).
Die univariate Auswertung der Einzelvariablen (t-Test) ergibt stati-
stisch bedeutsame Veränderungen für die Werte der Skalen Global-
bewertung, SB 2 ("Bedrohlichkeit"), SB 3 ("Vermeidungstendenz"),
EMI-S 1 ("ängstlich"), EMI-S 2 ("depressiv"), EMI-S 3 ("erschöpft"),
EMI-S 5 ("optimistisch") und EMI-S 7 ("Verlassenheitsgefühl") (siehe
Tabelle 8, Spalte 1). Bei der Experimentalgruppe 2 fanden sich erwar-
tungsgemäß keine statistisch bedeutsamen Unterschiede zwischen den
Messungen (s. Tab. 8, Spalte 2).

Vergleicht man die Veränderungen der beiden Gruppen von T1 – T2
miteinander, so ergibt sich der vermutete signifikante Unterschied
zugunsten der Gruppe 1 (s. Tab. 8, Spalte 3). Abgesichert werden

----

[1] Für die Berechnung der Unterschiede zwischen den Meßzeitpunkten
innerhalb der einzelnen Gruppen mußten wegen des geringen Stichprobenumfangs jeweils die Variablen der Globalbewertung und der
Situationsbewertungsskala sowie die Variablen des Emotionalitätsinventar-S zu einer Gruppe zusammengefaßt werden (vgl. Kap. 5.6.).

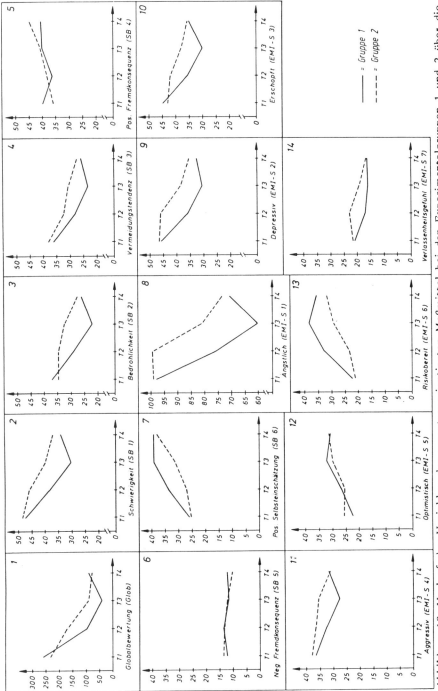

Abbildung 18: Verlauf der Variablen der symptomorientierten Meßmittel bei den Experimentalgruppen 1 und 2 über die Meßzeitpunkte T1 bis T4.

konnte dieses Ergebnis für die Einzelvariablen Globalbewertung, SB 2 ("Bedrohlichkeit"), SB 4 ("Positive Fremdkonsequenz"), EMI-S 1 ("ängstlich"), EMI-S 2 ("depressiv"), EMI-S 3 ("erschöpft), EMI-S 5 ("optimistisch"), EMI-S 6 ("risikobereit") und EMI-S 7 ("Verlassenheitsgefühl").

Tabelle 8: Experimentalgruppen 1 vs. 2:
Symptomorientierte Meßmittel
Meßzeitpunkte T1 vs. T2

Meßzeitpunkt Gruppe	T1 - T2 Gr. 1 (N=10)	T1 - T2 Gr. 2 (N=10)	T1 - T2 Gr.1/2(N=20)	T2 Gr.1/2 (N=20)
multivariat (F-Wert)	9.43**[1] 13.06*[2]	1.87[1] 1.17[2]	11.29*	7.03*
univariat (t-Wert)				
Glob	5.98***	2.59*	2.86**	- 2.22*
SB 1	2.12	0.75	1.24	- 1.62
2	3.13*	0.00	2.33*	- 1.78
3	2.56*	3.04*	0.66	- 1.40
4	1.94	- 1.10	2.11*	- 0.59
5	- 1.31	0.18	- 1.00	0.28
6	- 1.66	- 0.93	- 1.19	2.20*
EMI-S 1	5.69***	- 0.09	4.35***	- 3.14**
2	3.80**	0.41	3.09**	- 2.93**
3	2.94*	0.69	2.32*	- 2.03
4	2.00	0.78	0.52	- 1.08
5	- 3.03*	0.20	- 2.59*	0.63
6	- 3.28**	- 1.33	- 2.28*	2.11*
7	3.19*	- 0.89	2.63*	- 3.26**

[1] für die Variablengruppen Glob/SB

[2] für die Variablengruppe EMI-S

Am Ende der ersten Therapiephase (Meßzeitpunkt T2) unterscheiden sich die Gruppen 1 und 2 wie erwartet signifikant voneinander (s. Tab. 2, Spalte 4). Die Überprüfung der Einzelvariablen ergab bedeutsame Unterschiede für die Werte der Skalen Globalbewertung, SB 6 ("Positive Fremdeinschätzung"), EMI-S 1 ("ängstlich"), EMI-S 2 ("depressiv"), EMI-S 6 ("risikobereit") und EMI-S 7 ("Verlassenheitsgefühl").

Auch für die **zweite Therapiephase** (Meßzeitraum T2 - T3) weist die multivariate Prüfung eine nicht erwartete weitere signifikante Verbesserung der Gruppe 1 auf. Hier lassen sich statistisch bedeutsame Verbesserungen für die Einzelvariablen Globalbewertung, SB 1 ("Schwierigkeit"), SB 2 ("Bedrohlichkeit"), SB 3 ("Vermeidungstendenz"), SB 5 ("Negative Fremdkonsequenz"), SB 6 ("Positive Selbsteinschätzung"), EMI-S 1 ("ängstlich"), EMI-S 4 ("aggressiv") und EMI-S 5 ("optimistisch") aufzeigen (s. Tab. 9, Spalte 1). Für Experimentalgruppe 2 dagegen ergeben sich im zweiten Therapieabschnitt erwartungswidrig keine signifikanten Verbesserungen (s. Tab. 9, Spalte 2) der symptomorientierten Maße.

Tabelle 9: Experimentalgruppen 1 vs. 2:
Symptomorientierte Meßmittel
Meßzeitpunkte T2 vs. T3

Meßzeitpunkt Gruppe	T2 - T3 Gr.1 (N=10)	T2 - T3 Gr.2 (N=10)	T2 - T3 Gr.1/2 (N=20)	T3 Gr.1/2 (N=20)
multivariat (F-Wert)	9.21*[1] 6.84*[2]	0.54[1] 1.42[2]	5.45	8.75*
univariat (t-Wert)				
Glob	2.60*	2.62*	- 0.62	- 1.65
SB 1	3.24**	2.01	0.60	- 2.25*
2	3.19*	1.07	1.49	- 2.72*
3	2.51*	0.65	0.94	- 1.86
4	- 2.20	- 1.60	- 0.54	- 0.41
5	3.84**	1.61	0.52	- 0.10
6	- 3.24**	- 1.83	- 0.42	2.88**
EMI-S1	3.29**	2.75*	0.17	- 2.61*
2	1.85	2.36*	- 0.44	- 1.54
3	2.16	1.53	0.27	- 1.93
4	3.10*	0.37	1.08	- 3.39**
5	- 2.41*	- 2.21	0.63	0.75
6	- 2.19	- 1.67	0.07	2.05
7	1.23	- 1.51	1.38	- 2.04

[1]für die Variablengruppen Glob/SB

[2]für die Variablengruppe EMI-S

Die Überprüfung unterschiedlicher Veränderungen der beiden Gruppen
in dieser Therapiephase wird entgegen unseren Erwartungen nicht
signifikant (s. Tab. 9, Spalte 3).

Am Ende der Therapie (Meßzeitpunkt T3) zeigt sich erneut ein in
dieser Deutlichkeit nicht erwarteter signifikanter Unterschied zugunsten der Therapieabfolge Konfrontationstherapie – Gruppentherapie
(Gruppe 1) (s. Tab. 9, Spalte 4). Unterschiede lassen sich für die
Variablen SB 1 ("Schwierigkeit"), SB 2 ("Bedrohlichkeit"), SB 6
("Positive Selbsteinschätzung"), EMI-S 1 ("ängstlich") und EMI-S 4
("aggressiv") aufzeigen.

Im **Follow-up-Zeitraum** (T3 – T4) ergibt die Überprüfung mit dem
HOTELLING-T^2-Test erwartungsgemäß keine weitere Veränderung
der Experimentalgruppe 1. Gruppe 2 dagegen zeigt unerwartet eine
statistisch bedeutsame Steigerung des Therapieerfolges (s. Tab. 10,
Spalte 2). Der Vergleich der Veränderungen beider Gruppen in diesem
Meßzeitraum fällt ebenso unerwartet zugunsten der Gruppe 2 aus (s.
Tab. 10, Spalte 3). Die Überprüfung der Einzelvariablen ergibt hier
signifikante Unterschiede für die Werte der Skalen SB 2 ("Bedrohlichkeit") und EMI-S 4 ("aggressiv").

Nach Abschluß der Gesamtuntersuchung (Meßzeitpunkt T4) haben
sich die Meßwerte der beiden Gruppen in fast allen Variablen soweit
angenähert (vgl. Abb. 18), daß erwartungswidrig keine Unterschiede
im Therapieerfolg mehr bestehen.

Tabelle 10: Experimentalgruppen 1 vs. 2:
Symptomorientierte Meßmittel
Meßzeitpunkte T3 vs. T4

Meßzeitpunkt Gruppe	T3 - T4 Gr.1 (N=10)	T3 - T4 Gr.2 (N=10)	T3 - T4 Gr.1/2 (N=20)	T4 Gr.1/2 (N=20)
multivariat (F-Wert)	1.28' 1.55²	0.60' 43.12*²	21.03*	0.31
univariat (t-Wert)				
Glob	- 1.74	0.71	- 1.80	0.33
SB 1	- 1.01	1.16	- 1.47	- 0.46
2	- 1.35	2.60*	- 2.56*	- 0.42
3	- 0.09	1.79	- 1.71	- 0.38
4	- 0.19	- 1.94	1.25	- 1.66
5	- 0.69	1.57	- 1.65	1.41
6	- 0.09	- 2.13	1.66	0.32
EMI-S1	- 1.22	1.46	- 1.89	- 0.25
2	- 0.58	1.03	- 1.11	- 0.53
3	- 1.37	0.64	- 1.43	- 0.08
4	- 2.39*	1.32	- 2.29*	0.11
5	0.47	- 1.28	1.11	- 0.09
6	1.35	- 1.03	1.70	0.20
7	- 0.28	1.58	- 1.47	- 0.20

[1]für die Variablengruppen Glob/SB

[2]für die Variablengruppe EMI-S

Bei Betrachtung des **gesamten Therapiezeitraumes** (T1 – T3) ergibt sich folgendes Bild:

Tabelle 11: Experimentalgruppen 1 vs. 2:
Symptomorientierte Meßmittel
Meßzeitpunkte T1 vs. T3

Meßzeitpunkt Gruppe	T1 – T3 Gr.1 (N=10)	T1 – T3 Gr.2 (N=10)	T1 – T3 Gr.1/2(N=20)
multivariat (F-Wert)	26.39*[1] 41.05*[2]	18.02*[1] 3.45 [2]	9.78*
univariat (t-Wert)			
Glob	9.56***	5.72***	2.23*
SB 1	4.92***	3.11*	2.01
2	5.65***	0.92	3.38**
3	5.00***	2.29*	1.35
4	- 0.13	- 3.40**	1.65
5	0.77	1.69	- 0.57
6	- 2.56*	- 2.34*	- 1.23
EMI-S 1	6.10***	2.46*	2.74*
2	5.20***	2.17	1.55
3	3.92**	1.57	1.58
4	7.98***	1.88	2.64*
5	- 4.24**	- 1.53	- 2.01
6	- 4.33**	- 2.61*	- 1.61
7	4.23**	1.58	1.40

[1] für die Variablengruppen Glob/SB

[2] für die Variablengruppe EMI-S

Gruppe 1 zeigt die erwartete signifikante Verbesserung der Angst-symptomatik. Im univariaten Vergleich der Einzelvariablen lassen sich für alle Skalen mit Ausnahme von SB 4 ("Positive Fremdkonsequenz") und SB 5 ("Negative Fremdkonsequenz") zumeist hochsignifikante Veränderungen aufweisen.

Für Gruppe 2 können im Gesamtverlauf – wie vermutet – ebenfalls signifikante Therapieerfolge festgestellt werden. Statistisch absichern läßt sich diese Verbesserung jedoch nur im HOTELLING-T²-Test der Variablengruppen Globalbewertung und Situationsbewertung. Hier

zeigen sich bedeutsame Veränderungen für die Einzelvariablen Globalbewertung, SB 1 ("Schwierigkeit"), SB 3 ("Vermeidungstendenz"), SB
4 ("Positive Fremdkonsequenz") und SB 6 ("Positive Selbsteinschätzung"). Die ebenfalls signifikanten Unterschiede in den Skalen EMI-S
1 ("ängstlich") und EMI-S 6 ("risikobereit") können aufgrund des
insignifikanten HOTELLING-T^2-Tests nicht berücksichtigt werden.

Auch über den **Gesamtverlauf der Untersuchung** (T1 - T4) zeigen
sich für beide Experimentalgruppen die vermuteten signifikanten
Therapieerfolge (s. Tab. 12).

Tabelle 12: Experimentalgruppen 1 vs. 2:
Symptomorientierte Meßmittel
Meßzeitpunkte T1 vs. T4

Meßzeitpunkt Gruppe	T1 - T4 Gr.1 (N=10)	T1 - T4 Gr.2 (N=10)	T1 - T4 Gr.1/2 (N=20)
multivariat (F-Wert)	18.74*[1] 33.21*[2]	29.57*[1] 16.22*[2]	4.23
univariat (t-Wert)			
Glob	4.85***	6.72***	0.33
SB 1	4.18**	2.89*	0.37
2	5.13***	2.67*	1.13
3	3.60**	3.37**	- 0.05
4	- 0.55	- 3.42**	2.84*
5	0.39	2.74*	- 2.14*
6	- 3.07*	- 3.41**	- 0.11
EMI-S 1	3.61**	3.13*	0.14
2	4.78***	2.99*	0.39
3	3.46**	1.93	0.46
4	2.88*	1.98	- 0.60
5	- 4.60***	- 2.31*	- 0.97
6	- 3.10*	- 3.88**	0.04
7	3.47**	2.50*	- 0.13

[1] für die Variablengruppen Glob/SB

[2] für die Variablengruppe EMI-S

Die t-Tests für die Einzelvariablen weisen bei Gruppe 1 für alle Skalen mit Ausnahme von SB 4 und 5 ("Positive bzw. negative Fremdkonsequenz") überwiegend hochsignifikante Ergebnisse aus. Der univariate Vergleich zeigt bei Gruppe 2 für alle Skalen mit Ausnahme von EMI-S 3 ("erschöpft") und EMI-S 4 ("aggressiv") statistisch bedeutsame Verbesserungen.

Unterschiede zwischen den Veränderungen beider Gruppen über den gesamten Untersuchungszeitraum können nicht abgesichert werden.

Diskussion

Die Ergebnisse beim Vergleich der beiden Experimentalgruppen entsprechen nur in der ersten Therapiephase voll unseren Erwartungen: Hier zeigt sich auf der symptomorientierten Meßebene der erwartete deutliche Unterschied zwischen der Konfrontations- und der Gruppentherapie zugunsten der Konfrontationstherapie (Gruppe 1). Bei dieser Gruppe, die in der ersten Phase Konfrontationstherapie und erst dann Gruppentherapie erhielt, überrascht in der zweiten Therapiephase die nochmalige signifikante Verbesserung, die in dieser Deutlichkeit speziell bei den symptomorientierten Meßmitteln von uns nicht erwartet wurde. Bei Gruppe 2 (Gruppentherapie - Konfrontationstherapie) überrascht vor allem die relative Wirkungslosigkeit der Konfrontationstherapie in der zweiten Therapiephase. Eine erste mögliche Erklärung sehen wir darin, daß die vorangegangene Gruppentherapie eine komplexere Problemsicht und damit geringere Erfolgsaussichten für ein symptomorientiertes Vorgehen vermittelt. Bei Einbeziehung des Follow-up-Zeitraumes ergeben sich weitere Aspekte: In diesem Zeitraum verbessert sich Gruppe 2 zum erstenmal signifikant, während Gruppe 1 stabil bleibt bzw. sich tendenziell verschlechtert. Die unerwarteten Verbesserungen von Gruppe 1 in der zweiten Therapiephase (nach der Konfrontationstherapie) und von Gruppe 2 im Follow-up-Zeitraum (ebenfalls nach der Konfrontationstherapie) legen die Vermutung nahe, daß es sich hierbei um verzögerte Auswirkungen (carry-over-Effekte) der Konfrontationstherapie handelt. Zwar haben wir solche Effekte bisher bei früheren Konfrontationstherapien nicht beobachten können (vgl. BARTLING, FIEGENBAUM & KRAUSE, 1980a, sowie Kap. 7.2.1.) und auch aus der Literatur sind uns keine entsprechenden

Hinweise bekannt. Doch ist zu berücksichtigen, daß Agoraphobikern bislang überlicherweise ausschließlich das Angebot einer Konfrontationstherapie gemacht wurde, während in unserer Untersuchung Gruppentherapie und Konfrontationstherapie als zwei sich ergänzende Bestandteile einer Gesamttherapie konzipiert waren. Das Angebot einer solchen kombinierten Therapie wurde möglicherweise von den Klienten beider Gruppen unterschiedlich genutzt. Eindrücke aus den Therapien stützen diese Vermutung: So zeigten die Klienten der Gruppe 1 im Anschluß an die Konfrontationstherapie einerseits eine durchweg euphorische Grundstimmung, andererseits war eine relativ geringe Motivation festzustellen, anschließend in der Gruppentherapie dann auch noch an "weiteren Problemen" zu arbeiten.[1] Dagegen wurde bei Gruppe 2 schon nach der ersten Gruppentherapiesitzung, die ja die Problemsicht erweitern sollte, eine insgesamt abwartende Haltung deutlich, die sich auch noch nach der Konfrontationstherapie zeigte; die häufig nach Konfrontationstherapien zu beobachtende euphorische Stimmung war nicht vorzufinden. Diese Beobachtungen stimmen mit den Ergebnissen speziell der symptomorientierten Maße recht gut überein und können auch plausibel machen, warum bei Gruppe 1 die Auswirkungen der Gruppentherapie - entgegen unseren Erwartungen - nicht zu einer weiteren Verbesserung im Follow-up-Zeitraum führten.

Bei Betrachtung aller Variablen der symptomorientierten Meßmittel (s. Abb. 18) fällt der sehr einheitliche Verlauf von 12 der 14 Variablen[2] auf. Ausnahme sind - wie bereits in Kapitel 6.3.1. vermutet - die Variablen SB 4 und 5 ("Positive bzw. negative Fremdkonsequenz"), die nicht zu den symptomorientierten Variablen im engeren Sinne gezählt werden können. Wir sehen in der einheitlichen Struktur bei gleichzeitig stets großen Unterschieden zwischen den Gruppen oder Meßzeitpunkten erste Hinweise auf die differentielle Validität der verwendeten Meßmittel und ihre geringe Anfälligkeit gegenüber Meßfehlern wie z.B. Regressionseinflüssen.

----

[1]Ein weiterer Beleg hierfür mag die relativ hohe Quote der fehlenden Klienten bei den Gruppentherapiesitzungen der Experimentalgruppe 1 sein.

[2]SB 6 ("Positive Selbsteinschätzung"), EMI-S 5 ("optimistisch") und EMI-S 6 ("risikobereit") weisen eine umgekehrte Polung auf.

7.3.2. GENERALISIERUNGSMESSUNG

Ergebnisse

Abbildung 19 gibt einen ersten Überblick über den Verlauf der neun Variablen der Generalisierungsmessung (Depressionsskala, Hostilitäts-fragebogen, Unsicherheitsfragebogen). Im multivariaten Vergleich der beiden Experimentalgruppen mit dem HOTELLING-T^2-Test gehen jeweils alle neun Variablen der Generalisierungsmessung ein.[1]

Der **Vergleich der Ausgangswerte** (T1) zeigt keinen statistisch bedeutsamen Unterschied zwischen den beiden Experimentalgruppen.

Entgegen unseren Hypothesen weist Gruppe 1 bereits nach Abschluß der **ersten Therapiephase** (= Konfrontationstherapie) eine signifikante Verbesserung auf der Ebene der Generalisierungsmaße auf:

Tabelle 13: Experimentalgruppen 1 vs. 2: Generalisierungsmessung Meßzeitpunkte T1 vs. T2

Meßzeitpunkt Gruppe	T1 - T2 Gr.1 (N=10)	T1 - T2 Gr.2 (N=10)	T1 - T2 Gr.1/2 (N=20)	T2 Gr.1/2 (N=20)
multivariat (F-Wert)	6.36*[1] 14.06*[2]	0.97[1] 0.37[2]	1.22	0.28
univariat (t-Wert)				
Depr	5.52***	3.18*	0.31	- 1.27
Host 1	- 0.42	- 0.09	- 0.15	- 0.72
2	1.07	0.28	0.82	- 1.11
U 1	1.07	- 0.29	0.87	- 0.27
2	0.55	0.45	0.14	- 0.70
3	- 2.53*	0.82	- 2.21*	0.28
4	1.18	0.75	0.11	0.03
5	1.98	- 0.91	2.08	0.64
6	2.64*	0.84	1.19	- 0.74

[1]für die Variablengruppen Depr/Host

[2]für die Variablengruppe U

----

[1]Bei einem Vergleich von Meßzeitpunkten innerhalb einer Experimentalgruppe wurden wegen des kleinen Stichprobenumfangs jeweils die Variablen der Depressionsskala und des Hostilitätsfragebogens sowie die des Unsicherheitsfragebogens zusammengefaßt.

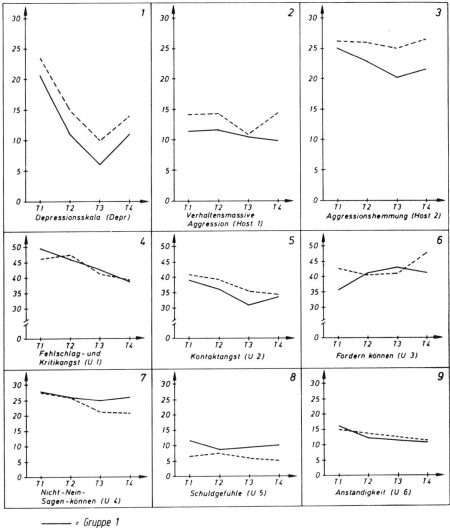

Abbildung 19: Verlauf der Variablen der Generalisierungsmessung bei den Experimentalgruppen 1 und 2 über die Meßzeitpunkte T1 bis T4.

Die univariate Prüfung zeigt hierbei vor allem einen signifikanten Abfall der Werte der Depressionsskala sowie Verbesserungen auf den Skalen U 3 ("Fordern können") und U 6 ("Anständigkeit"). Im Gegensatz zu Gruppe 1 ergibt der HOTELLING-T^2-Test bei Gruppe 2 nach Abschluß der ersten Therapiephase (= Gruppentherapie) erwartungsgemäß keine statistisch bedeutsamen Veränderungen. Trotz dieses nicht erwarteten Unterschiedes zwischen den beiden Gruppen bleibt der Vergleich zum Meßzeitpunkt T2 insignifikant. Auch unterscheiden sich die beiden Gruppen nicht hinsichtlich der Veränderungen von T1 nach T2.

In der **zweiten Therapiephase** (T2 - T3) können in Gruppe 1 bei der Generalisierungsmessung keine weiteren Verbesserungen verzeichnet werden:

Tabelle 14: Experimentalgruppen 1 vs. 2:
Generalisierungsmessung
Meßzeitpunkte T2 vs. T3

Meßzeitpunkt Gruppe	T2 - T3 Gr.1 (N=10)	T2 - T3 Gr.2 (N=10)	T2 - T3 Gr.1/2 (N=20)	T3 Gr.1/2 (N=20)
multivariat (F-Wert)	0.81[1] 0.93[2]	5.01**[1] 2.67[2]	2.10	2.22
univariat (t-Wert)				
Depr	2.55*	3.29**	0.29	- 1.60
Host 1	0.78	1.30	- 0.64	- 0.16
2	1.60	0.42	0.72	- 2.44*
U 1	1.11	1.89	- 0.66	0.33
2	1.80	1.34	0.40	- 0.77
3	- 0.88	- 0.24	- 0.28	0.59
4	0.91	2.78*	- 1.73	1.06
5	- 0.76	1.68	- 1.78	2.31*
6	0.48	1.46	- 0.24	- 0.53

[1] für die Variablengruppen Depr/Host

[2] für die Variablengruppe U

Für Gruppe 2 ergibt der HOTELLING-T^2-Test für die Depressionsskala und die beiden Skalen des Hostilitätsfragebogens eine signifikante Veränderung von T2 nach T3. Die weitere Analyse mittels t-Test zeigt, daß sich besonders die Werte der Depressionsskala verbessert haben. Die Variablen des Unsicherheitsfragebogens weisen dagegen bei multivariater Überprüfung keine signifikanten Veränderungen für Gruppe 2 auf.

Vergleicht man die Entwicklung der beiden Experimentalgruppen in der zweiten Therapiephase miteinander, so zeigt sich kein statistisch gesicherter Unterschied. Auch zum Meßzeitpunkt T3 sind die Unterschiede zwischen den Gruppen entsprechend unseren Vermutungen insignifikant.

Vom **Ende der Therapie** (T3) bis zum **3-Monats-Follow-up** (T4) treten in beiden Experimentalgruppen keine statistisch bedeutsamen Veränderungen auf:

Tabelle 15: Experimentalgruppen 1 vs. 2:
Generalisierungsmessung
Meßzeitpunkte T3 vs. T4

Meßzeitpunkt Gruppe	T3 - T4 Gr.1 (N=10)	T3 - T4 Gr.2 (N=10)	T3 - T4 Gr.1/2 (N=20)	T4 Gr.1/2 (N=20)
multivariat (F-Wert)	0.42' 1.18²	0.69' 1.43²	4.39*	5.50*
univariat (t-Wert)				
Depr	- 1.52	- 1.11	- 0.17	- 0.88
Host 1	0.21	- 1.06	0.69	- 1.06
2	- 0.90	- 0.69	0.04	- 1.78
U 1	0.94	0.94	0.38	- 0.07
2	- 0.72	0.40	- 0.82	- 0.17
3	0.75	- 4.18**	2.99**	- 2.05
4	- 0.49	0.13	- 0.58	1.26
5	- 0.77	0.68	- 0.99	2.87*
6	0.76	1.37	- 0.26	- 0.50

[1]für die Variablengruppen Depr/Host

[2]für die Variablengruppe U

Jedoch zeigt sich ein signifikanter Unterschied zwischen den beiden Gruppen in Bezug auf die Veränderung der Werte von T3 nach T4. Die Meßwertverläufe (vgl. Abb. 19) zeigen, daß sich beide Gruppen - jede für sich signifikant - entgegengesetzt entwickeln. So weist Gruppe 2 leichte Verbesserungen oder einen stabilen Verlauf bei sieben Variablen auf. Für Gruppe 1 trifft dies nur bei drei Variablen zu; die übrigen zeigen z.T. deutliche Verschlechterungen. Diese entgegengesetzte Entwicklung ist besonders deutlich auf der Skala U 3 ("Fordern-Können"); hier wird die unterschiedliche Veränderung der Gruppen von T3 nach T4 auch univariat signifikant.

Zum Meßzeitpunkt T4 besteht ein multivariat gesicherter Unterschied zwischen den Experimentalgruppen, dessen Interpretation schwierig ist, da die univariate Betrachtung z.T. für die Gruppe 1 (Depressionsskala, Host 2 "Aggressionshemmung") und z.T. für die Gruppe 2 (U 3 "Fordern-Können", U 4 "Nicht-Neinsagen-Können" und U 5 "Schuldgefühle") die besseren Ergebnisse erbringt.

Über den **Gesamtzeitraum der Therapie** (T1 - T3) zeigen beide Experimentalgruppen erwartungsgemäß Verbesserungen bei den Variablen der Generalisierungsmessung. Bei univariater Betrachtung gilt dies besonders für beide Gruppen hinsichtlich der Depressionsskala, darüber hinaus bei Gruppe 1 für die Variable Host 2 ("Aggressionshemmung") und U 1 ("Fehlschlag- und Kritikangst"), U 2 ("Kontaktangst"), U 3 ("Fordern-Können") und U 6 ("Anständigkeit") (siehe Tab. 16).

Obwohl sich in Gruppe 1 sechs der neun Variablen signifikant in die erwartete Richtung veränderten und in Gruppe 2 dies nur für zwei Variablen[1] gesichert werden konnte, unterscheiden sich die Gruppen hinsichtlich ihrer Veränderung von T1 nach T3 nicht.

----

[1]Davon ist nur eine interpretierbar, da für den Unsicherheitsfragebogen bei Gruppe 2 keine multivariat gesicherte Veränderung vorliegt.

Tabelle 16: Experimentalgruppen 1 vs. 2:
Generalisierungsmessung
Meßzeitpunkte T1 vs. T3

Meßzeitpunkt Gruppe	T1 - T3 Gr.1 (N=10)	T1 - T3 Gr.2 (N=10)	T1 - T3 Gr.1/2 (N=20)
multivariat (F-Wert)	6.84*[1] 17.43*[2]	5.71*[1] 1.63 [2]	2.81
univariat (t-Wert)			
Depr	6.97***	4.32**	0.46
Host 1	0.49	1.43	- 0.71
2	3.16*	0.56	1.49
U 1	2.91*	1.52	0.46
2	2.36*	1.88	0.56
3	- 2.55*	0.52	- 2.10*
4	1.35	3.32**	- 1.10
5	1.49	1.00	0.92
6	3.85**	1.64	1.09

[1] für die Variablengruppe Depr/Host

[2] für die Variablengruppe U

Die Veränderungen der Werte über den **gesamten** Untersuchungszeitraum (T1 - T4, siehe Tabelle 17) können entgegen unseren Erwartungen für keine der beiden Experimentalgruppen statistisch gesichert werden.

Tabelle 17: Experimentlgruppen 1 vs. 2:
Generalisierungsmessung
Meßzeitpunkte T1 vs. T4

Meßzeitpunkt Gruppe	T1 - T4 Gr.1 (N=10)	T1 - T4 Gr.2 (N=10)	T1 - T4 Gr.1/2(N=20)
multivariat (F-Wert)	1.47[1] 1.87[2]	1.69[1] 1.41[2]	1.02
univariat (t-Wert)			
Depr	4.11**	2.42*	0.21
Host 1	0.60	- 0.17	0.61
2	2.03	- 0.24	1.59
U 1	2.49*	2.19	0.68
2	1.12	2.29*	- 0.21
3	- 2.82*	- 1.84	- 0.14
4	0.75	3.06*	- 1.31
5	0.96	1.00	0.04
6	3.40**	2.15	0.80

[1] für die Variablengruppe Depr/Host

[2] für die Variablengruppe U

Diskussion

Die Ergebnisse der Generalisierungsmessung, die die Auswirkungen der Therapie auf andere Bereiche als die Angstproblematik erfassen sollte, entsprechen nur bedingt unseren Erwartungen. Wir hatten die Hypothese formuliert, daß weder Konfrontationstherapie noch Gruppentherapie allein signifikante Veränderungen bewirken, daß jedoch beide Kombinationsformen über den Gesamttherapiezeitraum (T1 bis T3) zu Unterschieden in allen Variablen der Generalisierungsmessung führen. Zwar konnten in beiden Gruppen über den Gesamttherapiezeitraum signifikante Verbesserungen der Generalisierungsmaße festgestellt werden, doch sind diese nicht auf die Kombination von Gruppentherapie und Konfrontationstherapie zurückzuführen. Sie sind allein der Konfrontationstherapie zuzuschreiben, da bedeutsame Veränderungen nur zum Abschluß dieser Phase der Therapie gemessen werden konnten. Dies scheint darauf hinzuweisen, daß die Konfrontationstherapie zumindest kurzfristig stärkere Generalisierungseffekte bewirkt als die Gruppentherapie. Dabei ist zu berücksichtigen, daß die nach Therapieende (T3) bestehenden Verbesserungen zum Zeitpunkt T4 nicht mehr gesichert werden können, was im wesentlichen durch die heterogene Entwicklung der Variablen bedingt erscheint: Betrachtet man Abbildung 19 und vergleicht sie mit der Entwicklung der symptomorientierten Meßmittel in Abbildung 18, so wird der erheblich uneinheitliche Verlauf bei den Variablen der Generalisierungsmessung deutlich. Wir wollen deshalb die drei Meßinstrumente der Generalisierungsmessung im Hinblick auf unsere Hypothesen noch einmal gesondert betrachten.

Die deutlichsten Veränderungen weisen in beiden Gruppen und in beiden Therapiephasen die Werte der Depressionsskala[1] auf; ein Hinweis dafür, daß depressive Verstimmungen sowohl durch die in der Konfrontationstherapie wiedergewonnenen Freiräume als auch durch Erfahrungen in der Gruppentherapie verändert werden können.

Die Werte des Hostilitätsfragebogens weisen in beiden Variablen entgegen unseren Hypothesen keinerlei Veränderungen auf. Da diese Variablen jeweils zusammen mit der Depressionsskala in die multivariate Auswertung eingehen, verringerten sie für die Depressionsskala häufig deren univariat signifikanten Ergebnisse.

Beim Unsicherheitsfragebogen kann nur die Experimentalgruppe 1 von der Gesamttherapie profitieren, die Verbesserungen treten hauptsächlich während der ersten Therapiephase (Konfrontationstherapie) auf.

Betrachtet man diese Ergebnisse im Zusammenhang mit den Befunden in den symptomorientierten Meßmitteln (vgl. Kap. 7.3.1.) so scheint die Abfolge Konfrontationstherapie - Gruppentherapie durch ihre bis zum Zeitpunkt T3 deutlich besseren Ergebnisse auf der symptomorientierten Meßebene auch die bessere Generalisierungswirkung zu haben. Eine Ausnahme bildet die Depressionsskala: Hier bringt die Abfolge Gruppentherapie - Konfrontationstherapie ähnlich gute Ergebnisse.

----

[1]Bei univariater Prüfung in jeweils beiden Gruppen von T1 nach T2, von T2 nach T3, von T1 nach T3 und von T1 nach T4 signifikant (vgl. Tabellen 13, 14, 16, 17). Die Verschlechterung von T3 nach T4 ist insignifikant.

Man könnte folgern, daß der subjektiv erlebte Anstieg der sozialen Kompetenz und Selbstsicherheit stark von der phobischen Symptomreduktion abhängig ist, während eine Reduzierung depressiver Verstimmung auch weitgehend unabhängig hiervon erfolgen kann.

7.3.3. PERSÖNLICHKEITSMAßE

Ergebnisse

Abbildung 20 gibt einen Überblick über den Verlauf der Einzelvariablen zu den vier Meßzeitpunkten. Für die Berechnung der Unterschiede zwischen den Experimentalgruppen bzw. den Meßzeitpunkten wurden jeweils die Variablen des IPC-Frageboegns zu Kontrollüberzeugungen, des Freiburger Persönlichkeitsinventars und des Gießen-Tests zusammengefaßt.[1]

Die Überprüfung mit dem HOTELLING-T^2-Test ergab keine **Ausgangswertunterschiede** (T1) zwischen den Experimentalgruppen.

Darüberhinaus fanden sich erwartungsgemäß für beide Gruppen keine Veränderungen zwischen den Meßzeitpunkten T1 und T2, T2 und T3, T3 und T4 und T1 und T3, ebenso keine Unterschiede zwischen den Veränderungen beider Gruppen. Nur bedingt unseren Erwartungen entspricht, daß auch bei Betrachtung des gesamten Untersuchungszeitraumes (T1 - T4) weder Veränderungen der Einzelgruppen noch Unterschiede zwischen den Veränderungen beider Gruppen mit dem HOTELLING-T^2-Test statistisch gesichert werden können.

Wie Tabelle 18, Spalte 3, zeigt, bestehen auch bei univariater Auswertung (t-Test) zwischen den Gruppen praktisch keine Unterschiede in der Veränderung von T1 nach T4, und die Gruppen unterscheiden sich zum Zeitpunkt T4 nicht voneinander (s. Tab. 18, Spalte 4).

----

[1] Bei einzelnen Meßzeitpunkten mußten die Variablen FPI 2, 5, 7, 9 und M sowie GT 8 wegen Verletzung der Normalverteilungsvoraussetzung unberücksichtigt bleiben. Für den hier hauptsächlich interessierenden Vergleich von T1 mit T4 gilt dies für die Variablen FPI 2, 5, M und GT 8. Bei Berechnungen innerhalb einer Gruppe mußte wegen der kleineren Stichprobengröße der FPI geteilt werden.

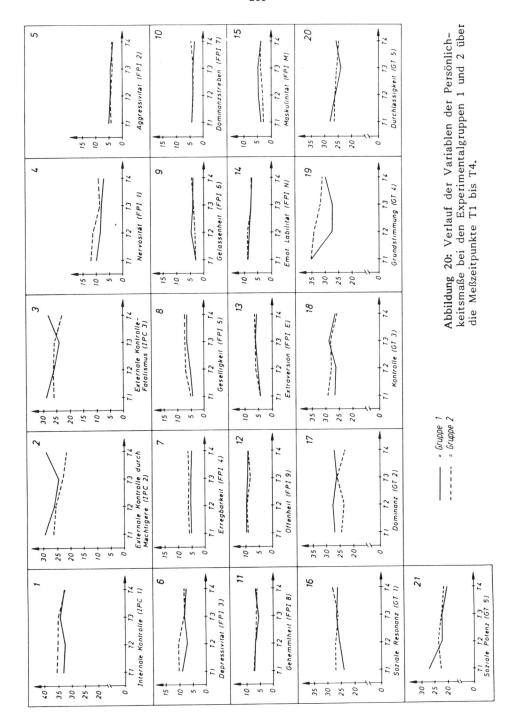

Abbildung 20: Verlauf der Variablen der Persönlichkeitsmaße bei den Experimentalgruppen 1 und 2 über die Meßzeitpunkte T1 bis T4.

——— = Gruppe 1
– – – – = Gruppe 2

Tabelle 18: Experimentalgruppen 1 vs. 2:
Persönlichkeitsmaße
Meßzeitpunkte T1 vs. T4

Meßzeitpunkt Gruppe	T1 - T4 Gr.1(N=10)	T1 - T4 Gr.2 (N=10)	T1 - T4 Gr.1/2(N=20)	T4 Gr.1/2(N=20)
multivariat (F-Wert)	1.21^2 1.17^3 1.77^4 1.64^6	1.38^2 3.43^3 1.98^4 0.83^6	0.55^2 0.17^4 1.30^5	1.51^2 0.90^6 0.63^5
univariat (t-Wert)				
IPC 1	0.27	1.04	- 0.81	0.06
2	0.62	2.03	1.14	2.10*
3	0.18	1.01	0.62	1.63
FPI 1	2.61*	2.79*	- 0.13	- 1.31
2	1.10	0.47	0.80	- 0.29
3	1.53	1.69	- 0.31	- 0.32
4	0.36	- 0.45	0.57	- 1.17
5	- 2.37*	- 2.93*	0.34	- 0.46
6	- 1.00	- 3.28**	0.75	- 0.53
7	0.80	- 0.35	0.84	- 1.11
8	1.56	3.10*	- 0.88	0.49
9	1.71	0.62	0.32	0.07
E	- 1.65	- 2.48*	0.58	- 0.39
N	3.14*	1.86	0.19	- 0.20
M	0.00	- 3.00*	1.29	- 0.15
GT 1	- 0.88	- 0.88	- 0.37	0.96
2	0.00	0.82	- 0.67	1.31
3	0.26	4.45**	- 2.24*	0.33
4	4.79***	3.23**	0.96	- 0.77
5	1.94	1.85	0.60	0.26
6	2.21	0.78	1.48	- 0.33

[1] Bei einer Gruppe bzw. einem Meßzeitpunkt besteht keine Normalverteilung der Variablen

[2] für die Variablengruppe IPC

[3] für die Variablengruppe FPI 1-6

[4] für die Variablengruppe FPI 7-M

[5] für die Variablengruppe GT

[6] für die Variablengruppe FPI 1-M

Diskussion

Im Vergleich mit den bisher diskutierten Meßmitteln zeigen die Persönlichkeitsmaße die geringsten Veränderungen zwischen den Meßzeitpunkten bzw. die geringsten Unterschiede zwischen den Gruppen.

Sowohl der Therapiezeitraum (T1 - T3) als auch die Drei-Monats-Katamnese (T3 - T4) sind vermutlich zu kurz, als daß sich hier schon Auswirkungen zeigen könnten. Auch differentielle Wirkungen der beiden Therapiekomponenten Konfrontationstherapie bzw. Gruppentherapie sind freilich unter diesen Bedingungen von T1 - T2 bzw. T2 - T3 noch nicht zu beobachten. Bei Betrachtung des Gesamtzeitraumes (T1 - T4) ergeben sich nur tendenzielle Ansätze für eine in beiden Gruppen fast gleiche Veränderung (vgl. Tab. 18). Die Frage, welche Abfolge der Therapiekomponente günstiger ist, läßt sich somit mit den Persönlichkeitsmaßen und bis zum Zeitpunkt T4 nicht beantworten. Davon unabhängig und bei Einschränkung auf die mindestens bei univariater Auswertung statistisch gesicherten Verbesserungen ergibt sich das folgende Bild: Beide Gruppen verbessern sich signifikant in den Variablen FPI 1 ("Nervosität"), FPI 5 ("Geselligkeit") und GT 4 ("Grundstimmung"). Während mit "Nervosität" vor allem die psychosomatische Gestörtheit erfaßt wird, kennzeichnet "Geselligkeit" im FPI vorrangig das Kontaktbedürfnis (im Gegensatz zu FPI 8 "Kontaktfähigkeit"). Wir führen beide Ergebnisse im wesentlichen auf den Wegfall der starken Angstempfindungen (mit ihren physiologischen Begleiterscheinungen) und das damit verbundene Aufgeben des Vermeidungsverhaltens zurück, das viele Klienten an den Ort oder die Wohnung fesselt.

Als emotionales Korrelat dieser Veränderungen läßt sich die verbesserte "Grundstimmung" (GT 4) interpretieren. Sie scheint im Vergleich zu den anderen Variablen der Persönlichkeitsmaße besonders veränderungssensitiv zu sein: Beim Wechsel der beiden Therapiebestandteile (T2, vgl. Abb. 20) zeigt sie die größten Unterschiede zwischen den Experimentalgruppen (zugunsten der Konfrontationstherapie; p = 0.01).

Während Gruppe 1 sich darüber hinaus nur noch im Faktor "Emotionale Labilität" (FPI N) verbessert, weist Gruppe 2 mit Verbesserungen im Faktor FPI 6 ("Gelassenheit"), FPI 8 ("Gehemmtheit") und FPI E ("Extraversion") das insgesamt etwas günstigere Bild auf.[1] Die Unter-

----

[1] Die Veränderungen bei den anderen Faktoren bleiben im mittleren Normbereich und sind deshalb weder als Verbesserungen noch als Verschlechterungen zu werten.

schiede sind aber bei multivariater Auswertung nicht signifikant und dürfen daher nicht interpretiert werden.

7.4.   Therapieabbrecher

Ergebnisse

In der **ersten Therapiephase** brechen insgesamt fünf Klientinnen (20%) die Therapie ab. Alle fünf Klientinnen entstammen der Experimentalgruppe 1 (Abfolge Konfrontationstherapie – Gruppentherapie) und in allen Fällen wurde die Therapie unmittelbar nach der Sitzung "Erklärung von Verhaltensanalyse und Therapie", also vor der Intensivphase der Konfrontationstherapie, abgebrochen. Der numerische Unterschied zwischen den beiden Experimentalgruppen kann erwartungsgemäß mit dem Vierfelder-Chi-Quadrat-Test[1] auf dem 5-%-Signifinazniveau gesichert werden.

In der **zweiten Therapiephase** brachen erwartungsgemäß keine weiteren Klientinnen die Therapie ab.

Vergleichen wir die Abbrecher mit den Klientinnen, die die Therapie bis zum vorgesehenen Ende durchführen, im Hinblick auf die Symptomdauer und auf die in Kapitel 6.4. diskutierten Variablen, können multivariat keine Unterschiede gesichert werden. Wegen der mit N = 5 sehr geringen Stichprobengröße seien hier auch die univariat zu sichernden Unterschiede betrachtet: Die Abbrecher sind signifikant weniger "psychosomatisch gestört" (FPI 1), weniger "depressiv" (FPI 3) und weniger "gehemmt" (FPI 8), weniger "offen" (FPI 9), weniger "emotional labil" (FPI N) und zeigen im Unsicherheitsfragebogen die günstigeren Werte in den Variablen U 1 ("Fehlschlag- und Kritikangst") und U 6 ("Anständigkeit").[2]

----

[1]Chi² = 21,6 bei einer Stichprobe von 20 Klienten
Chi² = 12,5 bei einer Stichprobe von 25 Klienten

[2]d.h. in diesem Zusammenhang, sie sind weniger an starren Anstandsregeln orientiert

Diskussion

Die niedrige Abbrecherquote von 20% liegt im Rahmen unserer Erwartungen: Sie liegt für die Experimentalgruppe mit 33,7% allerdings höher als bei vergleichbaren Untersuchungen mit Konfrontationstherapien (BARTLING et al., 1980a: 10,0%; BARLOW et al., 1981: 22,0%). Positiv ist der Umstand zu werten, daß sämtliche Abbrecher die Therapie vor der Intensivphase abbrachen, denn ein Abbruch während des Intensivtrainings könnte für die Klienten zu einer Verschlimmerung der Angstsymptomatik führen. Wenngleich wegen der fehlenden multivariat gesicherten Unterschiede nur mit Vorsicht zu interpretieren, so weisen die Abbrecher vor allem im Freiburger Persönlichkeitsinventar die günstigeren Werte auf und können als weniger gestört bezeichnet werden. Das heißt u.E., daß Klienten mit geringem Leidensdruck bzw. weniger generalisierten Störungen vor der bedrohlich erscheinenden Konfrontationstherapie eher ausweichen und die Alternative der weiteren Vermeidung wählen. Dies gilt jedoch nur für solche Klienten, die mit der symptomzentrierten Behandlung beginnen, denn in Experimentalgruppe 2 (Abfolge Gruppentherapie - Konfrontationstherapie) bricht kein Klient - auch nicht vor Beginn der Konfrontationstherapie in Phase 2 - die Therapie ab. Es scheint, als motiviere die Gruppentherapie auch diejenigen Klienten mit geringem Leidensdruck dazu, sich der Konfrontationstherapie auszusetzen. Unter diesem Aspekt kann die Gruppentherapie als eine gute Vorbereitung auf die Konfrontationstherapie bezeichnet werden. Die Therapieabfolge Gruppentherapie - Konfrontationstherapie ist vom Standpunkt der Abbrecherquote eindeutig der Abfolge Konfrontationstherapie - Gruppentherapie vorzuziehen.

8.   ZUSAMMENFASSENDE DISKUSSION

Die Vielzahl der Ergebnisse läßt es sinnvoll erscheinen, zunächst die Wirkungen der Konfrontationstherapie und der Gruppentherapie gesondert zu besprechen (Kapitel 8.1. und 8.2.). Anschließen wird sich eine kurze Analyse der Gesamtergebnisse im Hinblick auf die drei Meßmittelgruppen (Kapitel 8.3.). In Kapitel 8.4. folgt die abschließende Diskussion der Untersuchungsfragen dieser Arbeit, und Kapitel 8.5. bietet einen Ausblick auf Implikationen für die weitere therapeutische Praxis und klinische Forschung, während in Kapitel 8.6. eine erste differentielle Analyse der Ergebnisse vorgenommen wird.

8.1.   Effekte der Konfrontationstherapie

Die Auswirkungen der Konfrontationstherapie in den beiden Experimentalgruppen 1 und 2 sowie in der Kontrollgruppe 4 sind sehr uneinheitlich:

- Gruppe 1 (Zeitraum T1 - T2): Die vor der Gruppentherapie stattfindende Konfrontationstherapie erbringt eine starke Angstreduktion mit gleichzeitiger Generalisierung vor allem auf depressive Verstimmungen und soziale Kompetenz.

- Gruppe 2 (Zeitraum T2 - T3): Die nach der Gruppentherapie liegende Konfrontationstherapie zeigt bis auf eine Verbesserung des Depressionswertes keinerlei Auswirkungen.

- Gruppe 4 (Zeitraum T1 - T2): Die alleinige Durchführung einer Konfrontationstherapie bewirkt eine starke Angstreduktion, deren Höhe über die beider kombinierter Theapieabfolgen deutlich hinausgeht.

Die in der Literatur fast durchgängig beschriebene hohe Wirksamkeit konfrontativer In-Vivo-Verfahren (vgl. MARKS et al., 1971; BOULOU-GOURIS et al., 1971; ULLRICH & ULLRICH DE MUYNCK, 1974; EMMELKAMP 1974; EMMELKAMP & WESSELS, 1975; MATHEWS et al., 1976; JOHNSTON et al., 1976) kann somit in unserer Untersuchung in dieser allgemeinen Form nicht bestätigt werden. Bei der Suche nach Erklärungen für das oben zusammengefaßte Ergebnis der Konfrontationstherapien müssen u.E. folgende Aspekte diskutiert werden:

Ausgangswertprobleme

Unterschiedliche Ausgangswerte können möglicherweise zu dem besseren Abschneiden der Kontrollgruppe 4 gegenüber den beiden Experimentalgruppen beitragen. Sie können hingegen nicht die unterschiedlichen Ergebnisse der Experimentalgruppen erklären, da zwischen diesen beiden keinerlei Ausgangswertunterschiede bestehen. Zum Zeitpunkt T1 ergeben sich folgende Unterschiede zwischen den Gruppen 1 und 2 einerseits sowie der Kontrollgruppe 4 andererseits: Die Kontrollgruppe schätzt die "Schwierigkeit" der phobischen Situation, ihre "Bedrohlichkeit" und das "Verlassenheitsgefühl" in dieser Situation höher ein als die Experimentalgruppen. Gleichzeitig weist sie höhere Ausprägungen bei "Risikobereitschaft" und "dynamisch-aktiver Reaktion" auf.[1]

Nach unseren Erfahrungen sind die letztgenannten Variablen gute Indikatoren für eine aktive Auseinandersetzung mit den Ängsten während der Konfrontationstherapie, die neben Vertrauen in die Wirksamkeit auch einen gewissen Mut und eine Handlungsorientiertheit erfordert. Andererseits deuten die erstgenannten Variablen u.E. entweder auf einen höheren Leidensdruck hin oder auf eine höhere Bereitschaft, sich selbst die empfundenen Einschränkungen einzugestehen. Beides sind wichtige Voraussetzungen für die innere Akzeptanz der Konfrontationstherapie durch den Klienten, die in der Regel große Erwartungsängste bei ihm auslöst. Die spezielle Kombination der oben dargestellten Klienteneingangsmerkmale in der Kontrollgruppe 4 im Vergleich zu den Experimentalgruppen legt den Schluß nahe, Gruppe 4 speziell bei der Konfrontationstherapie als bevorteilt anzusehen und damit zumindest einen Teil ihrer besseren Ergebnisse zu erklären. Auf eine Gewichtung dieses Faktors kommen wir bei der abschließenden Diskussion noch zurück.

"Carry-Over"-Effekte

Bei der unmittelbaren Abfolge zweier Therapieverfahren im Rahmen einer Kombinationstherapie besteht die Möglichkeit, daß verzögerte

----

[1]Diese Unterschiede können in dem in Kapitel 5.3.2. beschriebenen tendenziell unterschiedlichen Bildungsniveau begründet sein.

Effekte des jeweils ersten Verfahrens Auswirkungen auf das Ergebnis des zweiten haben. Für die Konfrontationstherapie lassen sich derartige Effekte durch den Vergleich der auf die **Konfrontationstherapie folgenden Meßzeiträume** diskutieren. Dies sind:

- für Gruppe 1: Meßzeitraum T2 - T3 (Gruppentherapie)
- für Gruppe 2: Meßzeitraum T3 - T4 (Katamnese)
- für Gruppe 4: Meßzeitraum T2 - T3 (Katamnese)

Hier muß für Gruppe 2 ein etwa doppelt so langer Abstand zwischen den Messungen berücksichtigt werden wie bei den Gruppen 1 und 4.

Gruppe 1 verbessert sich in den symptomorientierten Meßmitteln erneut deutlich im Zeitraum T2 - T3, Gruppe 2 ebenso im Follow-up-Zeitraum, hier allerdings nur in den sieben Variablen des Emotionalitätsinventars; bei der Kontrollgruppe 4 hingegen treten keine Veränderungen auf. Die Befunde der Gruppen 1 und 2 bei den symptomorientierten Meßmitteln widersprechen unseren in Kapitel 6 formulierten Erwartungen zu Veränderungen während des Gruppentherapie- bzw. des Katamnese-Zeitraumes.

Unsere Erwartungen werden andererseits auch gestützt: Die Gruppentherapie erbringt keine Besserung, wenn sie als erste stattfindet, ebenso wie der Katamnesezeitraum, wenn er auf die Gruppentherapie folgt. Es liegt deshalb die Vermutung nahe, daß es sich bei den hier vorliegenden Verbesserungen um verzögerte Effekte der vorangegangenen Konfrontationstherapie handelt. Dagegen sprechen allerdings die gleichbleibenden Werte der symptomorientierten Meßmittel bei der Gruppe 4, deren Meßzeitraum mit dem der Gruppe 1 völlig übereinstimmt. In die Überlegungen sollte einbezogen werden, daß sich die Gruppen 1 und 2 von der Kontrollgruppe 4 auch durch das dem Klienten vermittelte Modell zur Erklärung des therapeutischen Vorgehens unterscheiden, das bei den Experimentalgruppen zwangsläufig eine kombinierte Therapie begründete, bei der Kontrollgruppe dagegen die alleinige Konfrontationstherapie (vgl. Kapitel 4.4.). Dieser Unterschied zusammen mit weiteren noch zu diskutierenden Aspekten lassen es uns plausibel erscheinen, die Ergebnisse auf die Einflüsse unterschiedlicher Therapieerklärungsmodelle auf die Klientenerwartungen zurückzuführen. Da dieser Ansatz über das Modell "verzögerter Effekte" hinausgeht, wollen wir ihn unter dem Punkt "Klientenerwartungen" noch ausführlich diskutieren.

Konzeptunverträglichkeiten

Der Grundgedanke der kombinierten Therapie war es, als Mangel empfundene Defizite der Konfrontationstherapie durch das Angebot der Gruppentherapie zu kompensieren. Bei der Konzeption der Gruppentherapie (vgl. Kapitel 4.3.) bestand ein Problem darin, das prinzipielle Vorgehen beider Verfahren anzugleichen. Die Konfrontationstherapie ist stark handlungsorientiert, fördert ein offensives Herangehen an Probleme und besitzt ein einfaches, leicht nachvollziehbares Therapieprinzip. Bei der Gruppentherapie ließ sich die Handlungsorientiertheit ebenso wie das offensive Herangehen an Probleme durch Rollenspiele, strukturierte Übungen und Hausaufgaben weitmöglichst annähern. Das Vorgehen während der Therapiestunden war überwiegend durch verbale Interaktionen gekennzeichnet. Sinn der Gruppentherapie war vor allem eine vertiefende Problemeinsicht und Ausdifferenzierung der Erklärungsmodelle für die eigenen Störungen (soziale Kompetenz, Partnerschaft, generalisierte Bewältigungsstrategien), die unter dem Aspekt ihrer Komplexität im Gegensatz zur Therapierationale des Konfrontationstrainings stehen und die symptomzentrierte Behandlung sogar in Frage stellen könnten. Die angestrebte Harmonisierung war somit - sollte nicht der Sinn der Gruppentherapie oder der Konfrontationstherapie verlorengehen - nur bis zu einer gewissen Grenze möglich. Für eine solche Konzeptunverträglichkeit spricht die Beobachtung, daß die Klienten der Gruppe 2 im Vergleich zur Kontrollgruppe, aber auch zur Gruppe 1 (mit initialer Konfrontationstherapie), eine durchwegs weniger euphorische Grundstimmung im Anschluß an die ersten Konfrontationen sowie ein häufigeres Hinterfragen der bisher erreichten Erfolge zeigten. Dies könnte das ungünstigere Abschneiden der Gruppe 2 während der Konfrontationstherapie (T2 - T3) erklären.

Die Bedeutung der Reihenfolge zweier kombinierter Verfahren wird auch in der Untersuchung von COBB et al. (1980; siehe auch MARKS, 1981) deutlich. COBB et al. (1980) verglichen in einem Überkreuz-Versuch die Effekte von Partnertherapie und Konfrontationstherapie bei Agoraphobikern miteinander: Die Konfrontationstherapie war weniger effektiv, wenn sie der Partnertherapie folgte, als wenn sie dieser voranging. Auch bei diesem Ergebnis mögen die diskutierten

Konzeptunverträglichkeiten eine Rolle spielen. Die Autoren verglichen die beiden Abfolgen jedoch nicht mit einer ausschließlich konfrontativ behandelten Kontrollgruppe, die bei uns, entgegen unseren Erwartungen, die besten Ergebnisse erzielte.

Wir können darüber hinaus nicht ausschließen, daß auch unsere studentischen Therapeuten Probleme mit der Integration beider Konzepte hatten. Die acht Therapeuten, die beide Therapieformen durchführten, hatten zwar eine entsprechend notwendige längere Vorbereitungszeit; dies schließt jedoch nicht aus, daß Therapeuten, die nur Konfrontationstherapie erlernten und als Behandlungsmethode der Wahl für Agoraphobiker betrachteten (Gruppe 4), diese möglicherweise überzeugter und damit eventuell auch wirksamer durchführen konnten. Anhaltspunkte für derartige Vermutungen haben wir während der Therapiedurchführung allerdings nicht gewinnen können. Wir werden im übrigen auf Einflüsse durch Therapeutenvariablen noch bei der Diskussion der Gesamtergebnisse zurückkommen.

Erwartungen der Klienten

Der Begriff der 'Erwartung' (expectancy) spielt eine wichtige Rolle in allen kognitiven Lern- und Motivationstheorien. Orientiert an ROTTERs Sozialer Lerntheorie (ROTTER, 1954) wollen wir Erwartung definieren als die subjektiv erlebte Wahrscheinlichkeit eines Individuums, mit der ein bestimmtes Verhalten in einer gegebenen Situation bekräftigt werden wird.

Auf die therapeutische Situation übertragen definiert HALDER (1977) die "prognostische Erwartung" als die "Hoffnung oder Überzeugung, daß ein positives oder negatives Endergebnis der Therapie erzielt werden wird" (HALDER, 1977, S. 28). Es wird angenommen, daß die prognostische Erwartung in der Therapie neben den sogenannten spezifischen Wirkmechanismen der Therapiemethode einen bedeutenden, z.T. entscheidenden Einfluß auf den Therapieerfolg haben kann.

Die Wirkung subjektiver Klientenvariablen in der Therapie wurde bislang überwiegend indirekt durch Befunde zu placebogenen Faktoren und Placeboreaktionen zu belegen versucht: Eine Vielzahl solcher

Placebo-Untersuchungen aus der pharmakologischen, medizinischen und sozialpsychologischen Forschung bestätigen den Einfluß (induzierter) Erwartungen einer Versuchsperson auf - überwiegend kurzfristige - Änderungen im Verhalten und Erleben (vgl. ROSS & OLSON, 1981). Diese Befunde sollten unter zwei Gesichtspunkten betrachtet werden:

Einerseits scheint die Gleichsetzung placebogener Faktoren mit therapeutischer Einflußnahme, speziell Erfolgserwartungsinduktionen, generell problematisch:[1] Letztendlich könnte jede therapeutische Intervention als Placebo betrachtet werden. Andererseits weisen diese Untersuchungen auf die immense Bedeutung subjektiver Patientenvariablen hin. Es gilt, diese subjektiven Variablen zu spezifizieren und - statt sie als unspezifische (Stör-) Variablen zu betrachten - langfristig als spezifische Variablen zu nutzen.

Für In-Sensu-Konfrontationen ließ sich nachweisen, daß die Bewertung des Verfahrens als therapeutische Behandlung, die Induktion von Erfolgserwartung und die Verdeutlichung des zugrundeliegenden Therapieprinzips den Therapieerfolg positiv beeinflussen (KIRCHNER & HOGAN, 1966; MARKS, 1972; DEE, 1972). EMMELKAMP & EMMEL-KAMP-BENNER (1975) sowie EMMELKAMP & WESSELS (1975) fanden bei Konfrontationstherapien in Vivo einen Zusammenhang zwischen Therapiezielerwartung zu Beginn der Behandlung und Therapieerfolg.

Dieser Aspekt zeigt zum Teil Überschneidungen mit dem vorigen Abschnitt, da die zu Beginn der Therapie vermittelten Therapiekonzepte und deren eventuelle Unverträglichkeit naturgemäß auch die Erwartungen der Klienten beeinflussen. Während wir aber im vorigen Abschnitt innere Inkonsistenzen des kombinierten Programms diskutierten, wollen wir hier die Gesamtwirkung des Modells zur Erklärung der Therapieprinzipien betrachten. Den Gruppen 1 und 2 wurde - vereinfacht dargestellt - vermittelt, daß die Konfrontationstherapie dazu dient, das Symptom Angst zu reduzieren bzw. zu beseitigen. Da pho-

----

[1] Auch ROSS & OLSON (1981) bezweifeln, daß ihr für die Sozialpsychologie entwickeltes Erwartungs-Attributions-Modell für Placeboeffekte auf klinische Phänomene übertragbar ist: "...there is little evidence for the therapeutic value of the expectancy-attribution model." (S. 434)

bische Ängste jedoch sowohl eine Reihe von Begleit- als auch Folgesymptomen aufweisen, gehe es in der Gruppentherapie darum, diese
zu bearbeiten, um einen langfristigen Therapieerfolg sicherzustellen.
Demgegenüber erhielt Kontrollgruppe 4 nur den sich auf die Konfrontationstherapie beziehenden Teil der oben genannten Erklärung. Beide
Varianten haben möglicherweise im Hinblick auf die Erwartungen
des Klienten unterschiedliche Implikationen:

- Generelle Erfolgserwartung: Da die erste Form der Erklärung
  mehrere und komplexere Inhalte vermittelt, ist eine Besserung
  der Symptomatik aus der Sicht des Klienten eventuell schwieriger zu ereichen. Auf der anderen Seite darf natürlich die Erklärung von Entstehungsbedingungen der Störung und Wirkung der
  Therapie nicht so "banal" sein, daß sie der subjektiv vom Klienten
  erlebten Schwere und Komplexität des Symptoms nicht gerecht
  werden kann.

- Schnelligkeit des Erfolges: Diese Einschätzung hängt eng mit der
  oben genannten zusammen, d.h. Klienten können erwarten, daß
  nach einer der beiden Therapieformen auch erst die "Hälfte"
  des Erfolgs erreicht ist.

- Verständlichkeit und Nachvollziehbarkeit der Therapieerklärung:
  Es kann sein, daß die komplexere Form u.E. hohe Stringenz der
  Therapieerklärung für Konfrontationstherapien aufhebt und damit
  weniger überzeugend und weniger wirksam macht.

Die genannten Faktoren lassen es durchaus plausibel erscheinen, daß
die Angstreduktion durch das Kombinationsprogramm wesentlich langsamer erfolgt (Gruppen 1 und 2) als durch die Konfrontationstherapie,
wobei sich im Endergebnis (zum Katamnese-Zeitpunkt T4) die Gruppen
in den symptomorientierten Maßen wieder annähern.

8.2. Effekte der Gruppentherapie

Bevor wir die Ergebnisse in Bezug auf die Untersuchungsfragen abschließend diskutieren, wollen wir in gleicher Weise wie bei den Konfrontationstherapien die Auswirkungen der Gruppentherapien diskutieren. Da sich eine Reihe von Aspekten lediglich aus der Umkehrung
des zu den Konfrontationstherapien Gesagten ergeben, werden wir
hier nur neue Gesichtspunkte aufgreifen.

Auch die Gruppentherapie bringt während der ihr zugeordneten Meßzeiträume unterschiedliche Ergebnisse:

- Gruppe 1 (Zeitraum T2 - T3): Die nach der Konfrontationstherapie stattfindende Gruppentherapie erbringt eine hohe Angstreduktion bei den symptomorientierten Meßmitteln.

- Gruppe 2 (Zeitraum T1 - T2): Die vor der Konfrontationstherapie
  stattfindende Gruppentherapie erbringt keinerlei Veränderungen.

Ausgangswertprobleme

Die Ausgangswerte beider Gruppen unterscheiden sich in keiner der
abhängigen Variablen.

"Carry-Over"-Effekte

Bei Betrachtung der auf die Gruppentherapie folgenden Meßzeiträume
(Gruppe 1: Katamnese-Zeitraum T3 - T4; Gruppe 2: Konfrontations-
therapie T2 - T3) zeigen die symptomorientierten Meßmittel keinerlei
Veränderungen, die Generalisierungsmaße eine Verbesserung der
Depressionswerte bei Gruppe 2 während der Konfrontationstherapie.
Wir schätzen - aufgrund der insgesamt sehr geringen Wirkungen in
diesen Zeiträumen - verzögerte Auswirkungen der vorhergehenden
Gruppentherapie als eher gering ein.

Konzeptunverträglichkeiten

Wir beobachteten bei den Klienten, die eine Gruppentherapie im Anschluß an die Konfrontationstherapie erhielten, ein relativ geringes
Interesse, an weiteren Problemen mit den von der Gruppentherapie
angebotenen Methoden zu arbeiten. Bei den meisten Klienten herrschte
u.E. die Einstellung vor, mit dem Wegfall der Angste seien alle
Probleme beseitigt. Sollten neue Probleme auftauchen, würde man
sie mit den bewährten Methoden (offensives sofortiges Angehen)
bewältigen. Die eingesetzten Verfahren mit der problemlöseorientierten Gruppentherapie wirkten - vielleicht mit Ausnahme der Rollenspiele - demgegenüber eher blaß und diffizil. Ihre vom Klienten empfundene Wirksamkeit war zudem in der Intensität und Schnelligkeit
mit der der Konfrontationen nicht zu vergleichen, so daß sie weiter

an Attraktivität verloren. Deutliches Zeichen war hierfür auch die gegenüber der initialen Gruppentherapie erheblich höhere Ausfallquote der Klienten. Wir hatten zum Teil den Eindruck, die Abwesenheitsquote bei dieser Gruppe wäre noch höher gewesen, wenn nicht andererseits ein Gefühl der Verpflichtung gegenüber der Institution, die die erfolgreiche Gesamttherapie angeboten hatte, bestanden hätte. Bei der Bewertung dieser Beobachtungen sind zwei Aspekte zu unterscheiden:

(1) Konzeptunverträglichkeiten im weiter oben diskutierten Sinne. D.h., das Konfrontationstraining ist für die meisten Klienten ein so einschneidendes Ereignis, daß dagegen die Gruppentherapiemethoden und "Interventionsversuche auf kognitiver Ebene filigran und wirkungslos anmuten" (ROJAHN, 1982, S. 54).[1]

(2) Wegfall des aktuellen Leidensdrucks. Die meisten Klienten stehen nach der Konfrontationstherapie unter dem Eindruck der stark erweiterten, wiedergewonnenen Lebensmöglichkeiten. Diese häufig als euphorisch beschriebene Phase (BARTLING et al., 1980a) scheint besonders bei Klienten mit langer Symptomdauer wenig geeignet, Probleme im interaktionellen Bereich zu bearbeiten. Der Klient macht in dieser Zeit häufig auch im Sozialbereich neue Erfahrungen, die ihm wenig plausibel erscheinen lassen, hier an weiteren Problemen arbeiten zu sollen: Er nimmt in seiner aktuellen Situation zunächst keine wichtigen Probleme wahr. Man kann sicherlich gut nachvollziehen, daß er nach meist jahrelangen massiven Problemen auch kein Interesse hat, sich bei deren Wegfall in der Gruppentherapie sofort nach neuen "umzusehen".

Festzuhalten bleibt, daß wir aufgrund der vorliegenden Ergebnisse die unmittelbare Abfolge einer Gruppentherapie nach einer Konfrontationstherapie nicht für sinnvoll halten.

Erwartungen der Klienten

Die möglichen Einflüsse des Erklärungsmodells für das kombinierte

----

[1] Im Kontext der Behandlung einer Leistungsstörung im Anschluß an eine Konfrontationstherapie.

Therapieprogramm auf die Erwartungen der Klienten wurden schon bei der Betrachtung der Effekte der Konfrontationstherapie diskutiert. Für die Gruppentherapie bleibt noch der Eindruck nachzutragen, daß die Klientinnen der Gruppe mit initialer Gruppentherapie die folgende Konfrontationstherapie eher als einen wesentlichen Therapiebestandteil betrachteten. Deren erhoffte Wirksamkeit wurde aber entsprechend des vermittelten Therapiekonzepts von einer optimalen Vorbereitung in der Gruppentherapie abhängig gesehen. Die Mitarbeit während der initialen Gruppentherapie war sehr zufriedenstellend, die Fehlquote minimal, und es gab keinen einzigen Therapieabbruch. Die folgende Konfrontationstherapie erhielt in den Erwartungen der Klienten u.E. eher den Charakter einer Belohnung. Möglicherweise führte die Erwartung, erst die zweite Therapiephase sei die wesentliche, zu den geringeren Auswirkungen in der ersten Therapiephase.

8.3. **Auswirkungen der Therapie auf die verschiedenen Messebenen**

Erwartungsgemäß ergibt sich eine Hierarchie unserer Meßmittelgruppen in Bezug auf die Fähigkeit, Gruppen oder Meßzeitpunkte zu differenzieren. Betrachtet man alle multivariat durchgeführten Vergleiche, zeigen sich signifikante Ergebnisse bei den symptomorientierten Meßmitteln, der Generalisierungsmessung und den Persönlichkeitsmaßen im Verhältnis von 6 : 3 : 1. Ähnliche Relationen bei Untersuchungen mit Phobikern beschreiben für die Persönlichkeitsskalen und Angstfragebogen auch AGRAS & JACOB (1981).

Für die **Persönlichkeitsmaße** sind sowohl von der Testkonstruktion als auch vom theoretischen Konzept her Veränderungen nur bei längeren Zeiträumen oder bei extremen Gruppenunterschieden zu erwarten. So differenziert der FPI z.B. zwischen Experimentalgruppen und der Wartekontrollgruppe nur nach Abschluß der Therapie (vgl. Kapitel 7.1.3.), zwischen den Experimentalgruppen selbst aber zu keinem Zeitpunkt. Wir erwarten hier erst zum Zeitpunkt der geplanten Katamnese T5 Unterschiede in den Ergebnissen.

Bei den **Generalisierungsmaßen** hatten wir bei den symptomorientierten Maßen teilweise unabhängige Verbesserungen erwartet. Die Ergebnisse zeigen jedoch, daß - von wenigen Ausnahmen abgesehen -

Veränderungen immer nur dann zu registrieren sind, wenn auch bei den symptomorientierten Meßmitteln Veränderungen auftreten. Dies spricht einerseits gegen die angenommene zeitliche Verzögerung bestimmter symptomübergreifender Effekte gegenüber der Symptomreduktion; zum anderen scheint die Gruppentherapie (die eine geringe Symptomreduktion bewirkt) **allein** nicht die erwarteten Verbesserungen, z.B. im Bereich der sozialen Kompetenz, zu evozieren. Eine Ausnahme bildet die Depressionsskala, deren Werte sich teilweise unabhängig von einer Angstreduktion verbessern. Die Depressionsskala zeigt von allen Variablen der Generalisierungsmessung die deutlichsten Veränderungen unter Therapieeinfluß. Dies würde noch deutlicher bei univariater Betrachtung: Die Depressionsskala wurde multivariat mit dem Hostility-Fragebogen zusammen verrechnet, der von allen Variablen die wenigsten Gruppen bzw. Meßzeitpunkte voneinander trennt. Es scheint plausibel und auch mit unseren Beobachtungen in den Therapiestunden vereinbar, daß depressive Tendenzen allein schon durch die Teilnahme an der Therapie (mit der damit zwangsläufig verbundenen Aktivierung z.B. durch Hausaufgaben) abgebaut werden können. Für viele Klienten ist zudem die Therapie die erste "Außer-Haus-Aktivität" seit längerer Zeit, oder die Gruppentherapie der erste größere Rahmen für Sozialkontakte.

Die **symptomorientierten Meßmittel** zeigen unter dem Einfluß der Konfrontationstherapie durchwegs starke, während der Gruppentherapie geringere und in der Wartekontrollgruppe keine Veränderungen. Dies führt zu einem sehr einheitlichen Verlauf der Meßwerte aller Variablen (vgl. Abbildung 18) mit Ausnahme von SB 4 und SB 5 ("positive" und "negative Fremdkonsequenz"). Wie bereits in Kapitel 6.3.1. diskutiert, messen diese beiden Variablen Erwartungen der Klienten über Reaktionen der Umwelt. Sie verändern sich daher langsamer als die symptomorientierten Variablen. Andererseits wollten wir sie nicht aus dem Kontext des Situationsbewertungs-Fragebogens (SB) herausgreifen.

8.4. Diskussion der Untersuchungsfragen

Der folgende Abschnitt diskutiert abschließend die Ergebnisse im Hinblick auf die in Kapitel 3 dargelegten drei Hauptfragestellungen.

Die Gliederung folgt der in den Kapiteln 3, 6 und 7 gewählten Reihenfolge.

8.4.1. VERGLEICH DER EXPERIMENTALGRUPPEN (KOMBINIERTE THERA-
PIEN) MIT DER WARTEKONTROLLGRUPPE

Bei allen drei Meßmittelgruppen bestehen zu Ende der Therapie (T3) statistisch gesicherte Unterschiede zugunsten der Experimentalgruppen. Dieses insgesamt eindeutige Ergebnis kann auch nicht durch bestehende signifikante Ausgangswertunterschiede bei den symptomorientierten Maßen erklärt werden, da in diesem Fall die Unterschiede der Veränderungen zwischen Experimentalgruppen und Kontrollgruppe ebenfalls ohne Ausnahme zugunsten der Experimentalgruppen ausfallen. Auch univariat lassen sich sämtliche Variablen - außer SB 4 und SB 5 ("Positive" bzw. "Negative Fremdkonsequenz"), bei denen, wie schon mehrfach diskutiert, keine Veränderungen zu erwarten waren - sichern, davon 6 von 10 auf dem 0,1%-Niveau. Die Ergebnisse entsprechen weitgehend unseren Erwartungen - für die Persönlichkeitsmaße (FPI) hatten wir zum Zeitpunkt T3 noch keine Unterschiede erwartet - und der beschriebenen hohen zeitlichen Persistenz der phobischen Symptomatik. (MARKS, 1969; MATHEWS et al., 1981; CHAMBLESS & GOLDSTEIN, 1981; CHAMBLESS, 1982). Wir interpretieren die sehr ungünstigen Werte der Kontrollgruppe nach Abschluß der Wartezeit auch zu einem geringen Teil als "Appell"-Effekte der Kontrollgruppe, zumal die Klienten wußten, daß sie im Anschluß eine Therapie erhalten würden. Wir führen daher die Unterschiede zwischen den Gruppen überwiegend auf die Wirkung des kombinierten Therapieprogramms zurück.

8.4.2. VERGLEICH DER EXPERIMENTALGRUPPEN (KOMBINIERTE THERA-
PIEN) MIT EINER AUSSCHLIEßLICH MIT KONFRONTATIONSTHERA-
PIE BEHANDELTEN KONTROLLGRUPPE

Die Ergebnisse dieses Vergleichs lassen sich wie folgt charakterisieren: Trotz des doppelten therapeutischen Aufwandes für die Experimentalgruppen gegenüber der Kontrollgruppe zeigt letztere in den Veränderungen von T1 nach T4 bei den symptomorientierten Meßmitteln und zum Zeitpunkt T4 bei der Generalisierungsmessung die signifikant besseren Ergebnisse. Bevor wir uns inhaltlichen Überlegungen zuwenden, wollen wir zunächst durch die Methodik der Untersuchung bedingte Einflüsse diskutieren:

(1) Ein bereits ausführlich dargestelltes Problem besteht in den zum Teil günstigeren, zum Teil ungünstigeren Ausgangswerten einiger abhängiger Variablen beim Vergleich von Kontrollgruppe und Experimentalgruppen, die trotz gleicher soziodemographischer Daten (vgl. Kapitel 5.3.3.) nicht zu verhindern waren. Eine Parallelisierung hinsichtlich aller abhängigen Variablen erscheint zudem angesichts der Variablenanzahl und der Stichprobengröße nicht realisierbar. Wie wir bereits weiter oben diskutiert haben, vermuten wir durch die beschriebenen Unterschiede eine Bevorteilung der Kontrollgruppe 4 im Vergleich zu den Gruppen 1 und 2.

(2) Demgegenüber muß der um fünf Monate längere Follow-up-Zeitraum (Meßzeitpunkt T4) der Kontrollgruppe 4 für diese als erschwerend betrachtet werden: Nur eine langfristig stabile Angstreduktion ist als Erfolg zu werten.

(3) Mögliche Konzeptunverträglichkeiten für die Therapeuten haben wir im Abschnitt 8.1. bereits diskutiert. Wenngleich diese auch als inhaltliches Problem auffaßbar sind, sehen wir unter methodischen Gesichtspunkten weitere Schwierigkeiten in der Tatsache begründet, daß unsere Therapeuten nur geringe Therapieerfahrung besaßen, die sich bei der Durchführung der beiden Therapiebestandteile unterschiedlich ausgewirkt haben können. BENJAMIN & KINSEY (1981) wie auch MARKS et al. (1977, 1978) berichten von guten Ergebnissen bei der Durchführung standardisierter Konfrontationstherapien durch sogenannte "Laientherapeuten". Diese Ergebnisse stimmen mit unseren eigenen Erfahrungen überein, daß gründlich ausgebildete Psychologiestudenten des letzten Studiensemesters erfolgreich zur Durchführung von Konfrontationstherapien eingesetzt werden können (vgl. FIEGENBAUM, 1978; BARTLING et al., 1980a). BARTLING (1983) berichtet ebenfalls über gute Erfahrungen mit studentischen Therapeuten bei der Leitung problemlöseorientierter Gruppentherapien.

Wir haben in der vorliegenden Untersuchung allerdings den Eindruck

gewonnen, daß eine Gruppentherapie höhere Anforderungen an therapeutische Fähigkeiten stellt als eine Konfrontationstherapie und
demzufolge - wird sie von unerfahrenen Therapeuten durchgeführt -
schlechtere Ergebnisse erbringen kann. Die Leitung einer Gruppentherapie verlangt neben Therapiemethodenkenntnissen besondere Kompe-
tenzen zur Förderung instrumenteller Gruppenbedingungen (GRAWE,
1980) und zur Wahrnehmung und Nutzbarmachung von Gruppenprozessen (vgl. HAND et al., 1974, 1975; TEASDALE, 1977). Wir haben
zwar die Gruppen mit fünf Teilnehmern recht klein gehalten und wie
bei der Konfrontationstherapie jeweils zwei Therapeuten pro Gruppe
eingesetzt. Aus methodischen Gründen und zur Erleichterung der
Arbeit für die Therapeuten war das Gruppentherapiekonzept zudem
weitestmöglich standardisiert. Trotz dieser Maßnahme läßt sich eventuell eine leichte Bevorteilung der Konfrontationstherapie durch die
oben genannten Gründe nicht ausschließen.

(4) Ein letzter Punkt betrifft einen methodisch-statistischen Aspekt
der Arbeit. Wie in Kapitel 5.1.1. diskutiert, haben wir beim Vergleich
von Einzel- (Konfrontations-) und Gruppentherapie auch die letztere
über Einzelklienten (N = 10) statt über die Zahl der Therapiegruppen
(N = 2) berechnet. Wie u.a. STELZL (1982) aufzeigt (vgl. Kapitel
5.1.1.) besteht damit für die Gruppentherapie im Vergleich zur Konfrontationstherapie das Risiko einer Alpha-Fehler-Erhöhung. Da die
Gruppentherapie allerdings fast keine signifikanten Veränderungen
aufweist, kann eine mögliche Alpha-Fehler-Erhöhung sich kaum als
Vorteil für die Gruppentherapie ausgewirkt haben.

Die vermuteten Einflußfaktoren zeigen eine uneinheitliche Richtung:
Während die unter (1) und (3) diskutierten Faktoren sich zugunsten
der Kontrollgruppe 4 auswirken würden, müßten (2) und (4) die
Experimentalgruppen begünstigen.

Trotz der Plausibilität der aufgezeigten Einflußfaktoren halten wir es
nicht für gerechtfertigt, die deutlich hypothesenwidrigen Ergebnisse
überwiegend als Auswirkung eines oder mehrerer dieser Faktoren aufzufassen. Wir nehmen vielmehr an, daß die bereits in Kapitel 8.1.
und 8.2. bei der Einzelbetrachtung der Therapiebestandteile genannten
Aspekte von weitaus entscheidenderer Bedeutung sind. Das heißt:

- Die initiale Gruppentherapie verringert bzw. verzögert die Wirkungen der Konfrontationstherapie.

- Unmittelbar nach einer initialen Konfrontationstherapie ist eine Gruppentherapie wirkungslos.

- Die Therapieerklärungskonzepte für ein kombiniertes Gesamtprogramm sind z.T. widersprüchlich, durch ihre Komplexität weniger einsichtig und verständlich und setzen die Erfolgserwartungen der Klienten herab.

Die vermuteten Ursachen sowie die von uns beobachteten Hinweise für diese Annahmen wurden bereits in Kapitel 8.1. und 8.2. ausführlich diskutiert.

Nachzutragen bleibt noch eine von den o.g. Aspekten unabhängige Bewertung der Gruppentherapie als solcher. Da das Verfahren als Zusatztherapie konzipiert war und deswegen keine der reinen Konfrontationstherapie analoge Kontrollgruppe (reine Gruppentherapie) sinnvoll erschien, können wir bei einer Bewertung des Gruppenverfahrens nur auf Beobachtungen während der Therapie zurückgreifen. Der insgesamt positive Eindruck begründet sich vor allem auf die Auswahl der Themenstellungen und die für alle Sitzungen gültige Grundstruktur (vgl. Kapitel 4.3.3. und 4.3.4.). Wir hatten durchgängig den Eindruck, mit den jeweiligen Sitzungsthemen für die Frauen und ihre Lebenssituation wichtige und nachvollziehbare Problembereiche ausgewählt zu haben. Wir machen dies besonders an den von den Klientinnen eingebrachten Beispielen und eigenen Erfahrungen fest, die sich vielfach mit den in der Literatur (SYMONDS, 1971; HUDSON, 1974; GOLDSTEIN FODOR, 1979; COLLIN & DANE, 1979; BUTOLLO, 1979; CHAMBLESS, 1982; HAFNER, 1982) berichteten Themenkreisen deckten. Während im allgemeinen auch die praktische Umsetzung in Rollenspiele und Übungen zufriedenstellend gelang, traten in der 5. Sitzung vor allem beim Üben des "offenen Ausrucks von Gefühlen" erhebliche Probleme auf, bei denen uns viele Klientinnen überfordert erschienen. Die verwendeten Übungen und die Instruktionen der Therapeuten waren u.E. hier zu sehr an Klienten mit höherem Bildungsniveau orientiert, wie sie häufig in gruppendynamischen Trainings zu finden sind.

Die starke Strukturierung der Sitzungen (vgl. Kapitel 4.3.4.) hat sich gut bewährt. Sie erleichterte den Therapeuten die Arbeit und ermöglichte auch den Klientinnen, den Ablauf einer Stunde nachzuvollziehen. Durch die Einheiten "Wochenbericht", "Transfer" und "Hausaufgaben" wurde die Bedeutung der selbstkontrollierten Arbeit zwischen den Sitzungen herausgestellt. Gleichzeitig ließ die formale Struktur der Sitzungen den Therapeuten genügend Handlungsspielraum für das Eingehen auf die spezifische Ausprägung individueller Problemzusammenhänge.

Die Zahl der Therapiestunden ergab sich aus dem der Konfrontationstherapie vergleichbaren Aufwand von ca. 22 Stunden. Das sind einschließlich der Therapieeinführungssitzung sieben dreistündige Therapietermine. Für ein die Konfrontation ergänzendes Verfahren erscheint uns die Gesamtstundenzahl ausreichend, wobei allerdings die Zahl der Gruppentreffen eher zu knapp angesetzt ist. Andererseits läßt sich die Zeitdauer von zweimal 1 1/2 Stunden je Doppelsitzung kaum verkürzen. Die Frage der weiteren Erhöhung der Stundenzahl muß sich zudem auch an ökonomischen Erwägungen messen lassen. Solange - wie in unserem Fall - eine reine Konfrontationstherapie letztlich bessere Ergebnisse erbringt als die Kombination von Konfrontations- und Gruppentherapie bei verdoppeltem Stundenaufwand, wird man eine solche Empfehlung nicht aussprechen können. Ohne Kapitel 8.5. vorgreifen zu wollen, sollte vor einer solchen Entscheidung abgeklärt werden, ob ein bewährtes Theapieverfahren zur Verfügung steht, das mit geringerem Aufwand gleich gute oder gar bessere Ergebnisse erzielt.

Die zweite Untersuchungsfrage muß insgesamt dahingehend beantwortet werden, daß unser kombiniertes Angebot aus Konfrontations- und Gruppentherapie der von uns einige Jahre zuvor entwickelten Konfrontationstherapie unterlegen ist.

Die Untersuchung von JANNOUN et al. (1980) macht die Notwendigkeit der geplanten Nachuntersuchung T5 für eine abschließende Beurteilung deutlich: Die Autoren zeigten, daß das von ihnen konzipierte Problemlösetraining einer Konfrontationstherapie unterlegen war, in der Nachuntersuchung jedoch den anfänglichen Rückstand fast aufgeholt hatte.

8.4.3. VERGLEICH DER THERAPIEABFOLGEN KONFRONTATIONSTHERA-
PIE - GRUPPENTHERAPIE UND GRUPPENTHERAPIE - KONFRON-
TATIONSTHERAPIE

Die Beantwortung der Frage, welche der beiden Abfolgen zu präferieren ist, hängt in dieser Untersuchung entscheidend vom Kriteriums-
Zeitpunkt ab, d.h., ob wir sie zu Ende der Therapie oder nach dem
Katamnese-Zeitraum stellen. Wir halten den letzteren Zeitpunkt für
vorrangig, wollen zunächst jedoch auch das Ende der Therapie betrachten, da sich hier Hinweise für die Optimierung des Gesamtvorgehens
ergeben.

Zum Meßzeitpunkt T3 (Therapieende) kann im Hinblick auf den Therapieerfolg und unter Ausschluß des Therapieabbruch-Kriteriums eindeutig die Reihenfolge Konfrontationstherapie - Gruppentherapie
(Gruppe 1) präferiert werden. Sie liegt bei den symptomorientierten
Meßmitteln sowohl bei den Veränderungswerten T1 - T3 als auch bei
den Absolutwerten T3 deutlich günstiger, ebenfalls bei einem Teil
der Generalisierungsmaße. Erwartet hatten wir hingegen eine leichte
Überlegenheit der Gruppe 1 bei den symptomorientierten Maßen und
einen Gleichstand bei der Generalisierungsmessung und den Persönlichkeitsmaßen. Wir interpretieren das hiervon abweichende Ergebnis mit
dem Einfluß, den die Gruppentherapie auf die kurzfristigen Ergebnisse
der Konfrontationstherapie ausübt. Wir vermuten - gestützt durch
Beobachtungen während der Therapie -, daß die Gruppentherapie
ihrer Intention gemäß die Komplexität der Ursachen und aufrechterhaltenden Bedingungen der phobischen Ängste vermittelt hat. Für die
Konfrontationstherapie hat das den Nachteil, daß der normalerweise
sehr kurzfristige Erfolg von den Klienten nicht in dem Ausmaß erwartet und selbst bei schnellen positiven Erfahrungen skeptisch beurteilt
wird. Hier wäre es eventuell nötig, die Erwartungen der Klienten
stärker zu strukturieren, indem bereits das Erklärungskonzept deutlicher die oben genannten Diskrepanzen berücksichtigt und auf sie
eingeht.

Zum Zeitpunkt der Katamnese (T4) unterscheiden sich die beiden

Experimentalgruppen hinsichtlich aller drei Meßmittelgruppen weder bei den Veränderungswerten (T1 - T4) noch bei den Absolutwerten (T4). Wir hatten hingegen in Anlehnung an verschiedene Untersuchungen und Therapiebeschreibungen (HAND et al., 1977; BUTOLLO, 1979; COBB et al., 1980; CHAMBLESS & GOLDSTEIN, 1981; MARKS, 1981; EMMELKAMP et al., 1983) eine Überlegenheit der Gruppe 1 erwartet. Wir nahmen an, daß die Klientinnen dieser Gruppe nach Wegfall der phobischen Ängste eher von der Gruppentherapie profitieren könnten als bei umgekehrter Reihenfolge. Trotz der gleich erfolgreichen Ergebnisse gibt es Gründe, die Reihenfolge Gruppentherapie - Konfrontationstherapie zu präferieren (Gruppe 2). Betrachtet man den Follow-up-Zeitraum von drei Monaten, so verbessert sich hier Gruppe 2 bei den symptomorientierten Maßen signifikant. Gruppe 1 verschlechtert sich demgegenüber insignifikant, so daß auch die Unterschiede in den Veränderungswerten der Gruppe statistisch bedeutsam werden. Letzteres gilt ebenso für die Generalisierungsmessung. Zwar können wir nicht ausschließen, daß Gruppe 2 sich nach Ende der Therapie zunächst aufgrund eventuell vorhandener "Carry-Over"-Effekte verbesserte (vgl. Abschnitt 8.1.) und sich anschließend ebenso wie Gruppe 1 verschlechterte oder konstant blieb. Dennoch bleibt aus der Sicht des Klienten bei Gruppe 2 eine weitere Verbesserung **nach** Therapieende bestehen, die u.E. für den langfristigen Erfolg höher einzuschätzen ist als konstante Ergebnisse oder gar Verschlechterungen vom Therapieende bis zum Katamnesezeitpunkt.

Ein weiteres bedeutsames Argument für eine Präferierung der Reihenfolge Gruppentherapie - Konfrontationstherapie sehen wir in der unterschiedlichen **Abbrecherquote.** Während bei der Abfolge mit initialer Konfrontationstherapie immerhin ein Drittel der Klientinnen die Therapie abbrach, war bei der Abfolge mit initialer Gruppentherapie über den **gesamten** Therapiezeitraum **kein** einziger Abbruch zu verzeichnen. Wir führen dieses Ergebnis einerseits darauf zurück, daß die Gruppentherapie naturgemäß weniger Erwartungsängste auslöst als die Konfrontationstherapie. Andererseits scheint sie soviel Vertrauen und Hoffnung in das Gesamtkonzept der Therapie zu vermitteln, daß keine der Klientinnen während der anschließenden Konfrontationstherapie abbrach. Die Befunde von HAFNER (1976) weisen auf eine weitere Erklärung für die unterschiedlichen Abbrecherquoten hin.

HAFNER verglich Konfrontationstherapien in Einzelbehandlung mit solchen, die in Gruppen durchgeführt werden: 25% der einzeltherapeutisch behandelten Klienten brachen die Therapie vorzeitig ab, jedoch kein in Gruppen behandelter Klient. Die unspezifischen "Heilfaktoren" der Gruppentherapie wie "Kohäsion", "Einflößen von Hoffnung", "Universalität des Leidens", "interpersonales Lernen" u.a. (YALOM, 1970) scheinen bei der Reduzierung der Abbrecherquoten beteiligt zu sein. Diese Faktoren wirken sich - wie unsere Befunde zeigen - offenbar auch auf eine anschließende Konfrontationstherapie in Einzelbehandlung aus: d.h. die Klientin erfährt in der Gruppe, daß sie nicht alleine Probleme hat, daß sie nicht "unnormal" ist und daß andere Klientinnen sich ebenfalls auf die bevorstehende Angsttherapie einlassen.

Wir kamen in Kapitel 7.4. - bei aller Vorsicht und in Übereinstimmung mit BARTLING et al., 1980a - zu dem Schluß, daß möglicherweise weniger gestörte Klienten die Konfrontationstherapie eher abbrechen. Eine differentielle Empfehlung dieser Studie könnte daher darin liegen, diese Klienten in jedem Fall durch eine Gruppentherapie auf eine Konfrontationstherapie vorzubereiten. In diesem Zusammenhang muß erwähnt werden, daß die Abbrecherquoten bei Konfrontationstherapien - sofern man ein strenges Kriterium anlegt[1] - zwischen 12,5% (BARTLING et al., 1980a; EMMELKAMP & WESSELS, 1975), 35% (EVEREARD et al., 1973) und bis zu 45% (MATHEWS et al., 1976) betragen. Eine Reduzierung der Abbrecherzahlen durch vorausgehende Gruppengespräche wäre durchaus wünschenswert.

Zusammenfassend präferieren wir die Abfolge Gruppentherapie - Konfrontationstherapie und erwarten zur Drei-Jahres-Katamnese für diese Gruppe die günstigeren Ergebnisse. Veränderungen sowohl der Gesamtkonzeption als auch speziell des Vorgehens bei der Gruppentherapie haben wir bereits beim Vergleich der Experimentalgruppen mit der ausschließlich konfrontativ behandelten Kontrollgruppe (Kapitel 8.4.2.) diskutiert.

----

[1] d.h.: ein Abbruch nach Vorstellung des Therapieverfahrens, jedoch vor Beginn der Konfrontation, wird mitgezählt.

8.5.   Implikationen für therapeutische Praxis und klinische Forschung

Ein wichtiges Ergebnis der beschriebenen Studie liegt darin,   daß durch
Hinzufügung weiterer Therapiekomponenten zu einem bewährten
Verfahren die Ergebnisse nicht zwangsläufig verbessert, sondern
möglicherweise sogar verschlechtert werden können. Diesem Gedanken
werden jedoch die wenigsten heute im Bereich der Agoraphobiefor-
schung verwendeten Versuchspläne gerecht: Häufig wurden verschiedene Variationen untereinander oder mit Wartekontrollgruppen verglichen, in neuerer Zeit auch bewährte Verfahren wie die Konfrontationstherapie mit anderen Verfahren (z.B. Ehetherapie, COBB et
al., 1980) kombiniert. Lediglich EMMELKAMP et al. (1983) haben
bisher einen Vergleich einer reinen Konfrontationstherapie mit einem
kombinierten Verfahren (Konfrontationstherapie plus Assertive-Training) durchgeführt. Auch hier erbrachte die kombinierte Therapie
keine besseren Ergebnisse als die - zeitlich gleich lange - Konfrontationstherapie. Unter diesem Gesichtspunkt erwies sich der von uns
realisierte Vorschlag von O'LEARY & BORCOVEC (1978), eine neu-
entwickelte Therapieform gegen die jeweils beste vorhandene zu
testen, als absolut notwendig. Nimmt man das Kriterium des bestbewährten Verfahrens ernst, so wird es natürlich sehr schwer, dessen
Ergebnisse noch zu übertreffen. Andererseits kann ein echter Fort-
schritt bei Behandlungsmethoden sich im Grunde nur an diesem
Kriterium orientieren und nicht, wie unser Ergebnis zeigt, an dem
erfolgreichen Abschneiden gegenüber einer Wartekontrollbedingung.

Faßt man die neuere Literatur der letzten fünf bis zehn Jahre zusammen, so hat sich bei den Therapieverfahren die In-Vivo-Konfrontation als wirksamste Methode der Angstreduktion bei Agoraphobikern
herausgestellt (vgl. Kapitel 2.2.). Dem steht im selben Zeitraum
eine Flut von Veröffentlichungen gegenüber, die die Bedeutung interpersoneller Faktoren im Zusammenhang mit Agoraphobien betonen
(vgl. Kapitel 1.4.), allerdings ohne ein vergleichsweise ebenso einheitliches Bild. Wir haben in Kapitel 1.5. versucht, die jeweils vermuteten
intra- und interpersonellen Wechselwirkungen zu ordnen und ein kom-
plexes Arbeitsmodell für die Erklärung von Genese und Aufrechterhaltung agoraphobischer Symptome zu entwickeln. Wie bei den meisten
derartigen Modellen sind seine Annahmen zum überwiegenden Teil

noch nicht operationalisiert und empirisch überprüft; zahlreiche Hypothesen entstammen vorerst Beobachtungen der klinischen Praxis.

Wir haben einerseits ein brauchbares, erprobtes Therapieverfahren, andererseits eine Vielzahl von klinischen Beobachtungen, Hypothesen und widersprüchlichen empirischen Befunden interpersoneller Faktoren bei Entstehung und Aufrechterhaltung von Phobien. Erste empirische Versuche, Teilbereiche dieser Faktoren in die Therapie einzubetten, haben bisher zu keinem verbesserten Therapieerfolg geführt (vgl. die vorliegende Untersuchung sowie EMMELKAMP et al., 1983) bzw. wurde ihr Erfolg nicht mit einer ausschließlichen Konfrontationstherapie verglichen (vgl. COBB et al., 1980). Bei der Berücksichtigung derartiger Faktoren in der Therapie besteht u.E. einerseits die Gefahr, die FRANKS & WILSON (1978) im Hinblick auf kognitive Therapieansätze so formulieren: "... cognitive therapists run the risk of overlooking some of the most effective therapeutic techniques yet developed and returning therapy to a verbal, interview based model of treatment ..." (S. 76). Trotz dieser Gefahr erachten wir es andererseits für notwendig, die vorhandenen Therapieverfahren weiter zu optimieren und die in Kapitel 1.5. diskutierten Variablen zu berücksichtigen. Es zeichnet sich allerdings ab, daß der Weg über standardisierte Verfahren als Ergänzung zur Konfrontationstherapie nicht weiterführt.

Wir nehmen an, daß das (standardisierte) Konfrontationsverfahren seine hohe Wirksamkeit der Tatsache verdankt, daß es mit dem **Vermeidungsverhalten** an einem für nahezu alle Phobiker zentralen Punkt ansetzt. Darüber hinaus könnten erhebliche Unterschiede bezüglich interpersoneller Bedingungen zur Aufrechterhaltung der Störung und von Begleit- und Folgesymptomen bestehen, die jeweils einer individuellen Problemanalyse zugeführt werden müßten. Die Vielzahl der in Kapitel 1.5. diskutierten Faktoren macht deutlich, daß dies noch auf längere Sicht empirischer Klärung bedarf.

In einer Reihe zwischenzeitlich durchgeführter Einzeltherapien haben wir weitere Erfahrungen mit individuell auf den Klienten zugeschnittenen Zusatzangeboten gesammelt. Das Beispiel einer Klientin, die erst vier Monate nach Abschluß einer Konfrontationstherapie Interesse und Bereitschaft zu einer Partnertherapie äußerte, macht den notwendigen Spielraum der Zusatzangebote deutlich. Dementgegen stehen Beipsiele, in denen ein solches Zusatzangebot nicht genutzt werden brauchte (vgl. FIEGENBAUM, 1982a) oder in denen eine Gruppentherapie erst die Bereitschaft an einer Angstbehandlung weckte und - wie in der vorliegenden Untersuchung - die Abbrecherquote bei Konfrontationstherapien deutlich senkte. Derartige differentielle Indikationsfragen sind den bisherigen Gruppenversuchsplänen nicht zugänglich, da diese eine weitgehende Standardisierung der Behandlung erfordern. Zwar wurden in der Gruppentherapie auch individuelle Problemanalysen der Begleit- und Folgesymptome erstellt, doch waren diese auf die vorgegebenen Problem - oder Themenbereiche begrenzt und konnten z.B. nicht bedeuten, die Gruppentherapie auszusetzen, zu verlängern oder einen völlig anderen Ansatz der Behandlung zu wählen. Auch Einzelfall-Designs können dieses Problem angesichts seiner Komplexität und der Vielzahl der in jeder Phase der Therapie zu fällenden Entscheidungen nicht lösen. Der weitere Weg wird vielmehr dahin führen müssen, das vorhandene System von Indikationsregeln erheblich auszudifferenzieren. Die auf seiner Basis durchgeführten Therapien ließen sich dann trotz aller Unterschiede auf ihre Wirksamkeit hin überprüfen.

Als Grundvoraussetzung für die Entwicklung eines solchen Indikationssystems müssen die in Kapitel 1.3. vorgestellten Angsttheorien um Annahmen ergänzt werden, die die Entstehungsbedingungen von überdauernden psychischen Störungsbildern (hier: Agoraphobie) berücksichtigen.

8.6. Differentielle Analyse erfolgreicher und weniger erfolgreicher Klientinnen

Einen ersten explorativen Zugang zur Erstellung eines differentiellen Indikationssystems bietet eine Ex-post-facto-Analyse des vorliegenden Datenmaterials der beiden Experimentalgruppen.

Zur Gewinnung von trennscharfen Kriterien zur Vorhersage des Therapieerfolgs bietet sich an, die Ausgangswerte der erfolgreichen mit denen weniger erfolgreichen Klienten zu vergleichen. Wir wollen dies zunächst zusammengefaßt für die beiden Experimentalgruppen vornehmen.

Von besonderem Interesse ist darüber hinaus die Frage einer differentiellen Indikation, die Hypothesen darüber ermöglicht, inwieweit welche der beiden Abfolgen der Kombinationstherapie für welche Klienten günstiger ist. Für eine explorative Betrachtung ergeben sich demnach zwei Untersuchungsfragen:

(1) Für welche Klienten mit welchen Ausgangsmerkmalen läßt sich eine gute Prognose für den Erfolg der Kombinationstherapie - unabhängig von der Abfolge - vorhersagen?

(2) Für welche Klienten mit welchen Ausgangsmerkmalen ist welche Abfolge der Kombinationstherapie (Konfrontationstherapie - Gruppentherapie oder Gruppentherapie - Konfrontationstherapie) günstiger und für welche ist sie ungünstiger?

8.6.1. ZUM METHODISCHEN VORGEHEN

Um die Stichprobengröße nicht zu reduzieren, entschlossen wir uns, von der Bildung von Extremgruppen (ohne Überschneidung der Vertrauensintervalle) abzusehen. Wir ordneten stattdessen die Klientinnen entsprechend ihres Therapieerfolges in einer Rangreihe (bei gemeinsamer Betrachtung der beiden Experimentalgruppen) bzw. zwei Rangreihen (bei getrennter Betrachtung der Experimentalgruppen) an und unterteilten sie in zwei gleich große Gruppen von "weniger erfolreichen" und "mehr erfolgreichen" Klientinnen.

Ein **Kriterium für Therapieerfolg** festzulegen, ist bei der Vielzahl der verwendeten Erfolgsmaße schwierig. Wir entschlossen uns, zwei symptomorientierte Maße als Kriterium zu kombinieren, zum einen, weil die Meßmittel dieser Gruppe die deutlichsten Veränderungen zeigen, zum anderen, weil eine erfolgreiche Behandlung phobischer Symptome unabdingbar die Reduzierung der bestehenden Ängste einschließen sollte.

Als zeitliches Kriterium wählten wir die 3-Monats-Nachuntersuchung (T4). Wir verwendeten dabei die Veränderungswerte von T1 nach T4 der **Globalbewertung** (1 Summenwert) und der **Situationsbewertungs-**

skala (6 Faktoren). Für jeden Summenwert bzw. Faktor wurden Rang-reihen erstellt und die Rangplätze gemittelt. Dabei zeigte sich eine hohe Übereinstimmung bei den jeweiligen Rangplätzen, so daß sich keine Probleme für die Zuordnung zu den mehr bzw. weniger erfolg-reichen Klientinnen ergaben.

Diese beiden Gruppen wurden bezüglich ihrer Ausgangsmerkmale miteinander verglichen. Bei den Klienten-Ausgangsmerkmalen zogen wir die wichtigsten soziodemographischen Daten (Alter, Symptomdauer und Schulabschluß) sowie die Ausgangswerte zum Zeitpunkt T1 der abhängigen Variablen heran.

Aufgrund der kleinen Stichprobengröße und des primär hypothesen-generierenden Charakters dieser Fragestellung führten wir eine uni-variate Auswertung durch und verwendeten den t-Test für zwei unab-hängige Stichproben (zwei-seitige Fragestellung).

Für die weitere qualitative Auswertung verglichen wir die Mittelwerte unserer Vergleichsgruppen mit denen der in der Literatur aufgeführ-ten Referenzgruppen.

8.6.2. VERGLEICH DER ERFOLGREICHEN UND DER WENIGER ERFOLG-REICHEN KLIENTINNEN (UNABHÄNGIG VON DER ABFOLGE DER KOMBINATIONSTHERAPIE)

Tabelle 19 gibt einen Überblick über die Ausgangsmerkmale (Mittel-werte) der 10 erfolgreichen und der 10 weniger erfolgreichen Klien-tinnen der beiden Experimentalgruppen.

Auffallend ist zunächst, daß weder die **soziodemographischen Daten**[1] noch die **symptomorientierten Ausgangsmerkmale** zwischen den später mehr oder weniger erfolgreichen Klientinnen zu differenzieren vermö-gen. Zwar weisen die weniger erfolgreichen Klientinnen im Mittel um 22 Monate geringere Symptomdauer auf, doch wird dieser Unter-schied - auch auf dem 10%-Niveau (t = 0.93) - nicht signifikant, was auf die relativ starke Streuung dieser Variablen zurückzuführen

----

[1]Die Daten auf Nominalskalenniveau sind in Tabelle 19 nicht aufge-führt.

Tabelle 19: Mittelwerte der Ausgangsmerkmale (T1) der erfolgreichen und der weniger erfolgreichen Klientinnen, beide Experimentalgruppen zusammengefaßt

	erfolreiche Klientinnen (N = 10)	weniger erfolgreiche Klientinnen (N = 10)	Signifikanzniveau
Soziodemografische Daten und symptomorientierte Maße			
Alter	35,8	33,8	n.s.
Symptomdauer in Monaten	98,4	76,4	n.s.
Glob	250,0	243,0	n.s.
SB 1	48,2	47,8	n.s.
2	34,8	37,0	n.s.
3	35,3	39,1	n.s.
4	41,1	34,8	n.s.
6	12,2	13,6	n.s.
EMI-S 1	94,3	102,7	n.s.
2	44,5	47,8	n.s.
3	42,1	45,8	n.s.
4	36,0	39,5	n.s.
5	26,0	21,8	n.s.
6	23,9	19,2	n.s.
7	20,6	21,6	n.s.
Generalisierungsmaße			
Depr.	16,4	27,9	** $t = -3.12$
Host 1	8,4	17,1	** $t = -3,05$
Host 2	23,2	28.0	* $t = -2,16$
U 1	42,6	53,3	n.s.
U 2	31,2	48,5	* $t = -2,69$
U 3	41,2	36,4	n.s.
U 4	26,3	29,1	n.s.
U 5	9,1	8,8	n.s.
U 6	13,8	16,9	n.s.
Persönlichkeitsmaße			
IPC 1	33,9	34,6	n.s.
2	25,8	30,8	n.s.
3	27,4	27,6	n.s.
GT 1	25,2	25,8	n.s.
2	26,7	24,6	n.s.
3	29,1	26,8	n.s.
4	34,8	35,3	n.s.
5	26,9	27,7	n.s.
6	24,6	25,1	n.s.
FPI 1	9,8	12,6	n.s.
2*	5,5	6,0	n.s.
3	7,9	11,2	* $t = -2.54$
4	4,4	6,8	* $t = -2.58$
5	5,1	4,4	n.s.
6	4,0	2,3	* $t = 2,19$
7	4,6	4,3	n.s.
8	6,4	7,9	n.s.
9*	4,3	5,8	
E*	4,6	3,9	n.s.
N	7,2	10,1	* $t = -2,80$
M	4,1	2,2	n.s.

[1] Die FPI-Skalen 2, 9 und E wurden aufgrund der Altersabhängigkeit dieser Skalen in Stanine-Werten verrechnet, für alle anderen Skalen wurden die Rohwerte benutzt.

ist. Aus dem Vergleich der Mittelwerte der erfolgreichen und weniger erfolgreichen Klientinnen bei der Globalbewertung, der Situationsbewertungsskala und dem Emotionalitätsinventar müssen wir folgern, daß sich diese beiden Gruppen im Ausmaß ihrer symptomorientierten Ängste zu Beginn der Behandlung nicht voneinander unterschieden.

Ein Vergleich der EMI- und SB-Werte mit anderen Referenzgruppen ist wegen des situationsspezifischen Einsatzes der Fragebögen schwierig. Zwar führen ULLRICH & ULLRICH DE MUYNCK (1979) auch agoraphobische Referenzgruppen mit der Einschätzung ihrer hauptphobischen Situation an, doch wurde die Einschätzung mit der Situationsbewertungsskala unmittelbar **vor** der Konfrontation mit der hauptphobischen Situation vorgenommen. Die Einschätzung mit dem Emotionalitätsinventar erfolgte hingegen 10 Minuten **nach** der ersten Konfrontation mit der hauptphobischen Situation. Beide Testbedingungen sind mit denen unserer Ausgangstestung nicht vergleichbar.

Die Meßinstrumente, die die **Generalisierung** der Angstsymptomatik auf andere **Störungs- und Lebensbereiche** erfassen sollen, zeigen erheblich deutlichere Unterschiede in den Ausgangswerten der später erfolgreichen bzw. weniger erfolgreichen Klientinnen als die symptombezogenen Maße. Der Depressionswert, beide Faktoren des Hostilitätsfragebogens sowie der Faktor "Kontaktangst" (U2) des Unsicherheitsfragebogens trennen signifikant zwischen den beiden Gruppen. Die Richtung der Mittelwertsunterschiede zeigt, daß Klienten mit geringerer Kontaktangst, weniger depressiven Symptomen und geringerer Ausprägung der Hostilitätswerte den größeren Therapieerfolg hatten.

Vergleichen wir die Mittelwerte der beiden Stichproben im Unsicherheitsfragebogen mit denen der von den Testautoren (ULLRICH & ULLRICH DE MUYNCK, 1977) untersuchten Referenzgruppen, so bietet sich folgendes Bild:

Tabelle 20: Mittelwerte der Ausgangsmerkmale (**T1**) der erfolgreichen und weniger erfolgreichen Klientinnen der Experimentalgruppen 1 und 2 im Unsicherheitsfragebogen sowie Mittelwerte vergleichbarer Referenzgruppen (ULLRICH & ULLRICH DE MUYNCK, 1977)

| | erfolgreiche Klientinnen (N = 10) | weniger erfolgreiche Klientinnen (N = 10) | Referenzgruppen | | |
			Sozial-Phobiker (N = 83)	klin. Stichprobe (N = 583)	Nicht-Patienten (N = 584)
U 1	42,6	53,3	50	43	28
U 2	31,2	48,5	41	36	25
U 3	41,2	36,4	26	35	39
U 4	26,3	29,1	28	28	19
U 5	9,1	8,8	11	9	6
U 6	13,8	16,9	15	13	10

Interessant sind hierbei besonders die Faktoren U1 bis U4; die Faktoren U5 und U6 sollen wegen der geringen Itemzahl (jeweils 5) unberücksichtigt bleiben.

Die weniger erfolgreichen Klientinnen entsprechen im Ausmaß ihrer "Fehlschlag- und Kritikangst" (U1), "Kontaktangst" (U2) und ihres "Nicht-Nein-Sagen-Könnens" (U4) der Referenzgruppe der "Sozialphobiker": Ihr Mittelwert im Faktor "Kontaktangst" liegt sogar um eine halbe Standardabweichung über dem Mittelwert der "Sozialphobiker".

Die erfolgreicheren Klientinnen hingegen weisen in diesen drei Faktoren Mittelwerte auf, die denen der gemischten klinischen Referenzstichprobe ähnlich sind. Auffallend ist, daß beide Gruppen im Faktor "Fordern-Können" (U3) im Norm-Bereich der Nicht-Patienten liegen.

Der Depressionswert der erfolgreicheren Klientinnen liegt im Bereich "leichte Depression" (VON ZERSSEN, 1976), der Depressionswert der weniger erfolgreichen erreicht ein Maß, daß vom Autor bereits als "schwere Depression" klassifiziert wird.

Für den Hostilitätsfragebogen liegen uns leider keine vergleichbaren Referenzstichproben vor. Hier können wir lediglich die Mittelwerte einer Stichprobe von 190 Soldaten mit Volkkschulbildung und einem mittleren Alter von 21,3 Jahren zum Vergleich heranziehen:

Tabelle 21: Mittelwerte der Ausgangsmermale (T1) der erfolgreichen und weniger erfolgreichen Klientinnen der Experimentalgruppen 1 und 2 im Hostilitätsfragebogen sowie Mittelwerte einer Stichprobe von BOTTENBERG (1975)

	erfolgreiche Klientinnen (N = 10)	weniger erfolgreiche Klientinnen (N = 10)	Soldaten (N = 190)
Faktor 1 (VA)	8,4	17,1	12,6
Faktor 2 (AH)	23,2	28,0	20,3

Auffallend ist, daß die weniger erfolgreichen Klientinnen im Faktor VA[1] um einen ganzen Quartilwert über dem Mittelwert von jungen, männlichen Versuchspersonen[2] liegen, während die erfolgreicheren Klientinnen - wir nehmen an, dem Alter und Geschlecht entsprechend - geringere Werte aufweisen. Auch im Faktor AH[3] zeigen die weniger Erfolgreichen erhöhte Werte, die u.E. jedoch nur im Vergleich zu den Erfolgreichen interpretiert werden sollten und nicht in Relation zur Soldatenstichprobe.[4]

Persönlichkeitsvariablen

Von den drei Instrumenten zur Erfassung von Persönlichkeitsvariablen bietet nur der FPI einige trennscharfe Kriterien zur Vorhersage von Therapieerfolg an, während die beiden Vergleichsgruppen sich weder im IPC noch im Gießen-Test bedeutsam unterscheiden.

----

[1]VA = "Komponente spontaner oder reaktiver, affektgetragener, verhaltensmassiver Aggressivität, insbesondere in Form von Gewalttätigkeit" (BOTTENBERG, 1975, S. 132)

[2]Wir erwarten bei jungen, männlichen Versuchspersonen höhere Werte in Faktor VA als bei älteren, weiblichen Versuchspersonen (Nicht-Patienten)

[3]AH = "Komponente von Aggressions-Hemmung im Rahmen von Gewissenskontrolle und Schuldgefühl, Komponente verhaltener Aggressivität im Sinne mißtrauischer, negativistischer Einstellungen" (BOTTENBERG, 1975, S. 132)

[4]Die Richtung der Mittelwertsanstiege könnte geschlechts- und altersbedingt sein.

Die erfolgreichen Klientinnen weisen zu Beginn der Behandlung signifikant geringere Werte in den Faktoren 3 "Depressivität" und 4 "Erregbarkeit", signifikant höhere Werte im Faktor 6 "Gelassenheit" und signifikant geringere Werte im Faktor N "Neurotizismus" des Freiburger Persönlichkeitsinventars auf.

Ein Vergleich mit den Normwerten zeigt, daß die erfolgreicheren Klientinnen bei allen trennscharfen Faktoren dem mittleren Normbereich näherliegen. Die später Erfolgreicheren sind also weniger depressiv und mißgestimmt, schildern eine geringere Erregbarkeit und Reizbarkeit, zeigen mehr Gelassenheit und Selbstvertrauen und sind insgesamt als emotional stabiler und ausgeglichener zu bezeichnen als die später weniger Erfolgreichen.

Beim Vergleich der IPC- und Gießen-Test-Werte mit Referenzgruppen ergibt sich: Die Mittelwerte unserer beiden Vergleichsgruppen in den Faktoren 1, 2, 3, 5 und 6 des Gießen-Tests liegen im Bereich der Normalpopulation (BECKMANN & RICHTER, 1972). Im Faktor 4 (Grundstimmung: hypomanisch oder depressiv) sind die Werte unserer Klientinnen im Vergleich zur Normalpopulation ($\bar{x}$ = 23,83) deutlich erhöht. Sie entsprechen mit $\bar{x}$ = 34,8 und $\bar{x}$ = 35,3 einer Gruppe als neurotisch-depressiv klassifizierter Patienten in der Psychosomatischen Klinik in Gießen (BECKMANN & RICHTER, 1972). Wiederum zeigt sich ein Zusammenhang zwischen agoraphobischen Ängsten und depressiven Verstimmungen, wenn auch der Faktor 4 des Gießen-Tests nicht zwischen erfolgreichen und weniger erfolgreichen Klientinnen zu differenzieren vermag. Auch die Mittelwerte der drei Faktoren im IPC liegen im Normbereich, lediglich der Faktor 2 (Externalität, die durch ein subjektives Gefühl der Machtlosigkeit bedingt ist) der weniger Erfolgreichen liegt um etwa eine Standardabweichung über dem Mittelwert einer "normalen" Referenzgruppe.

Zusammenfassung und Diskussion

Erfolg und Mißerfolg der von uns angebotenen Konfrontationstherapie scheinen von den soziodemographischen Daten der Klientinnen und deren Ausmaß an symptombezogener Beeinträchtigung weitgehend unabhängig zu sein. Demgegenüber bieten Maße zur Generalisierung der Störung auf andere Problem- und Lebensbereiche einige trenn-scharfe Kriterien zur Vorhersage von Therapieerfolg an: Die weniger depressiven Klientinnen mit geringerer verhaltensmassiver Aggression, geringerer Aggressionshemmung und weniger ausgeprägter Kontakt-angst profitieren mehr von der Behandlung.

Von den Instrumenten zur Erfassung von Persönlichkeitsvariablen differenziert nur der FPI zwischen den Ausgangsmerkmalen der mehr bzw. weniger Erfolgreichen: Eine insgesamt günstigere Prognose haben Klientinnen, die weniger depressiv und erregbar sind, mehr Gelassenheit aufweisen und emotional stabiler sind.

Die Bedeutung depressiver Störungen und der Persönlichkeitsvariablen des FPI weisen auf bekannte Prognosekriterien hin: Die weniger neurotischen und depressiven, insgesamt weniger gestörten Klienten profitieren mehr von psychotherapeutischen Behandlungsmethoden. Die vorliegenden Befunde zeigen differenzierter auf, welche der FPI-Variablen für unsere Klientinnen besonders gute Vorhersagemög-lichkeiten bieten.

Besonders hingewiesen werden sollte auf die Ergebnisse des Hostili-tätsfragebogens und des Unsicherheitsfragebogens. Wir können die Befunde von HAFNER (1977a, b, 1982) bestätigen, wonach Aggres-sionsmaße eine Bedeutung als Praediktorvariablen für die Behandlung von Agoraphobikern aufweisen. Fraglich bleibt allerdings, ob die Annahme HAFNERs (1982) zutrifft, daß Ausprägung und Richtung der Aggressionsmaße mit der symptom-aufrechterhaltenden Partner-schaftsstruktur zusammenhängen. Demgegenüber vertreten z.B. psycho-analytisch orientierte Autoren die Hypothese, daß phobische Verhal-tensweisen in Zusammenhang mit starken aggressiven Impulsen und ihrer Unterdrückung zu sehen sind.

Typisches Kennzeichen von Agoraphobikerinnen scheint ein hohes Ausmaß an sozialer Angst und Unsicherheit zu sein. Hier sind es besonders die Komponenten "Kontaktangst" und "Kritik- und Fehl-schlagangst", wobei die Variable "Kontaktangst" ein prognostisches Kriterium für Therapieerfolg darstellt. "Kontaktangst" wird vermutlich die Klientinnen daran hindern, sich **langfristig** offensiv mit den physikalischen und sozialen Bedingungen der Umwelt auseinanderzusetzen und sie stattdessen zu Rückzug und Vermeidung veranlassen.

Auffallend sind die Normalwerte im Faktor "Fordern-Können". Wir vermuten, daß die Klientinnen durch ihre Symptomatik gelernt haben, in bestimmten Bereichen Ansprüche und Forderungen an die soziale Umwelt zu stellen, um Unterstützung bei der Vermeidung der Angst zu erlangen.

8.6.3. VERGLEICH DER ERFOLGREICHEN UND WENIGER ERFOLGREI-CHEN KLIENTINNEN IN ABHÄNGIGKEIT VON DER ABFOLGE DER KOMBINATIONSTHERAPIE

Tabelle 22 gibt einen Überblick über die Ausgangs-Mittelwerte der erfolgreichen und der weniger erfolgreichen Klientinnen der Experimentalgruppen 1 (Abfolge: Konfrontationstherapie - Gruppentherapie) und 2 (Abfolge: Gruppentherapie - Konfrontationstherapie). Sie gibt Hinweise darauf, ob bestimmte Klientinnen von einer der beiden Therapieabfolgen eventuell mehr profitieren. Aufgrund der sehr geringen Stichprobengröße der jeweiligen Vergleichsgruppen (N = 5) sind auch größere Mittelwertsunterschiede und Abweichungen von Referenzgruppen nur mit Vorsicht zu interpretieren.

Wir finden im Vergleich zur vorherigen gemeinsamen Betrachtung der beiden Experimentalgruppen z.T. gegensätzliche, überwiegend jedoch ähnliche Ergebnisse. Auffallend sind zunächst die großen Unterschiede zwischen den erfolgreichen und den weniger erfolgreichen Klientinnen in den Variablen Alter und Symptomdauer, mit **gegenläufiger** Tendenz in den beiden Experimentalgruppen. Wähend in Gruppe 1 die jungen Klientinnen mit kürzerer Symptomdauer besser abschneiden, zeigen in Gruppe 2 die älteren Klientinnen mit längerer Symptomdauer größere Erfolge. Der Unterschied wird in der Variable Alter der Gruppe 2 signifikant.

Wiederum können die symptomzentrierten Ausgangsmaße (Glob, SB, EMI) keine Prognosen für den späteren Therapieerfolg abgeben. Eine Ausnahme bildet lediglich der Faktor 3 "Vermeidungstendenz" der Situationsbewertungsskala: Klienten mit ausgeprägter Vermeidungsten-

Tabelle 22: Mittelwerte der Ausgangsmerkmale (T1) und der erfolgreichen und der weniger erfolgreichen Klientinnen, getrennt nach Experimentalgruppen 1 und 2

	EXPERIMENTALGRUPPE 1			EXPERIMENTALGRUPPE 2		
	erfolgreiche Klientinnen (N = 5)	weniger erfolgreiche Klientinnen (N = 5)	Signifikanzniveau	erfolgreiche Klientinnen (N = 5)	weniger erfolgreiche Klientinnen (N = 5)	Signifikanzniveau
Soziodemografische Daten und symptomorientierte Maße						
Alter	27,6	41,1	n.s.	44.0	26.2	* t = 2,85
Symptomdauer in Monaten	72,0	102,0	n.s.	124,8	50,8	n.s.
Glob	272,0	248,0	n.s.	229,0	237,0	n.s.
SB 1	48,8	46,4	n.s.	47,6	49,2	n.s.
2	38,2	35,8	n.s.	31,4	38,2	n.s.
3	37,6	35,0	n.s.	33,0	43,2	* t = 2,41
4	41,8	38,0	n.s.	40,4	31,6	n.s.
5	11,8	12,8	n.s.	12,6	14,4	n.s.
6	20,8	31,2	n.s.	27,6	23,0	n.s.
EMI-S 1	95,2	100,6	n.s.	93,4	104,8	n.s.
2	44,8	46,6	n.s.	44,2	49,0	n.s.
3	43,8	45,8	n.s.	40,2	46,0	n.s.
4	35,4	38,0	n.s.	36,6	41,0	n.s.
5	23,2	21,4	n.s.	28,8	22,2	n.s.
6	22,6	21,8	n.s.	25,2	16,6	n.s.
7	20,0	21,4	n.s.	21,2	21,8	n.s.
Generalisierungsmaße						
Depr.	16,2	25,2	n.s.	16,6	30,6	* t = - 2,47
Host 1	8,2	14,4	n.s.	8,6	19,8	* t =-2,33
2	21,4	28,6	** t = -5,49	25,0	27,4	n.s.
U 1	43,6	55,6	n.s.	41,6	51,0	n.s.
2	30,0	47,6	n.s.	32,4	49,4	n.s.
3	37,8	33,2	n.s.	44,0	40,2	n.s.
4	23,8	32,0	n.s.	28,8	26,2	n.s.
5	11,0	12,0	n.s.	7,2	5,6	n.s.
6	13,4	18,4	n.s.	14,2	15,4	n.s.
Persönlichkeitsmaße						
IPC 1	31,8	34,2	n.s.	36,0	35,0	n.s.
2	25,0	34,0	n.s.	25,8	27,6	n.s.
3	28,6	29,0	n.s.	26,2	26,2	n.s.
GT 1	22,8	25,2	n.s.	27,6	26,4	n.s.
2	26,4	27,4	n.s.	27,0	21,8	n.s.
3	26,0	27,2	n.s.	32,2	26,4	n.s.
4	35,0	35,2	n.s.	34,6	35,4	n.s.
5	27,2	29,2	n.s.	26,6	26,2	n.s.
6	26,0	28,0	n.s.	23,2	22,2	n.s.
FPI 1	8,2	12,0	n.s.	11,4	13,2	n.s.
2'	6,6	6,0	n.s.	4,4	6,0	n.s.
3	6,6	11,4	* t = -2,52	9,2	11,0	n.s.
4	3,4	7,0	* t = -3,21	5,4	6,6	n.s.
5	6,0	3,2	n.s.	4,2	5,6	n.s.
6	4,6	1,8	* t = 3,35	3,4	2,8	n.s.
7	4,4	4,4	n.s.	4,8	4,2	n.s.
8	6,0	8,2	n.s.	6,8	7,6	n.s.
9'	4,4	6,2	n.s.	4,2	5,4	n.s.
E'	5,0	3,6	n.s.	4,2	4,2	n.s.
N	6,4	10,8	* t = -2,63	8,0	9,4	n.s.
M	5,0	2,2	n.s.	3,2	2,2	n.s.

[1] Die FPI-Skalen 2, 9 und E wurden aufgrund der Altersabhängigkeit dieser Skalen in Stanine-Werten verrechnet, für alle anderen Skalen wurden die Rohwerte benutzt.

denz profitieren von der Therapie mit initialer Gruppentherapie weniger als diejenigen mit geringer Vermeidungstendenz. Diese Variable scheint für die umgekehrte Abfolge dagegen unbedeutend zu sein.

Bei den Generalisierungsmaßen ermöglichen der Depressionsfragebogen und der Hostilitätsfragebogen gute Prognosen für den Therapieerfolg. In beiden Gruppen weisen die weniger erfolgreichen höhere Depressionswerte auf. Der Unterschied wird in Gruppe 2 signifikant.

Wie schon bei der gemeinsamen Betrachtung aufgezeigt, haben die weniger erfolgreichen Klientinnen höhere Werte im Faktor "verhaltensmassive Aggression". Dieser Unterschied kann in Gruppe 2 statistisch gesichert werden. Das Ausmaß der Aggressionshemmung ist bei den weniger Erfolgreichen der Gruppe 1 sehr signifikant größer als bei den Erfolgreichen; in der Gruppe 2 bestehen keine Unterschiede zwischen den Vergleichsgruppen.

Anders als bei der gemeinsamen Betrachtung können die Faktoren des Unsicherheitsfragebogens keine statistisch bedeutsamen Ausgangswertunterschiede zwischen den Gruppen nachweisen. Allerdings finden wir bei den Faktoren U 1, U 2 und U 3 tendenziell ähnliche Befunde für beide Experimentalgruppen: Die weniger Erfolgreichen zeigen eine erhöhte "Fehlschlag- und Kritikangst", die das Ausmaß von Sozialphobikern erreicht, und eine stark erhöhte "Kontaktangst", bei der sie den Wert von Sozialphobikern sogar um eine halbe Standardabweichung übertreffen. Keine Schwierigkeiten haben die Gruppen mit dem "Fordern-Können" (Faktor U 4).

Vom Freiburger Persönlichkeitsinventar sind es wiederum die Faktoren 3, 4, 6 und N, die bei den Klientenausgangsmerkmalen signifikante Unterschiede zwischen Erfolgreichen und weniger Erfolgreichen aufweisen. Die erfolgreichen Klientinnen der Gruppe 1 sind signifikant weniger depressiv und erregbar, zeigen mehr Gelassenheit und können als emotional stabiler angesehen werden. Die Mittelwertsunterschiede in der anderen Experimentalgruppe sind hier jeweils in der Tendenz gleichsinnig, ohne allerdings das statistische Kriterium von $\alpha = 5\%$ zu erreichen.

Gießen-Test und IPC ermöglichten keine trennscharfen Kriterien zur Vorhersage von Therapieerfolg.

Zusamenfassung und Diskussion

Von beiden Therapieabfolgen profitieren überwiegend Klientinnen mit ähnlichen Ausgangsmerkmalen: Es sind die weniger depressiven Klientinnen mit geringerer "verhaltensmassiver Aggression" und "Aggressionshemmung" sowie einigen Persönlichkeitsvariablen des FPI, die sie insgesamt als "weniger gestört" ausweisen. Lediglich zwei Variablen können u.E. Hinweise auf eine differentielle Indikation geben: Ältere Klientinnen (und damit zusammenhängend diejenigen mit längerer Symptomdauer) profitieren mehr von der Abfolge mit initialer Gruppentherapie; Klientinnen mit starker "Vermeidungstendenz" profitieren weniger von dieser Abfolge. Die Bedeutung der Variable "Vermeidungstendenz" scheint plausibel bei der Kombinationsabfolge, die die symptomzentrierte Behandlung der Ängste zunächst zurückstellt und damit eventuell Vermeidungstendenzen unterstützt bzw. eine notwendige offensive Auseinandersetzung mit der Störung verzögert oder hinausschiebt.

Auf den ersten Blick schwer erklärbar sind u.E. die gegenläufigen Tendenzen bei den Variablen Alter und Symptomdauer, zumal alle anderen trennscharfen Kriterien in beiden Therapieabfolgen eine weitgehend gleichsinnige Ausprägung aufzeigen. Es erscheint möglich, daß ältere Klientinnen aufgrund der langen stabilen Symptomdauer erst nach einer "vorbereitenden" Gruppentherapie bereit sind, die Störung aufzugeben und sich der Konfrontation voll auszusetzen. Die Symptomatik der jüngeren Klientinnen ist erst weniger fest in ein aufrechterhaltendes soziales System eingebunden. Diese Gruppe profitiert daher möglicherweise mehr von der initialen symptomzentrierten Therapie und der anschließenden Behandlung damit zusammenhängender Folgeprobleme.

9.   ZUSAMMENFASSUNG

Das vorliegende Buch beschäftigt sich mit dem Störungsbild und der Behandlung agoraphobischer Ängste bei Frauen, wobei sich der Autor insbesondere mit der kritischen Evaluation von neuartigen, kombinierten therapeutischen Vorgehensweisen auseinandersetzt.

Im ersten Kapitel des Buches wird zunächst ein Überblick über **Erklärungsmodelle** und **empirische Befunde** zum agoraphobischen Störungsbild gegeben. Neben den allgemeinen Angsttheorien, die nicht alle relevanten Phänomene befriedigend erklären, sucht der Autor einen Zugang über sog. Vulnerabilitätsfaktoren im intra- und interpersonellen Bereich und stellt – die Angst als eine generalisierte, multifaktoriell verursachte Bewältigungsstrategie verstehend – ein Arbeitsmodell zur Entstehung und Aufrechterhaltung von Agoraphobien vor.

Im Überblick über die bisherigen **Behandlungsformen** phobischer Ängste (Kapitel 2) wird der Schwerpunkt auf Konfrontationsverfahren gelegt. Deren Wirkungsweise wird theoretisch erörtert und die empirischen Befunde kritisch diskutiert. Aus der Betrachtung langfristiger Effekte von Konfrontationsverfahren und deren Auswirkungen auf unterschiedliche Lebensbereiche ergibt sich die Frage nach einer die symptomzentrierte Behandlung ergänzenden Betreuung der Klientinnen (Kapitel 3). Der Autor entwickelt hierzu in Kapitel 4 ein neues **kombiniertes Therapieprogramm**, das sowohl eine In-Vivo-Konfrontationstherapie als auch eine problemlöseorientierte Gruppentherapie umfaßt. Wie bei allen neuen Therapieprogrammen stellt sich hierbei die Frage, welche Auswirkungen das Verfahren gegenüber herkömmlichen Vorgehensweisen hat und wie seine Behandlungsteile optimal in der Praxis einzusetzen sind.

Diese empirische Evaluation wird in den folgenden Kapiteln 5 bis 8 ausführlich an einer Studie mit 51 weiblichen schwer gestörten Agoraphobikerinnen dargestellt. Hierbei verglich der Autor zwei Experimentalgruppen, die in balancierter Reihenfolge sowohl Konfrontationstherapie als auch Gruppentherapie erhielten, mit einer unbehandelten Kontrollgruppe und mit Klientinnen, die nur mit Konfrontationstherapie behandelt wurden. Kapitel 5 beschreibt die **Methodik** der Untersuchung, bei der eine Erfolgsmessung in den Bereichen

symptomzentrierter Maße, Generalisierungsmaße und Persönlichkeitsmaße zu vier Meßzeitpunkten erfolgte. In Kapitel 6 werden die **Hypothesen** der Untersuchung beschrieben.

Die **Ergebnisse** der multivariaten Auswertung der Daten (Kapitel 7)
zeigen, daß das kombinierte Therapieprogramm gegenüber der unbehandelten Kontrollgruppe zwar sehr deutliche Erfolge erzielte, aber
der reinen Konfrontationstherapie nicht überlegen war. Eine Verbesserung der bisherigen Behandlungserfolge konnte durch Hinzufügung
einer symptomübergreifenden Therapieform also nicht erreicht werden.

Diese von den ursprünglichen Erwartungen abweichenden Ergebnisse
bezüglich kombinierter Behandlungsformen werden in Kapitel 8 diskutiert. Er ergeben sich wertvolle kritische Überlegungen hinsichtlich
der Additivität von Behandlungsmethoden zu immer umfangreicheren
Therapieprogrammen: Die Befunde legen nahe, die weit verbreitete
Vermutung, mit der Komplexität der Therapieangebote steige notwen-
digerweise auch deren Erfolg, in Zweifel zu ziehen. Es zeigt sich
stattdessen, daß die unterschiedlichen Erklärungsmodelle der Behandlungsformen entscheidende Auswirkungen auf die Erwartungen der
Klientinnen und damit auf die Gesamterfolge haben.

Heute, drei Jahre nach Abschluß der Behandlung, liegen auch die
Ergebnisse einer Drei-Jahres-Follow-up-Untersuchung vor, die hier
einzeln darzustellen den Rahmen dieses Buches sprengen würden. In
dieser Nachuntersuchung wurden nochmals alle o.g. abhängigen Variablen erhoben sowie zusätzlich ein Verhaltenstest durchgeführt, bei
dem die Klientinnen die zu Therapiebeginn geschilderten hauptphobischen Situationen nochmals in der Realität aufsuchen sollten. Neben
der Überprüfung des Langzeiteffektes der Therapie konnte so auch
untersucht werden, inwieweit verbal-subjektive Angaben mit dem Verhalten auf der motorisch-physiologischen Ebene korrespondieren.

Drei Jahre nach Therapieende erwies sich die Konfrontationstherapie
als langfristig stabilisierende, sehr erfolgreiche Behandlungsform für
agoraphobische Störungsbilder, wobei zu diesem Zeitpunkt kein Unterschied in den Erfolgen zwischen kombinierter Therapie und reiner
Konfrontationstherapie mehr feststellbar war. Insbesondere in den

symptomorientierten Variablen, aber auch in den Persönlichkeitsmaßen konnten deutliche langfristige Verbesserungen nachgewiesen werden. Hier war es zudem durch den Verhaltenstest möglich, diesen Erfolg nicht nur auf der subjektiv-verbalen Ebene aufzuzeigen, sondern auch zu belegen, daß früher angstbesetzte Situationen heute von 85% der behandelten Klientinnen erfolgreich bewältigt werden.

LITERATUR

AGRAS, W.S., CHAPIN, H.N. & OLIVEAU, D.C.: The natural history of phobia. Archives of General Psychiatry, 1972, **26**, 315-317.

AGRAS, W.S. & JACOB, R.G.: Nature and measurement. In: MAVIS-SAKALIAN, M. & BARLOW, D.H. (Eds.): Phobia. Psychological and pharmacological treatment. New York, 1981.

AGRAS, W.S., LEITENBERG, H. & BARLOW, D.: Social reinforcement in the modification of agoraphobia. Archives of General Psychiatry, 1968, **19**, 423-427.

AGRAS, W.S., SYLVESTER, D. & OLIVEAU, D.C.: The epidemiology of common fears and phobia. Comprehensive Psychiatry, 1969, **10**, 151-156.

AGULINK, P.L.: The spouse of the phobic patient. British Journal of Psychiatry, 1970, **117**, 59-67.

ANDERSON, T. W.: An introduction to multivariate statistical analysis. New York, 1958.

ANDOLFI, M.: Familientherapie – das systemische Modell und seine Anwendung. Freiburg/Breisgau, 1982.

ANDREWS, J.D.: Psychotherapy of phobias. Psychological Bulletin, 1966, **56**, 455-480.

BANDURA, A.: Principles of behavior modification. New York, 1969.

BANDURA, A.: Social learning theory. Englewood Cliffs, N.J., 1977.

BANDURA, A., BLANCHARD, E.B. & RITTER, B.: The relative efficacy of desensitization and modeling approaches for inducing behavioral, affective, and attitudinal changes. Journal of Personality and Social Psychology, 1969, **13**, 175-179.

BANDURA, A. & ROSENTHAL, T.: Vicarious classical conditioning as a function of arousal level. Journal of Personality and Social Psychology, 1966, **3**, 54-62.

BANDURA, A. & WALTERS, R.H.: Social learning and personality development. New York, 1963.

BANKART, B. & ELLIOT, R.: Extinction of avoidance in rats: Response availability and stimulus presentation effects. Behaviour Research and Therapy, 1974, **12**, 53-56.

BARLOW, D., MAVISSAKALIAN, M. & HAY, L.: Couples treatment of agoraphobics: Changes in marital satisfaction. Behaviour Research and Therapy, 1981, **19**, 245-255.

BARRET, C.L.: Systematic desensitization versus implosive therapy. Journal of Abnormal Psychology, 1969, **74**, 587-592.

BARTLING, G.: Zum kurz- und langfristigen Erfolg zweier Variationen einer Reizüberflutungstherapie. Inaugural-Dissertation, Münster, 1978.

BARTLING, G.: Bericht über eine problemorientierte Gruppentherapie. In: FIEGENBAUM, W. (Hrsg.): Psychologische Therapie in der Praxis. Stuttgart, 1982, 67-97.

BARTLING, G.: Ausbildungs- und Supervisionsmodelle für problemorientierte Gruppentherapie. Münster, 1983 (in Vorbereitung).

BARTLING, G., ECHELMEYER, L., ENGBERDING, M. & KRAUSE, R.: Problemanalyse im therapeutischen Prozeß. Stuttgart, 1980 (c).

BARTLING, G., FIEGENBAUM, W., FLIEGEL, S. & KRAUSE, R.: Angst - wer sie durchsteht, wird sie los. In: Psychologie heute (Hrsg.) : Neue Formen der Psychotherapie. Weinheim, 1980, 83-94.

BARTLING, G., FIEGENBAUM, W. & KRAUSE, R.: Ein "Massiertes Angstbehandlungs-Programm" (MAP) bei multiplen Situationsphobien. In: Deutsche Gesellschaft für Verhaltenstherapie (Hrsg.): Fortschritte in der Verhaltenstherapie. Weinheim, 1978, 204-233.

BARTLING, G., FIEGENBAUM, W. & KRAUSE, R.: Reizüberflutung. Theorie und Praxis. Stuttgart, 1980 (a).

BARTLING, G., FIEGENBAUM, W. & KRAUSE, R.: Einige Überlegungen zu kognitiven Grundlagen der Reizüberflutung. Zeitschrift für Klinische Psychologie, 1980 (b), **9**, 235-244.

BASTINE, R.: Ansätze zur Formulierung von Interventionsstrategien in der Psychotherapie. Vortrag auf dem 1. Europäischen Kongreß für Gesprächstherapie. Würzburg, 1974.

BATESON, G., JACKSON, D.D. & HALEY, J.: Schizophrenie und Familie. Frankfurt, 1969.

BAUM, M.: Rapid extiction of an avoidance response following a period of response prevention in the avoidance apparatus. Psychological Reports, 1966, **18**, 59-64.

BAUM, M.: Efficacy of response prevention (flooding) in facilitating the extinction of an avoidance response in rats: The effect of overtraining the response. Behaviour Research and Therapy, 1968, **6**, 197-203.

BAUM, M.: Extinction of an avoidance response following response prevention: Some parametric investigations. Canadian Journal of Psychology, 1969 (a), **23**, 1-10.

BAUM, M.: Extinction of an avoidance response motivated by intensive fear: Social facilitation of the action of response prevention (flooding) in rats. Behaviour Research and Therapy, 1969 (b), **7**, 57-62.

BAUM, M.: Extinction of avoidance responding through response prevention (flooding). Psychological Bulletin, 1970, **74**, 276-284.

BAUM, M. & GORDON, A.: Effect of a loud buzzer applied during response prevention (flooding) in rats. Behaviour Research and Therapy, 1970, **8**, 278-292.

BECKMANN, D. & RICHTER, H.-E.: Der Gießen-Test (GT). Bern, 1972.

BELLACK, A.S. & HERSEN, M.: Behavior modification. An introductory textbook. Baltimore, 1977.

BENJAMIN, S. & KINSEY, J.: Evaluation of standardized behavioural treatment for agoraphobic inpatients administered by untrained therapists. British Journal of Psychiatry, 1981, **138**, 423-428.

BERGOLD, J.B.: Subjektiv-verbale Indikatoren der Angst. In: KRAIKER, C. (Hrsg.): Handbuch der Verhaltenstherapie. München, 1974, 195-223.

BERLYNE, D.E.: The reward value of indifferent stimulation. In: TAPP, I.T. (Ed.): Reinforcement and behavior. New York, 1969.

BERMAN, J.S. & KATZEV, R.D.: Factors involved in the rapid elimination of avoidance behavior. Behaviour Research and Therapy, 1972, **10**, 247-256.

BEUTEL, P., KÜFFNER, H. & SCHUBÖ, W.: SPSS 8 - Statistisches Programm für die Sozialwissenschaften. Stuttgart, 1980.

BIRBAUMER, N. (Hrsg.): Psychophysiologie der Angst. Fortschritte der Klinischen Psychologie, Band 3. München, 1977 (a).

BIRBAUMER, N.: Handbuch der psychologischen Grundbegriffe. München, 1977 (b).

BISCHOF, N.: Poster-Beitrag. Vorgestellt auf dem 32. Kongreß der Deutschen Gesellschaft für Psychologie. Zürich, 1980.

BITTER, W.: Die Angstneurose. Einführung in die synoptische Psychotherapie. München, 1976.

BLAND, K. & HALLAM, R.: Relationship between response to graded exposure and marital satisfaction in agoraphobics. Behaviour Research and Therapy, 1981, **19**, 335-338.

BORKOVEC, T.D.: The role of expectancy and physiological feedback in fear research: A review with special reference to subject characteristics. Behavior Therapy, 1973, **4**, 491-505.

BOTTENBERG, E.-H.: Aggressivität und perzipierte elterliche Erziehungsstile. Schweizerische Zeitschrift für Psychologie, 1975, **34**, 129-140.

BOULOUGOURIS, J.C. & MARKS, I.M.: Implosion (flooding) - a new treatment for phobias. British Medical Journal, 1969, **2**, 721-723.

BOULOUGOURIS, J.C., MARKS, I.M. & MARSET, P.: Superiority of flooding (implosion) to desensitization for reducing pathological fear. Behaviour Research and Therapy, 1971, **9**, 7-16.

BREGMAN, E.: An attempt to modify the emotional attitude of infants by the conditioned response technique. Journal of Genetic Psychology, 1934, **95**, 169-198.

BREZNITZ, S.: Incubation of threat: Duration of anticipation and false alarm as determinants of the fear reaction to an unavoidable frigthening event. Journal of Experimental Personality Research, 1967, **2**, 173-179.

BROVERMANN, K., BROVERMANN, D., CLAKSON, F., ROSEN-KRANTZ, P. & VOGEL, S.: Sex role stereotypes and clinical judgements of mental health. Journal of Consulting and Clinical Psychology, 1970, **34**, 1-7.

BUGLASS, D., CLARKE, J., HENDERSON, A.S., KREITMANN, N. & PRESLEY, A.S.: A Study of agoraphobic housewives. Psychological Medicine, 1977, **7**, 73-86.

BURNS, L.E. & THORPE, G.L.: The epidemiology of fears and phobias with particular reference to the National Survey of Agoraphobics. Journal of International Medical Research, 1977, **5**, Suppl. 5, 1-7.

BUSS, A.H. & DURKEE, A.: An inventory for assessing different kinds of hostility. Journal of Consulting Psychology, 1957, **21**, 343-349.

BUSSE, R. & SANETRA, G.: Längerfristige Auswirkungen einer Angstbehandlung auf verschiedene Lebensbereiche eines Klienten. Unveröffentlichte Diplomarbeit. Münster, 1977.

BUTOLLO, W.: Chronische Angst, Theorie und Praxis der Konfrontationstherapie. München, 1979.

BUTOLLO, W., BURKHARDT, P., MÜLLER, M. & HIMMLER, C.: Mehrdimensionale Verhaltenstherapie bei chronischen körperbezogenen Angstreaktionen. Vortrag auf dem Symposium des Deutschen Komitees für Psychosomatische Medizin. Köln, 1978.

CAINE, T., FOULDS, G. & HOPE, K.: The manual of the Hostility and Direction of Hostility Questionnaire (H.D.H.Q.). London, 1967.

CAMPBELL, D., SANDERSON, R.E. & LAVERTY, S.G.: Characteristic of a conditioned response in human subjects during extinction trials following a simple traumatic conditioning trial. Journal of Abnormal and Social Psychology, 1964, **68**, 627-639.

CHAMBLESS, D.L.: Characteristics of agoraphobics. In: CHAMBLESS, D.L. & GOLDSTEIN, A.J. (Eds.): Agoraphobia. Multiple perspectives on theory and treatment. New York, 1982.

CHAMBLESS, D.L., FOA, E.B., GROVES, G.A. & GOLDSTEIN, A.J.: Flooding with Brevital in the treatment of agoraphobia: Countereffective? Behaviour Research and Therapy, 1979, **17**, 243-251.

CHAMBLESS, D.L., FOA, E.B., GROVES, G.A. & GOLDSTEIN, A.J.: Exposure and communications training in the treatment of agoraphobia. Behaviour Research and Therapy, 1982, **20**, 219-231.

CHAMBLESS, D.L. & GOLDSTEIN, A.J.: Clinical treatment of agoraphobia. In: MAVISSAKALIAN, M. & BARLOW, D.H. (Eds.): Phobia. Psychological and pharmacological treatment. New York, 1981.

COBB, J.: Drugs in treatment of obsessional and phobic disorders with behavioural therapy - possible synergism. In: BOULOUGOURIS, J.C. & RABAVILAS, A.D. (Eds.): The treatment of phobic and obsessive compulsive disorders. Oxford, N.Y., 1977.

COBB, J., McDONALD, R., MARKS, I.M. & STERN, R.: Psychological treatments of co-existing marital and phobic-obsessive problems. European Journal of Behaviour Analysis and Modification, 1980, **4**, 3-17.

COLLIN, H. & DANE, E.: Agoraphobie und Ehe. In: Deutsche Gesellschaft für Verhaltenstherapie (Hrsg.): Klinische Psychologie - Fortschritte in Diagnostik und Therapie. Kongreßbericht II. Weinheim, 1979.

COOLEY, W.W. & LOHNES, P.R.: Multivariate data analysis. New York, 1971.

COOLIDGE, J.C. & BROODIE, R.D.: Observations of mothers of 49 school phobic children (evaluated in a 10-year follow-up study). Journal of the American Academy of Child Psychiatry, 1974, **13**, 275-285.

COSTELLO,C.G.:Dissimilarities between conditioned avoided responses and phobias. Psychological Review, 1970, **77**, 250-254.

DAVISON, G.C. & NEALE, J.M.: Klinische Psychologie. München, 1979.

DAVISON, M. & TOPOREK, J.: General univariate and multivariate analysis of variance and covariance, including repeated measures (URWAS). In: DIXON, W.J., BROWN, M.B., ENGELMAN, L., FRANE, J.W., HILL, M.A., JENNRICH, R.I. & TOPOREK, J.D.: BMDP Statistical Software 1981. Berkeley, 1981, 388-416.

DEE, C.: Instructions and the extinction of a learned fear in the context of taped implosive therapy. Journal of Consulting and Clinical Psychology, 1972, **39**, 123-132.

DIEHL, J.M.: Varianzanalyse. Frankfurt, 1977.

DIXON, J.J., DE MONCHAUX, C. & SANDLER, J.: Patterns of anxiety: The phobias. British Journal of Medical Psychology, 1957, **30**, 34-40.

DIXON, W.J. & BROWN, M.B. (Eds.): BMDP-79. Biomedical Computer Programs, P-Series. Berkeley, 1979.

DIXON, W.J., BROWN, M.B., ENGELMAN, L., FRANE, J.W., HILL, M.A., JENNRICH, R.I. & TOPOREK, J.D.: BMDP Statistical Software 1981. Berkeley, 1981.

DUFFY, E.: Activation and behavior. New York, 1962.

DZIEWAS, H. & GRAWE, K.: Das interaktionelle Problemlösevorgehen (IPV) in Gruppen. In: Deutsche Gesellschaft für Verhaltenstherapie (Hrsg.): Fortschritte der Verhaltenstherapie. Kongreßbereicht 1977. Tübingen, 1978.

D'ZURILLA,T.J. & GOLDFRIED, M.R.: Problem solving and behavior modification. Journal of Abnormal Psychology, 1971, **78**, 107-126.

EMMELKAMP, P.M.G.: Self-observation versus flooding in the treatment of agoraphobia. Behaviour Research and Therapy, 1974, **12**, 229-237.

EMMELKAMP, P.M.G.: The behavioral study of clinical phobias. In: HERSEN, M., EISLER, R.M. & MILLER, P.M. (Eds.): Progress in behavior modification. New York, 1979.

EMMELKAMP, P.M.G.: Agoraphobics' interpersonal problems: Their role in the effects of exposure in vivo therapy. Archives of General Psychiatry, 1980, **37**, 1303-1306.

EMMELKAMP, P.M.G. & EMMELKAMP-BENNER, A.: Effects of historically portrayed modeling and group treatment on self-observation: A comparison with agoraphobics. Behaviour Research and Therapy, 1975, **13**, 135-139.

EMMELKAMP, P.M.G. & KRAANEN, J.: Therapist-controlled exposure in vivo versus self-controlled exposure in vivo. A comparison with obsessive-compulsive patients. Behaviour Research and Therapy, 1977, **15**, 491-495.

EMMELKAMP, P.M.G. & KUIPERS, A.C.: Agoraphobia: A follow-up-study four years after treatment. British Journal of Psychiatry, 1979, **134**, 352-355.

EMMELKAMP, P.M.G., KUIPERS, A.C. & EGGERAST, J.B.: Cognitive modification versus prolongued exposure in vivo: A comparison with agoraphobics as subjects. Behaviour Research and Therapy, 1978, **16**, 33-41.

EMMELKAMP, P.M.G. & MERSCH, P.P.: Cognition and exposure in vivo in the treatment of agoraphobia: Short-term and delayed effects. Cognitive Therapy and Research, 1982, **6**, 77-90.

EMMELKAMP, P.M.G., VAN DER HOUT, A., & DE VRIES, K.: Assertive training for agoraphobics. Behaviour Research and Theapy, 1983, **21**, 63-68.

EMMELKAMP, P.M.G. & WESSELS, H.: Flooding in imagination versus flooding in Vivo: A comparison with agoraphobics. Behaviour Research and Therapy, 1975, **13**, 7-15.

ENGLISCH, H.B.: Three cases of the "conditioned fear response". Journal of Abnormal Psychology, 1929, **34**, 221-225.

EPSTEIN, S.: Toward a unifying theory of anxiety. In: MAHER, B.A. (Ed.): Progress in experimental personality research. New York, 1967, Vol. 4, 2-90.

EPSTEIN, S.: The nature of anxiety with emphasis upon its relationship to expectancy. In: CATTELL, R.B. (Ed.): Handbook of modern personality theory. Chicago, 1971.

EPSTEIN, S.: The nature of anxiety with emphasis upon its relationship. In: SPIELBERGER, C.D. (Ed.): Anxiety: Current trends in theory and research. New York, 1972. Vol. 2, 291-337.

EPSTEIN, S.: Versuch einer Theorie der Angst. In: BIRBAUMER, N. (Hrsg.): Psychophysiologie der Angst. München, 1977, 208-266.

ERRERA, P.: Some historical aspects of the concept of phobia. The Psychiatric Quarterly, 1962, 36, 325-336.

ERRERA, P. & COLEMAN, J.V.: A long-term follow-up study of neurotic phobic patients in a psychiatric clinic. Journal of Nervous and Mental Disease, 1963, 136, 267-271.

EVEREARD, T.A., RIJKEN, H.M. & EMMELKAMP, P.M.G.: A comparison of 'flooding' and 'successive' approximation in the treatment of agoraphobia. Behaviour Research and Therapy, 1973, 11, 105-117.

EYSENCK, H.J.: A theory of the incubation of anxiety/fear response. Behaviour Research and Therapy, 1968, 6, 139-321.

EYSENCK, H.J.: The learning theory model of neurosis - a new approach. Behaviour Research and Therapy, 1976; 14, 251-267.

FAHRENBERG, J. & SELG, H.: Das Freiburger Persönlichkeitsinventar, FPI: Handanweisung für die Durchführung und Auswertung. Göttingen, 1970.

FESTINGER, L.: A theory of cognitive dissonance. Evanston, 1957.

FIEDLER, P.: Zur Theorie und Praxis verhaltenstherapeutischer Gruppen. In: HEIGL-EVERS, A. & STREEK, V. (Hrsg.): Psychologie des 20. Jahrhunderts. Band VII: Lewin und die Folgen. Sozialpsychologie - Gruppendynamik - Gruppentherapie. Zürich, 1979.

FIEGENBAUM, W.: Angst- und Behandlungsverläufe bei der Therapie mit Reizüberflutung. Inaugural-Dissertation, Münster, 1978.

FIEGENBAUM, W.: Ängste und ihre stabilisierende Funktion für eine Partnerbeziehung. In: FIEGENBAUM, W. (Hrsg.): Psychologische Therapie in der Praxis. Stuttgart, 1982 (a).

FIEGENBAUM, W.: Konfrontationsverfahren. In: BASTINE, R., FIEDLER, P.A., GRAWE, K., SCHMIDTCHEN, S. & SOMMER, G. (Hrsg.): Grundbegriffe der Psychotherapie. Weinheim, 1982 (b), 222-224.

FIEGENBAUM, W.: Arbeits- und Therapiematerialien für eine kombinierte Konfrontationstherapie und eine problemlöseorientierte Gruppentherapie zur Behandlung weiblicher Agoraphobiker. Unveröffentlicht. Marburg, 1983.

FLIEGEL, S.: Zur Wirksamkeit von Selbstverbalisation bei der Verhaltenstherapie phobischer Ängste. Inaugural-Dissertation. Bochum, 1978.

FLORIN, I. & TUNNER, W.: Therapie der Angst. München, 1975.

FOA, E.B., BLAU, J., PROUT, M. & LATIMER, P.: Is horror a necessary component of flooding (implosion)? Behaviour Research and Therapy, 1977, **15**, 397–402.

FOA, E.B., JAMESON, J.S., TURNER, R.M. & PAYNE, L.L.: Massed versus spaced exposure sessions in the treatment of agoraphobia. Behaviour Research and Therapy, 1980, **18**, 333–338.

FODOR, I.G.: The phobic syndrome in women: Implication for treatment. In: FRANKS, V. & BURTLE, V. (Eds.): Women in therapy. New York, 1974.

FOLKINS, C.H., LAWSON, K.D., OPTON, E.M. & LAZARUS, R.S.: Desensitization and experimental reduction of threat. Journal of Abnormal Psychology, 1968, **73**, 100–113.

FRANCES, A. & DUNN, P.: The attachment-autonomy conflict in agoraphobia. International Journal of Psychoanalysis, 1975, **56**, 435–439.

FRANKE, W. & ZIMMER, J.: Therapeutenvariablen. Bedeutung und Modifikation im therapeutischen Prozeß. Unveröffentlichte Diplomarbeit, Münster, 1978.

FRANKS, C.M. & WILSON, G.T. (Eds.): Annual review of behavior therapy - Theory and practice. New York, 1978.

FRESE, M.: Psychische Störungen bei Arbeitern. Salzburg, 1977.

FRY, W.F.: The marital context of the anxiety syndrome. Family Process, 1962, **1**, 245–252.

GAUTHIER, J. & MARSHALL, W.L.: The determination of optimal exposure to phobic stimuli in flooding therapy. Behaviour Research and Therapy, 1977,**15**, 403–410.

GELDER, M.G., BANCROFT, J.M.J., GATH, D.H., JOHNSTON, D.W., MATHEWS, A.M. & SHAW, P.M.: Specific and non-specific factors in behavior therapy. British Journal of Psychiatry, 1973, **123**, 445–462.

GELDER, M.G. & MARKS, I.M.: Severe agoraphobia: A controlled prospective trial of behavior therapy. British Journal of Psychiatry, 1966, **112**, 309–319.

GOLDFRIED, M.R. & DAVISON, G.C.: Clinical behavior therapy. New York, 1976.

GOLDSTEIN, A.: Case conference: Some aspects of agoraphobia. Journal of Behavior Therapy and Experimental Psychiatry, 1970, **1**, 305–313.

GOLDSTEIN, A.: Learning theory insufficiency in understanding agoraphobia: A plea for empirism. In: BRENGELMANN, J.C. & TUNNER, W. (Hrsg.): Behavior therapy - Verhaltenstherapie. München, 1973.

GOLDSTEIN, A., CHAMBLESS, D.: A reanalysis of agoraphobia. Behavior Therapy, 1978, **9**, 47-58.

GOLDSTEIN FODOR, J.G.: Phobien bei Frauen: Behandlungsvorschläge. In: FRANKS, V. & BURTLE, V. (Hrsg.): Frauen und Psychotherapie. Fragen - Probleme - Modelle. München, 1979.

GOODSTEIN, R.K. & SWIFT, K.: Psychotherapy with phobic patients: A marriage relationship as the source of symptoms and locus of treatment. American Journal of Psychotherapy, 1977, **31**, 285-292.

GORDON, A. & BAUM, M.: Increased efficacy of flooding (response prevention) in rats through positive intracranial stimulation. Journal of Comparative and Physiological Psychology, 1971, **75**, 68-72.

GRAWE, K.: Differenzielle Psychotherapie I. Bern, 1976.

GRAWE, K. (Hrsg.): Verhaltenstherapie in Gruppen. München, 1980.

GRAWE, K. & DZIEWAS, H.: Interaktionelle Verhaltenstherapie. In: Deutsche Gesellschaft für Verhaltenstherapie (Hrsg.): Fortschritte der Verhaltenstherapie. Kongreßbericht 1977/I. Tübingen, 1978.

GRAWE, K., DZIEWAS, H. & WEDEL, S.: Interaktionelle Problemlösegruppen - ein verhaltenstherapeutisches Grundkonzept. In: GRAWE, K. (Hrsg.): Verhaltenstherapie in Gruppen. München, 1980.

GRAY, J.A.: Angst und Stress. München, 1971.

GROVES, P.M. & THOMPSON, R.F.: Habituation: A dual process theory. Psychological Review, 1970, **77**, 419-450.

GRUNDLER, F.: Empirische Studien zur Validität des FPI. Phil. Dissertation. Freiburg/Breisgau, 1970.

HAFNER, R.J.: Fresh symptom emergence after intensive behaviour therapy. British Journal of Psychiatry, 1976, **129**, 378-387.

HAFNER, R.J.: The husbands of agoraphobic women - Assertive mating or pathogenic interaction. British Journal of Psychiatry, 1977 (a), **130**, 233-239.

HAFNER, R.J.: The husbands of agoraphobic women and their influences on treatment outcome. British Jouranl of Psychiatry, 1977 (b), **131**, 289-294.

HAFNER, R.J.: The marital context of the agoraphobic syndrome. In: CHAMBLESS, D.L. & GOLDSTEIN, A.J. (Eds.): Agoraphobia. Multiple perspectives on therapy and treatment. New York, 1982.

HAFNER, R.J. & MARKS, J.M.: Exposure in vivo of agorpahobics: Contributions of Diazepam, group exposure and anxiety evocation. Psychological Medicine, 1976, **6**, 71-78.

HAFNER, R.J. & MILTON, F.: The influence of Propranol on the exposure in vivo with agoraphobics. Psychological Medicine, 1977, **7**, 419-425.

HALDER, P.: Verhaltenstherapie und Patientenerwartung. Bern, 1977.

HALEY, J.: Direktive Familientherapie. Strategien für die Lösung von Problemen. München, 1977.

HALLAM, R.S.: Agoraphobi a: A critical review of the concept. British Journal of Psychiatry, 1978, 133, 314-319.

HALLAM, R.S. & HAFNER, R.J.: Fears of phobic patients: Factor analyses of self-report data. Behaviour Research and Therapy, 1978, 16, 1-6.

HAMPE, E., NOBLE, H., MILLER, L.G. & BARRETT, C.L.: Phobic children one and two years post-treatment. Journal of Abnormal Psychology, 1973, 82, 446-453.

HAND, I.: Symptomorientierte Gruppentherapie bei Phobien – die problemlöseorientierte Arbeitsgruppe in der Psychotherapie. Fortschritte der Neurologie, Psychiatrie und ihrer Grenzgebiete, 1975, 43, 285-304.

HAND, I. & LAMONTAGNE, Y.: The exacerbation of interpersonal problems after rapid phobia-removal. Psychotherapy: Theory, Research and Practice, 1976, 13, 405-411.

HAND, I., LAMONAGNE, Y. & MARKS, I.M.: Group exposure in vivo for agoraphobics. British Journal of Psychiatry, 1974, 124, 588-602.

HAND, I., LAMONTAGNE, Y. & MARKS, I.M.: Group exposure (flooding) in vivo for agoraphobics. In: FRANKS, C.M. & WILSON, G.T. (Eds.): Behavior therapy, theory and practice. New York, 1975.

HAND, I., SPÖHRING, B. & STANIK, E.: Treatment of obsessions, compulsions and phobias as hidden couple-counseling. In: BOULOU-GOURIS, J.C. & RABAVILAS, A.D. (Eds.): The treatment of phobic and obsessive-compulsive disorders. Oxford, N.Y., 1977.

HARTIG, M.: Probleme und Methoden der Psychotherapieforschung. München, 1975.

HERRNSTEIN, R.J.: Method and theory in the study of avoidance. Psychological Review, 1969, 76, 49-69.

HODGSON, R.J. & RACHMAN, S.: An experimental investigation of the implosion technique. Behaviour Research and Therapy, 1970, 8, 21-27.

HOFFMANN, L.: Early childhood experiences and women's achievement motives. Journal of Social Issues, 1972, 28, 51-59.

HOFFMANN, M.: Zur Genese von Verhaltensstörungen aufgrund fehlgeschlagener Problemlösestrategien. In: Deutsche Gesellschaft für Verhaltenstherapie. (Hrsg): Fortschritte der Verhaltenstherapie. Kongreßbericht Berlin 1977. Weinheim, 1978.

HOGAN, R.A.: Implosive therapy in the short term treatment of psychotics. Psychotherapy: Theory, Research and Practice, 1966, 3, 25-32.

HOGAN, R.A. & KIRCHNER, J.H.: Implosive, eclectic-verbal and bibliotherapy in the treatment of fears of snakes. Behaviour Research and Therapy, 1968, 6, 167-171.

HUDSON, B.: The families of agoraphobics treated by behavior therapy. British Journal of Social Work, 1974, 4, 51-59.

HULL, C.L.: Principles of behavior. New York, 1943.

HULL, C.L.: A behavior system. New Haven, 1952.

JANNOUN, L., MUNBY, M., GATALAN, J. & GELDER, M.: A home-based treatment program for agoraphobia: Replication and controlled evaluation. Behaviour Therapy, 1980, 11, 294-305.

JOHNSTON, D.W., RANCASHIRE, M., MATHEWS, A.M., MUNBY, M., SHAW, P.M. & GELDER, M.: Imaginal flooding and exposure to real phobic situations: Change during treatment. British Journal of Psychiatry, 1976, 129, 372-377.

KAMIN, J.L., BRIMER, C.J. & BLACK, A.H.: Conditioned suppression as a monitor of fear of the CS in the course of avoidance training. Journal of Comparative Physiological Psychology, 1963, 56, 497-501.

KANFER, F.H. & PHILLIPS, J.S.: Lerntheoretische Grundlagen der Verhaltenstherapie. München, 1975.

KANFER, F.H. & SASLOW, G.: Behavioral analysis: An alternative to diagnostic classification. Archives of General Psychiatry, 1965, 12, 529-538.

KEMMLER, L.: Erfolg und Versagen in der Grundschule - empirische Untersuchungen. Göttingen, 1970.

KEMMLER, L.: Schulerfolg und Schulversagen. Göttingen, 1976.

KIRCHNER, J.H. & HOGAN, R.A.: The therapist variable in the implosion of phobias. Psychotherapy, 1966, 3, 102-104.

KRAMPEN, G.: IPC-Fragebogen zu Kontrollüberzeugungen. Deutsche Bearbeitung der IPC-Scales von Hanna Levenson. Göttingen, 1981.

KRAMPEN, G. & NISPEL, L.: Zur subjektiven Handlungsfreiheit von Alkoholikern. Zeitschrift für Klinische Psychologie, 1978, 7, 295-303.

KRAMPEN, G. & OHM, D.: Generalisierte Kontrollüberzeugungen von Kurpatienten mit Herz- und Kreislauferkrankungen. Medizinische Psychologie, 1979, 5, 171-180.

KRAUS, W.: Zur Analyse instrumenteller Gruppenbedingungen in Assertive-Training-Gruppen. Unveröffentlichte Diplomarbeit, Hamburg, 1977.

KROHNE, H.W.: Theorien zur Angst. Stuttgart, 1976.

KUZINA-SCHIEKIRKA, G.: Therapieverlaufsuntersuchungen bei multiplen Situationsphobien. Unveröffentlichte Diplomarbeit am Fachbereich Psychologie der Universität Marburg (in Vorbereitung), Marburg, voraussichtlich 1984.

LACEY, J.J.: Somatic response pattering and stress: Some revisions of activation theory. In: APPLEY, M.H. & TRUMBULL, R. (Eds.): Psychological stress. New York, 1967.

LADER, M.H.: Palmar skin conductance measures in anxiety and phobic states. Journal of Psychosomatic Research, 1967, 11, 271-281.

LADER, M.H. & MATHEWS, A.M.: A psychological model of phobic anxiety and desensitization. Behaviour Research and Therapy, 1968, 6, 411-421.

LADER, M.H. & MATHEWS, A.M.: Ein physiologisches Modell der phobischen Angst und der Desensibilisierung. In: BIRBAUMER, N. (Hrsg.): Psychophysiologie der Angst. München, 1977, 125-135.

LADER, M.H. & WING, L.: Psychological measures, sedative drugs and morbid anxiety. In: Maudsley Monograph No. 14. London, 1966.

LANG, P.J., MELAMED, B.G. & HART, J.: A psycho-physiological analysis of fear modification using automated desensitization procedure. Journal of Abnormal Psychology, 1970, 76, 220-234.

LANYON, R.J. & MANOSEVITZ, G.: Validity of self-reported fear. Behaviour Research and Therapy, 1966, 4, 259-263.

LAUGHLIN, H.P.: The neurosis in clinical practice. London, 1956.

LAZARUS, A.A.: Group therapy of phobic disorders by systematic desensitization. Journal of Abnormal and Social Psychology, 1961, 63, 504-510.

LAZARUS, A.A.: Broad-spectrum behavior therapy and the treatment of agoraphobia. Behaviour Research and Therapy,1966, 4, 95-97.

LAZARUS, A.A.: Phobias: Broad-spectrum behavioral views. Semin. Psychiatry, 1972, 4, 85-92.

LAZARUS, A.A.: Gruppentherapie und BASIC ID. In: LAZARUS, A.A. (Hrsg.): Multimodale Verhaltenstherapie. Frankfurt, 1978.

LAZARUS, A.A.: Multimodale Verhaltenstherapie in Gruppen. In: GRAWE, K. (Hrsg.): Verhaltenstherapie in Gruppen. München, 1980.

LAZARUS, R.S.: Psychological stress and the coping process. New York, 1966.

LAZARUS, R.S. & ALFERT, E.: The short-circuiting of threat. Journal of Abnormal and Social Psychology, 1964, 69, 195-205.

LAZARUS, R.S. & AVERILL, J.R.: Emotion and cognition with special reference to anxiety. In: SPIELBERGER, C.D. (Ed.): Anxiety: Current trends in theory and research, Vol. 2, New York, 1972, 242-283.

LAZARUS, R.S., AVERILL, J.R. & OPTON, E.M.: Ansatz zu einer kognitiven Gefühlstheorie. In: BIRBAUMER, N. (Hrsg.): Psychophysiologie der Angst. München, 1977, 182-207.

LAZARUS, R.S. & OPTON, E.M.: The study of psychological stress: A summary of theoretical formulations and experimental findings. In: SPIELBERGER, C.D. (Ed.): Anxiety and behavior. New York, 1966.

LAZARUS, R.S., OPTON, M.S., RANKIN, N.O. & NOMIKOS, M.S.: The principle of short circuiting of threat: Further evidence. Journal of Personality, 1965, 33, 622-635.

LAZARUS, R.S., SPEISMAN, J.G., NORDHOFF, A.M. & DAVISON, L.A.: A laboratory study of psychological stress produced by a motion picture film. Psychological Monographs, 1962, 76, No. 34.

LEDERHENDLER, J. & BAUM, M.: Mechanical facilitation of the action of response prevention. Behaviour Research and Therapy, 1970, 8, 43-48.

LEHR, U.: Das Problem der Sozialisation geschlechtsspezifischer Verhaltensweisen. In: GOTTSCHALDT, K., LERSCH, P., SANDER, F. & THOMAE, H. (Hrsg.): Handbuch der Psychologie, Sozialpsychologie, 2. Hbd., Göttingen, 1972, 886-945.

LEITENBERG, H.: Behavioral approaches to treatment of neuroses. In: LEITENBERG, H. (Ed.): Handbook of behavior modification and behavior therapy. New York, 1976, 124-167.

LESCH-KLEIN, M.: Vergleich der Herzfrequenz bei Phobikern und Nicht-Phobikern in In-Vivo-Situationen. Unveröffentlichte Diplomarbeit am Fachbereich Psychologie der Philipps-Universität Marburg. Marburg, 1982.

LIEBERMAN, M.: Gruppenmethoden. In: KANFER, F.H. & GOLDSTEIN, A.P.: Möglichkeiten der Verhaltensänderung. München, 1977.

LIEBOWITZ, M.R. & KLEIN, D.F.: Agoraphobia: Clinical features, pathophysiology and treatment. In: CHAMBLESS, D.L. & GOLDSTEIN, A.J. (Eds.): Agoraphobia. Multiple perspectives on theory and treatment. New York, 1982

LIENERT, G.A.: Verteilungsfreie Methoden in der Biostatistik. Band 2. Meisenheim am Glan, 1978.

LUITJENS, P.: Adaptiertes Programm für TR 440 der "Multivariate Analysis of Variance, Biometric Laboratory, University of Miami". Fachbereich Psychologie. Marburg, 1976.

LUTHMAN, S.G. & KIRSCHENBAUM, M.M.: Familiensysteme. Wachstum und Störungen. Einführung in die Familientherapie. München, 1977.

MACCOBY, E. & MASTERS, J.: Attachment and dependency. In: MUSSEN, P. (Ed.): CARMICHAEL's Manual of Child Psychology, Vol. 2, New York, 1970.

MALMO, R.B.: Activation. In: BACHRACH, A.J. (Ed.): Experimental foundations of clinical psychology. New York, 1962.

MARKS, I.M.: Components and correlates of psychiatric questionnaires. British Journal of Medical Psychology, 1967, **40**, 261-271.

MARKS, I.M.: Fears and phobias. London, 1969.

MARKS, I.M.: Agoraphobic syndrome (phobic anxiety state). Archives of General Psychiatry, 1970 **23**, 539-553.

MARKS, I.M.: Phobic disorders four years after treatment. A prospective follow-up. British Journal of Psychiatry, 1971, **118**, 683-688.

MARKS, I.M.: Flooding and allied treatments. In: AGRAS, W.S. (Ed.): Behavior modification, principles and clinical applications. Boston,1972.

MARKS, I.M.: Model 5: Phobias and obsessions. Clinical phenomena in search of laboratory models. In: MASER, J.D. & SELIGMAN, M.E.P. (Eds.): Psychopathology: Experimental models. San Francisco, 1977, 174-214.

MARKS, I.M.: New developments in psychological treatments of phobias. In: MAVISSAKALIAN, M. & BARLOW, D.H. (Eds.): Phobia. Psychological and pharmacological treatment. New York, 1981.

MARKS, I.M., BIRD, J. & LINDLEY, P.: Psychiatric nurse therapy: Developments and implications. Behavioral Psychotherapy, 1978, **6**, 25-36.

MARKS, I.M., CONNOLLY, J., HALLAM, R.S. & PHILPOTT, R.: Nursing in behavioral psychotherapy. Research Series - Royal College of Nursing. London, 1977.

MARKS, I.M. & GELDER, M.G.: A controlled retrospective study of behaviour therapy in phobic patients. British Journal of Psychiatry, 1965, **111**, 561-573.

MARKS, I.M. & GELDER, M.G.: Different ages of onset in varieties of phobia. American Journal of Psychiatry, 1966, **123**, 218-221.

MARSHALL, W.L., GAUTHIER, J., CHRISTIE, M.M., MORIO, D.W. & GORDON, A.: Flooding therapy: Effectiveness, stimulus characteristics and the value of brief in vivo exposure. Behaviour Research and Therapy, 1977, **15**, 79-87.

MATHEWS, A.M., GELDER, M.G. & JOHNSTON, D.W.: Agoraphobia. Nature and treatment. New York, 1981.

MATHEWS, A.M., JANNOUN, L. & GELDER, M.G.: Self-help methods in Agoraphobia. Paper presented at the Ninth Conference of the European Association of Behaviour Therapy and Behaviour Modification. Paris, 1979.

MATHEWS, A.M., JOHNSTON, D.W., LANCASHIRE, M., MUNBY, M., SHAW, P.M. & GELDER, M.C.: Imaginal flooding and exposure to real phobic situations: treatment outcome with agoraphobic patients. British Journal of Psychiatry, 1976, **129**, 362-371.

MATHEWS, A.M. & SHAW, P.M.: Emotional arousal and persuasion effects in flooding. Behaviour Research and Therapy, 1973, 11, 587-598.

MATHEWS, A.M., TEASDALE, J., MUNBY, M., JOHNSTON, S. & SHAW, P.M.: A home-based treatment program for agoraphobia. Behavior Therapy, 1977,8, 915-924.

MAXWELL, A.E.: Multivariate analysis in behavioural research. New York, 1977.

McCUTCHEON, B.A. & ADAMS, H.E.: The physiological basis implosive therapy. Behaviour Research in Therapy, 1975, 13, 93-100.

McDONALD, R., SARTORY, G., GREY, S.J., COBB, J., STERN, R. & MARKS, I.M.: The effects of self-exposure instructions on agoraphobic outpatients. Behaviour Research and Therapy, 1979, 17, 83-85.

McGLYNN, F.D.: Adults with anxiety disorders. In: HERSEN, M. & BELLACK, A.S. (Eds.): Behavior therapy in the psychiatric setting. Baltimore, 1978.

McPHERSON, F.M., BROUGHMAN, L. & McLAREN, S.: Maintenance of improvement in agoraphobic patients treated by behavioural methods: A four-year follow-up. Behaviour Research and Therapy, 1980, 18, 150-152.

MEICHENBAUM, D.: A self-instructional approach to stress management: A proposal for stress inoculation training. In: SPIELBERGER, C.D. & SARASON, J.G. (Eds.): Stress and anxiety, Washington, 1975.

MENDEL, J.G.C. & KLEIN, D.F.: Anxiety attacks with subsequent agoraphobibia.Comprehensive Psychiatry, 1969, 10, 190-195.

MEYER, V. & CRISP, A.H.: Phobias. In: COSTELLO, C.G. (Ed.): Symptoms of psychopathology. New York, 1970, 263-301.

MILLER, N.E.: Learnable drives and rewards. In: STEVENS, S.S. (Ed.): Handbook of experimental psychology. New York, 1951, 435-472.

MILTON, D. & HAFNER, R.J.: The outcome of behavior therapy for agoraphobics in relation to marital adjustment. Archives of General Psychiatry, 1979, 36, 807-811.

MINUCHIN, S.: Familie und Familientherapie. Therapie und Praxis struktureller Familientherapie. Freiburg/Breisgau, 1977.

MINUCHIN, S. & FISHMAN, H.C.: Family therapy techniques. Cambridge, 1981.

MISCHEL, W.: Sex typing and socialization. In: MUSSEN, P. (Ed.): CARMICHAEL's Manual of Child Psychology, Vol. 2, New York, 1970.

MONTI, P.M. & SMITH, N.F.: Residual fear of the conditioned stimulus as a function of response prevention after avoidance or classical defensive conditioning in the rat. Journal of Experimental Psychology, 1976, 105, 148-162.

MOOSBRUGGER, H.: Multivariate statistische Analyseverfahren. Stuttgart, 1978.

MOWRER, O.H.: A stimulus-response analysis of anxiety and its role as a reinforcing agent. Psychological Review, 1939, 46, 553-565.

MOWRER, O.H.: Learning theory and personality dynamics. New York, 1950.

MOWRER, O.H.: Learning theory and behavior. New York, 1960.

MUNBY, M. & JOHNSTON, D.W.: Agoraphobia: The long-term follow-up of behavioural treatment. British Journal of Psychiatry, 1980, 137, 418-427.

NAPALKOV, S.V.: Information process and the brain. In: WIENER, N. & SCHAPEL, J. (Eds.): Progress in brain research, Vol. 2. Amsterdam, 1963, 59-69.

NEIDHARDT, F.: Systemeigenschaften der Familie. Zwischenbericht einer Tübinger Familienuntersuchung. München, 1976.

NOMIKOS, M.S., OPTON, J.R., AVERILL, E. & LAZARUS, R.S.: Surprise and suspense in the production of stress reaction. Journal of Personality and Social Research, 1968, 8, 204-205.

ÖHMAN, A., ERIXON, G. & LÖFBERG, J.: Phobias and preparedness: Phobic versus neutral pictures as conditioned stimuli for human autonomic responses. Journal of Abnormal Psychology, 1975, 84, 41-45.

ÖHMAN, A., FREDRIKSON, M. & HUGHDAHL, K.: Towards and experimental model of simple phobic reactions. Behavior Analysis and Modification, 1978, 2, 97-114.

OHLENDORF, H.: Förderliche und hinderliche Gruppenbedingungen beim Assertive-Training. Eine Analyse auf der Basis der gegenseitigen Wahrnehmung der Gruppenmitglieder. Unveröffentlichte Diplomarbeit. Hamburg, 1977.

OLDS, J.: The behavior of hippocampal neurons during conditioning experiments. In: WHALEN, R.E. et al. (Eds.): The neural control of behavior. New York, 1970.

O'LEARY, K.D. & BORKOVEC, T.D.: Conceptual, methodological and ethical problems of placebo groups in psychotherapy research. American Psychologist, 1978, 33, 821-830.

PALMER, R.: Relationship of fearfulness to locus of control of reinforcement and perceived parental behaviour. In: RUBIN, R., FENSTERNHEIM, J., HENDERSON, J. & ULLMANN, L. (Eds.): Advances in behavior therapy. New York, 1972, 1-6.

PICARD, W.: Familie und psychische Störung. Ein Beitrag zur soziologischen, psychologischen und psychiatrischen Therapie der Familie. München, 1977.

PLATT, J.J., ALTMAN, N. & ALTMAN, D.S.: Dimensions of interpersonal problem-solving thinking in adolescent psychiatric patients. Vortrag auf dem Kongreß der Eastern Psychological Association, Washington, D.C., 1973 (a).

PLATT, J.J., SCURA, W.G. & HANNON, J.R.: Problem-solving thinking of youthful incarcerated heroin addicts. Journal of Community Psychology, 1973 (b), 1, 278-281.

PLATT, J.J. & SPIVACK, G.: Content analysis of real-life problem-solving thinking in psychiatric patients. Vortrag auf dem Kongreß der Eastern Psychological Association, Boston, 1972 (a).

PLATT, J.J. & SPIVACK, G.: Problem-solving thinking in psychiatric patients. Journal of Consulting and Clinical Psychology, 1972 (b), 39, 148-151.

POLIN, A.T.: The effects of flooding and physical suppression as extinction techniques on an anxiety motivated avoidance locomotor response. Journal of Psychology, 1952, 47, 235-245.

PSYCHOLOGINNENGRUPPE MÜNCHEN: Spezifische Probleme von Frauen und ein Selbsthilfeansatz. In: KEUPP, H. & ZAUMSEIL, M. (Hrsg.): Die gesellschaftliche Organisation psychischen Leidens. Zum Arbeitsfeld klinischer Psychologen. Frankfurt, 1978.

QUEKELBERGHE, v., R.: Quantitative Analyse und methodische Evaluierung des Forschungsfeldes 'Verhaltenstherapeutische Verfahren der Angstreduktion' in seiner Entwicklung von 1958-1975. In: Deutsche Gesellschaft für Verhaltenstherapie (Hrsg.): Verhaltenstherapie - Theorie. Kongreßbericht Berlin, 1976. Tübingen, 1977, 135-158.

RACHMAN, S. & BERGOLD, J.B. (Hrsg.): Verhaltenstherapie bei Phobien. München, 1976.

RACHMAN, S., HODGSON, R. & MARKS, I.M.: The treatment of obsessive-compulsive neurosis. Behaviour Research and Therapy, 1971, 9, 237-247.

RACHMAN, S. & SELIGMAN, M.: Unprepared phobias: "Be prepared". Behaviour Research and Therapy, 1976, 14, 333-338.

RAMASWAMY, R.: A comparison of heart rate between the phobic and non-phobic subjects during their treatment with the "Massive Anxiety Treatment Programme" under real life conditions (in vivo). Unveröffentlichte Diplomarbeit am Fachbereich Psychologie der Universität Marburg. Marburg, 1982.

REVENSTORF, D., KOHN, M., ULLRICH DE MUYNCK, R. & ULLRICH, R.: Itemanalysen der SB-Antworten von Probanden in belastenden Situationen. In: ULLRICH DE MUYNCK, R., ULLRICH, R., GRAWE, K. & ZIMMER, D. (Hrsg.): Soziale Kompetenz. Experimentelle Ergebnisse zum Assertiveness-Training-Programm ATP, Bd. II.: Klinische Effektivität und Wirkungsfaktoren. München, 1979.

RICHARDSON, F.: Angstbewältigungstraining: Ein multimodaler Ansatz. In: LAZARUS, A.A. (Hrsg.): Multimodale Verhaltenstherapie. Frankfurt, 1978.

RÖPER, G., RACHMAN, S. & MARKS, I.M.: Passive and participant modelling in exposure treatment of obsessive-compulsive neurotics. Behaviour Research and Therapy, 1975, 13, 271-279.

ROJAHN, J.: Therapie eines Klienten mit multiplen Situationsängsten, Leistungsangst und angstbedingter Medikamentenabhängigkeit. In: FIEGENBAUM, W. (Hrsg.): Psychologische Therapie in der Praxis. Stuttgart, 1982.

ROSENTHAL, D.: Genetic theory and abnormal behavior. New York, 1970.

ROSS, M. & OLSON, J.M.: An expectancy-attribution model of the effects of placebos. Psychological Review, 1981, 88, 408-437.

ROTTER, J.B.: Social learning and clinical psychology. Englewood Cliffs, N.J., 1954.

ROUTTENBERG, A.: The two-arousal hypothesis. Reticular formation and Limbic System. Psychological Review, 1968, 75, 51-80.

SCHACHTER, S.: The interaction of cognitive and physiological determinants of emotional state. In: SPIELBERGER, C.D. (Ed.): Anxiety and behavior. New York, 1966.

SCHIFF, R., SMITH, N. & PROCHASKA, J.: Extinction of avoidance in rats as a function of duration and number of blocked trials. Journal of Comparative and Physiological Psychology, 1972, 81, 356-359.

SCHNIEDER, F. & WESTERMANN, B.: Agoraphobie und eheliche Beziehung. Teil-standardisierte Befragung mit Agoraphobikerinnen und ihren Partnern. Unveröffentlichte Diplomarbeit. Münster, 1981.

SCHRÖDER, M.: Der Zusammenhang von Therapieerfolg und gegenseitiger Wahrnehmung der Gruppenmitglieder im Therapieverlauf. Ein Beitrag zur Analyse der Veränderungsvarianz in Assertive-Training-Gruppen. Unveröffentlichte Diplomarbeit. Hamburg, 1977.

SELIGMAN, M.E.P.: Phobias and preparedness. Behavior Therapy, 1971, 2, 307-320.

SELYE, H.: The stress of life. New York, 1956.

SHAPIRA, K., KERR, T.A. & ROTH, M.: Phobias and affective illness. British Journal of Psychiatry, 1970, 117, 25-32.

SHAPIRO, A.K.: Placebo effects in medicine, psychotherapy and psychoanalysis. In: BERGIN, A.E. & GARFIELD, R. (Eds.): Handbook of psychotherapy and behavior change. New York, 1971.

SHIPLEY, R.H., MOCK, L.A. & LEVIS, D.J.: Effects of several response prevention procedures on activity, avoidance responding, and conditioned fear in rats. Journal of Comparative and Physiological Psychology, 1971, 77, 256-270.

SHURE, M.B., SPIVACK, G. & GORDON, R.: Problem-solving thinking - A preventive mental health program for preschool children. Reading World, 1972, II, 259-274.

SIEGEL, J.M. & SPIVACK, G.: Problem-solving therapy. The description of a new program for chronic psychiatric patients. Psychotherapy: Theory, Research and Practice, 1976, 13, 368-373.

SIEGELTUCH, M.B. & BAUM, M.: Extinction of well-established avoidance responses through response prevention (flooding). Behavior Research and Therapy, 1971, 9, 103-108.

SINNOTT, A., JONES, R.B. & FORDHAM, S.: Agoraphobia: A situational analysis. Journal of Clinical Psychology, 1981, 37, 123-127.

SMITH, R.D.: A comparison of therapeutic methods to eliminate fear. Unpublished doctoral dissertation, Georgia State University, 1970.

SMITH, R.D., DICKSON, A.L. & SHEPPARD, L.: Review of flooding procedures (implosion) in animals and man. Perceptual and Motor Skills, 1973, 37, 351-374.

SNAITH, R.: A clinical investigation of phobias. British Journal of Psychiatry, 1968, 114, 673-697.

SOKOLOW, E.N.: Higher nervous functions: The orienting reflex. Annual Review of Physiology, 1963, 25, 545-580.

SOLOMON, R.L., KAMIN, L.J. & WYNNE, L.C.: Traumatic avoidance learning: The outcomes of several extinction procedures with dogs. Journal of Abnormal and Social Psychology, 1953, 48, 291-302.

SOLOMON, R.L. & WYNNE, L.C.: Traumatic avoidance learning: The principles of anxiety conservation and martial irreversibility. Psychological Review, 1954, 61, 353-385.

SOLYOM, L., BECK, P., SOLYOM, C. & HUGEL, R.: Some etiological factors in phobic neurosis. Canadian Psychiatric Association Journal, 1974, 19, 69-77.

SOLYOM, L., SILBERFELD, M. & SOLYOM, C.: Maternal overprotection in the etiology of agoraphobia: Canadian Psychiatric Association Journal, 1976, 21, 109-113.

SPEISMAN, J.C., LAZARUS, R.S., MORDKOFF, A. & DAVISON, L.: Experimental reduction of stress based on ego-defense theory. Journal of Abnormal and Social Psychology, 1964, 68, 367-380.

SPIELBERGER, C.D. (Ed.): Anxiety and behavior. New York, 1966.

SPIELBERGER, C.D.: Anxiety as an emotional state. In: SPIELBERGER, C.D. (Ed.): Anxiety - Current trends in theory and research, Vol. 1. New York, 1972, 23-49.

SPIVACK, G.: A conception of healthy human functioning. Research and Evaluation Report No. 15. London: Hahnemann Medical College and Hospital, 1973.

SPRING, D., PROCHASKA, J. & SMITH, N.: Fear reduction in rats through avoidance blocking. Behaviour Research and Therapy, 1974, **12**, 29-34.

STAMPFL, T.G. & LEVIS, D.J.: Essentials of implosive therapy: A learning-theory-based psychodynamic behavioral therapy. Journal of Abnormal Psychology, 1967, **72**, 496-503.

STAMPFL, T.G. & LEVIS, D.J.: Implosive therapy - A behavioral therapy? Behaviour Research and Therapy, 1968, **6**, 31-36.

STAMPFL, T.G. & LEVIS, D.J.: Learning theory: An aid to dynamic therapeutic practice. In: ERON, L. & GALLAHAN, R. (Eds.): Relation of theory to practice in psychotherapy. Chicago, 1969, 85-114.

STAUB, F.: Duration of stimulus-exposure as determinant of the efficacy of flooding procedures in the elimination of fear. Behaviour Research and Therapy, 1968, **6**, 131-132.

STELZL, L: Fehler und Fallen der Statistik. Bern, 1982.

STERN, R. & MARKS, I.M.: Brief and prolongued flooding. A comparison in agoraphobic patients. Archives of General Psychiatry, 1973, **28**, 270-276.

STONE, N. & BORKOVEC, T.D.: The paradoxical effect of brief CS exposure in analogue phobic subjects. Behaviour Research and Therapy, 1975, **13**, 51-54.

STUART, R.B.: Notes on the ethics of behavior research and intervention. In: HAMERLYNCK, L.A., HANDY, L.C. & MASH, E.J. (Eds.): Behavior change: Methodology, concepts and practice. Champaign, Ill., 1973.

SYMONDS, A.: Phobias after marriage: Women's declaration of dependence. American Journal of Psychoanalysis, 1971, **31**, 144-152.

TEASDALE, J.D., WALSH, P.A., LANCASHIRE, M. & MATHEWS, A.M.: Group exposure of agoraphobics: A replication study. British Journal of Psychiatry, 1977, **130**, 186-193.

TERHUNE, W.B.: The phobic syndrome: A study of eighty-six patients with phobic reactions. Archives of Neurology and Psychiatry, 1949, **62**, 162-172.

THOMPSON, R.F. & SPENCER, W.A.: Habituation: A model phenomenon for the study of neuronal substrates of behavior. Psychological Review, 1966, **73**, 16-43.

TORGERSEN, S.: The nature and origin of common phobic fear. British Journal of Psychiatry, 1979, **134**, 341-351.

TORPEY, D.M. & MEASEY, L.G.: Marital interaction in agoraphobia. Journal of Clinical Psychology, 1973, **30**, 351-354.

TUCKER, W.: Diagnosis and treatment of the phobic reaction. American Journal of Psychiatry, 1956, **112**, 825-830.

ULLRICH, R. & ULLRICH DE MUYNCK, R.: Probleme bei der klinischen Anwendung der Reizüberflutungsmethode. In: BRENGELMANN, C.J. & TUNNER, W. (Hrsg.): Behavior Therapy - Verhaltenstherapie. München, 1973, 104-116.

URRICH, R. & ULLRICH DE MUYNCK, R.: Implosion, Reizüberflutung, Habituationstraining. In: KRAIKER, C. (Hrsg.): Handbuch der Verhaltenstherapie. München, 1974, 369-397.

ULLRICH, R. & ULLRICH DE MUYNCK, R.: Das Situationsbewertungssystem SB - EMI-S. Anleitung für den Therapeuten. Teil III. München, 1979.

ULLRICH DE MUYNCK, R. & ULLRICH, R.: Das Assertiveness-Training-Programm. Einübung von Selbstvertrauen und sozialer Kompetenz. München, 1976.

ULLRICH DE MUYNCK, R. & ULLRICH, R.: Der Unsicherheitsfragebogen. Testmanual und Anleitung für den Therapeuten. Teil II. München, 1977.

ULLRICH DE MUYNCK, R. & ULLRICH, R.: SB-Items und Kriteriumsvalidität. In: ULLRICH DE MUYNCK, R., ULLRICH, R., GRAWE, K. & ZIMMER, D. (Hrsg.): Soziale Kompetenz. Experimentelle Ergebnisse zum Assertiveness-Training-Programm ATP. Band II: Klinische Effektivität und Wirkungsfaktoren. München, 1979.

UNSER, G.: Persönlichkeitsbilder verschiedener psychosomatischer und nicht psychosomatischer Patientengruppen. Eine empirische Studie mit dem FPI. Zulassungs-Arbeit am Psychologischen Institut. Freiburg/Breisgau, 1970.

VAN DE GEER, J.P.: Multivariate analysis for the social sciences. San Francisco, 1971.

WALDRON, S.R., SCHRIER, D., STONE, B. & TOBIN, F.: School phobia and other childhood neuroses. A systematic study of children and their families. American Journal of Psychiatry, 1975, 132, 802-808.

WATSON, J.P., GAIND, R. & MARKS, I.M.: Prolongued exposure: A rapid treatment for phobias. British Medical Journal, 1971, 1, 13-15.

WATSON, J.P. & MARKS, I.M.: Relevant and irrelevant fear in flooding - A crossover study of phobic patients. Behavior Therapy, 1971, 2, 275-293.

WATSON, J.B. & RAYNER, R.: Conditioned emotional reactions. Journal of Environmental Psychology, 1920, 3, 1-14.

WATZLAWICK, P., BEAVIN, J.H. & JACKSON, D.D.: Menschliche Kommunikation. Formen, Störungen, Paradoxien. Bern, 1974.

WEBSTER, A.S.: The Development of phobias in married women. Psychological Monographs: General and Applied, 1953, 67, 1-18.

WEDEL, S. & GRAWE, K.: Die differentiellen Effekte eines standardisierten Assertiveness-Trainings in Gruppen bei gehemmten psychiatrischen Patienten. In: ULLRICH DE MUYNCK, R., ULLRICH, R., GRAWE, K. & ZIMMER, D. (Hrsg.): Soziale Kompetenz. Band 2: Experimentelle Ergebnisse zum ATP: Klinische Effektivität und Wirkungsfaktoren. München, 1979.

WEINBERGER, N.M.: Effect of detainment on extinction of avoidance responses. Journal of Comparative and Physiological Psychology, 1965, **60**, 135-138.

WENGLE, E.M.: Die systematische Desensibilisierung. In: KRAIKER, C. (Hrsg.): Handbuch der Verhaltenstherapie. München, 1974.

WHITEHEAD, W.E., ROBINSON, A., BLACKWELL, B. & STUTZ, R.M.: Flooding treatment of phobias: Does chronic Diazepam increase effectiveness? Journal of Behavior Therapy and Experimental Psychiatry, 1978, **9**, 219-225.

WINDHEUSER, H.J.: Anxious mothers as models for coping with anxiety. In: FRANKS, C.M. & WILSON, G.T. (Eds.): Annual review of behavior therapy, theory and practice. New York, 1978, 138-160.

WOLPE, J.: Psychotherapy by reciprocal inhibition. Stanford, Calif., 1958.

WOLPE, J.: Behavior therapy in complex neurotic states. British Journal of Psychiatry, 1953, **110**, 28-38.

YALOM, J.D.: Gruppenpsychotherapie - Grundlagen und Methoden. Ein Handbuch. München, 1974.

ZERSSEN, v., D.: Die Depressivitätsskala D-S und D-S'. Weinheim, 1976.

ZITRIN, C.M., KLEIN, D.F. & WOERNER, N.G.: Behavior therapy, supportive psychotherapy, Impramine, and phobias. Archives of General Psychiatry, 1978, **35**, 307-316.

ZITRIN, C.M., KLEIN, D.F. & WOERNER, N.G.: Treatment of agoraphobia with group exposure in vivo and Impramine. Archives of General Psychiatry, 1980, **37**, 63-72.

ANHANG

Anhang 1:

Kurzcharakteristik der in den Experimentalgruppen
behandelten Klienten und ihrer Symptome

Anhang 2:

Mittelwerte und Streuungen aller verwendeten
Meßmittel

A N H A N G 1

Kurzcharakteristik der in den Experimentalgruppen behandelten Klienten und ihrer Symptome[1]

Kl. Nr. 1: Frau G.P., 41 Jahre alt, Volksschulabschluß, Hausfrau, verheiratet, 2 Kinder

Symptomdauer: 96 Monate
Globalbewertung der Angststärke[2]: 240
Einschätzung der Schwere ihres Problems[3]: mittelschwer

bisherige Therapien: eine medikamentöse Therapie, eine zweijährige Psychoanalyse, eine Gestalttherapie
Medikation: regelmäßig Sedativa
Symptomatik: Angst in engen Räumen (Aufzug, Telefonzelle), in Gebäuden bzw. Räumen, in denen sich viele Personen aufhalten (Kirche, Kaufhaus, Restaurant, Wartezimmer), in Situationen, die sie nicht jederzeit verlassen kann (beim Friseur, während eines Vortrages, in öffentlichen Verkehrsmitteln aller Art), verläßt das Haus nur in Begleitung ihres Mannes oder ihrer Kinder, tätigt Einkäufe per Post oder telefonisch.

Kl. Nr. 2: Frau C.S., 23 Jahre alt, Mittlere Reife, Chemisch-technische Assistentin, voll berufstätig, ledig

Symptomdauer: 90 Monate
Globalbewertung der Angststärke: 210
Einschätzung der Schwere ihres Problems: sehr schwer

----

[1] Die Angaben entstammen dem "Fragebogen zur Lebensgeschichte" (nach A.A. Lazarus, 1973, übersetzt und erweitert: D. Zimmer, Überarbeitung: Liz Echelmeyer), dem "Protokollbogen zum Erstinterview" sowie der Anmeldekartei.

[2] Skala von 0 bis 300 (vgl. Kap. 5.2.2.)

[3] vorgegebene Skala "leicht störend - mittelschwer - sehr schwer"

bisherige Therapien: keine

Medikation: keine

Symptomatik: Angst in engen Räumen (Aufzug, lange Treppen), in hohen Gebäuden (Türme, Parkhaus, Kaufhaus), bei Dunkelheit, insbesondere abends allein zu Hause sein, allein Auto fahren.

Kl. Nr. 3: Frau U.G., 20 Jahre alt, Hauptschulabschluß, in der Ausbildung zur Erzieherin, ledig

Symptomdauer: 77 Monate

Globalbewertung der Angststärke: 300

Einschätzung der Schwere ihres Problems: sehr schwer

bisherige Therapien: keine

Medikation: keine

Symptomatik: Angst in geschlossenen Räumen (kleine Zimmer, Bad, Toilette), insbesondere bei Dunkelheit und wenn sie allein ist.

Kl. Nr. 4: Frau S.T., 48 Jahre alt, Mittlere Reife, Krankenschwester, nicht berufstätig, verwitwet, 3 Kinder

Symptomdauer: 120 Monate

Globalbewertung der Angststärke: 250

Einschätzung der Schwere ihres Problems: sehr schwer

bisherige Therapien: eine medikamentöse Therapie

Medikation: regelmäßig Sedativa

Symptomatik: Angst in hohen Gebäuden (Türme, Kirche), in Räumen, in denen sich viele Personen aufhalten (Theater, Café), in öffentlichen Verkehrsmitteln aller Art, im Auto hinten sitzen. Sie hat seit drei Jahren das Haus kaum verlassen; Einkäufe etc. werden von ihrer Tochter erledigt.

Kl. Nr. 5: Frau D.D., 29 Jahre alt, Volksschulabschluß, Kaufmännische Angestellte, nicht berufstätig, verheiratet, 2 Kinder

Symptomdauer: 123 Monate
Globalbewertung der Angststärke: 230
Einschätzung der Schwere ihres Problems: sehr schwer

bisherige Therapien: eine medikamentöse Therapie, eine zweieinhalb-
jährige Gesprächstherapie
Medikation: keine
Symptomatik: Angst vor weiten Plätzen und Höhen (Brücken, gebir-
gige Landschaft), Gewässer (größere Seen, Wasserrauschen), Angst
vor längeren Fahrten mit Verkehrsmitteln, hat die nähere Umgebung
des Wohnortes seit mindestens vier Jahren nicht mehr verlassen.

Kl. Nr. 6: Frau A.K., 31 Jahre alt, Volksschulabschluß, gelernter Einzelhandelskaufmann, halbtags in der Verwaltung als Schreibkraft tätig,
ledig

Symptomdauer: 36 Monate
Globalbewertung der Angststärke: 300
Einschätzung der Schwere ihres Problems: sehr schwer

bisherige Therapien: eine medikamentöse Therapie, eine einjährige
Psychoanalyse
Medikation: regelmäßig Sedativa
Symptomatik: Angst in dunklen Räumen, in engen Räumen (Tunnel,
Höhlen, Zimmer mit Schrägen, Fahrstuhl), Verkehrsmitteln (Bus,
Bahn, im Auto hinten sitzen), beengende Kleidung (Rollkragen).

Kl. Nr. 7: Frau R.D., 60 Jahre alt, Mittlere Reife, ausgebildete Kinderkran-
kenschwester, halbtags in Klinikverwaltung tätig, verwitwet, 3
Kinder

Symptomdauer: 94 Monate
Globalbewertung der Angststärke: 230
Einschätzung der Schwere ihres Problems: sehr schwer

bisherige Therapien: zwei medikamentöse Therapien, eine sechsmonatige Gesprächspsychotherapie

Medikation: regelmäßig Sedativa

Symptomatik: Angst vor Menschenansammlungen jeder Art (belebte Straßen, Theater, Supermarkt), enge Räume (Bad, schmales Treppenhaus), Verkehrsmittel (insbesondere Bus, auch längere Autofahrten.

Kl. Nr. 8: Frau G.N., 29 Jahre alt, Mittlere Reife, gelernte Bürokauffrau, als Putzfrau teilzeitbeschäftigt, verheiratet, 1 Kind

Symptomdauer: 84 Monate

Globalbewertung der Angststärke: 290

Einschätzung der Schwere ihres Problems: sehr schwer

bisherige Therapien: eine medikamentöse Therapie, eine viermonatige Psychoanalyse, eine sechsmonatige verhaltenstherapeutische Behandlung

Medikation: regelmäßig Sedativa

Symptomatik: Angst in öffentlichen Gebäuden (Sparkasse, Verwaltung), vor Höhen (Brücken, Türme), nachts allein zu Hause, allein Auto fahren.

Kl. Nr. 9: Frau I.K., 35 Jahre alt, Hochschulabschluß, Lehrerin, voll berufstätig, ledig

Symptomdauer: 90 Monate

Globalbewertung der Angststärke: 300

Einschätzung der Schwere ihres Problems: sehr schwer

bisherige Therapien: zwei medikamentöse Therapien

Medikation: Regelmäßig Sedativa

Symptomatik: Angst vor engen Räumen (Unterführungen, U-Bahn, Höhlen), vor Höhen (Brücken, Flugzeug), Verkehrsmitteln jeder Art (insbesondere Bus und Schiff).

Kl. Nr. 10: Frau M.U., 29 Jahre alt, Mittlere Reife, Zahnarzthelferin, nicht berufstätig, verheiratet, 1 Kind

Symptomdauer: 60 Monate
Globalbewertung der Angststärke: 250
Einschätzung der Schwere ihres Problems: sehr schwer

bisherige Therapien: eine medikamentöse Therapie, fünfzehn Monate Psychoanalyse
Medikation: regelmäßig Sedativa
Symptomatik: Angst vor Menschenansammlungen (Kaufhaus, Restaurant, Kino), vor Verkehrsmitteln aller Art, Situationen, die sie nicht schnell verlassen kann (an der Kasse Schlange stehen); erledigt Einkäufe etc. ausschließlich in Begleitung ihres Mannes oder einer engen Bekannten, verläßt niemals allein die Wohnung.

Kl. Nr. 11: Frau E.B., 40 Jahre alt, Mittlere Reife, Krankenschwester, voll berufstätig, verheiratet, 3 Kinder

Symptomdauer: 24 Monate
Globalbewertung der Angststärke: 180
Einschätzung der Schwere ihres Problems: mittelschwer

bisherige Therapie: eine medikamentöse Therapie, eine fünfmonatige Psychoanalyse
Medikation: regelmäßig Sedativa
Symptomatik: Angst in geschlossenen Räumen, insbesondere wenn viele Menschen anwesend sind, auf freien Plätzen, in belebten Straßen, in öffentlichen Verkehrsmitteln (Bus, Bahn); wird täglich von ihrem Mann zur Arbeit gebracht und wieder abgeholt.

Kl. Nr. 12: Frau D.D., 29 Jahre alt, Volksschulabschluß, Verwaltungsangestellte, teilzeitbeschäftigt, verheiratet

Symptomdauer: 108 Monate
Globalbewertung der Angststärke: 250

Einschätzung der Schwere ihres Problems: sehr schwer

bisherige Therapien: zwei medikamentöse Therapien
Medikation: regelmäßig Sedativa
Symptomatik: Angst vor Menschenansammlungen (Kirche, Kaufhaus), öffentlichen Verkehrsmitteln (Bus, Bahn), in engen Räumen (Wartezimmer, Friseur), vor hohen Gebäuden. Zur nah gelegenen Arbeitsstelle fährt sie täglich mit dem Taxi, erledigt sonstige Besorgungen (auch Friseur) nur in Begleitung ihres Mannes.

Kl. Nr. 13: Frau S.M., 21 Jahre alt, Abitur, Studentin, ledig

Symptomdauer: 32 Monate
Globalbewertung der Angststärke: 250
Einschätzung der Schwere ihres Problems: sehr schwer

bisherige Therapien: keine
Medikation: keine
Symptomatik: Angst vor Menschenansammlungen (Mensa, Kaufhaus), vor freien Plätzen, in geschlossenen Räumen (Wartezimmer, Aufzug, Höhle), vor Höhe (Brücken, Türme, Seilbahn).

Kl. Nr. 14: Frau R.V., 64 Jahre alt, Mittlere Reife, Laborantin, Rentner, verwitwet, 2 Kinder

Symptomdauer: 240 Monate
Globalbewertung der Angststärke: 240
Einschätzung der Schwere ihres Problems: sehr schwer

bisherige Therapien: drei medikamentöse Therapien (Nervenärzte, Homöopath)
Medikation: gelegentlich Sedativa
Symptomatik: Angst in Räumen mit vielen Menschen (Theater, Kirche, Wartezimmer), vor lauten Geräuschen (Flugzeug, Züge, Wasserrauschen), in Situationen, die sie nicht schnell verlassen kann (Verkehrsmittel, an der Kasse Schlange stehen, Friseur);

verläßt ihre Wohnung äußerst selten, nur in Begleitung ihrer Tochter.

Kl. Nr. 15: Frau I.E., 33 Jahre alt, Mittlere. Reife, Kaufmännische Angestellte, voll berufstätig, verheiratet

Symptomdauer: 84 Monate
Globalbewertung der Angststärke: 210
Einschätzung der Schwere ihres Problems: sehr schwer

bisherige Therapien: eine sechsmonatige Gesprächspsychotherapie, eine medikamentöse Therapie, eine dreimonatige verhaltenstherapeutische Behandlung
Medikation: regelmäßig Sedativa
Symptomatik: Angst vor Menschenansammlungen (allein in Kaufhaus oder Café gehen), geschlossene Räume (Fahrstuhl, Telefonzelle), vor Dunkelheit, vor öffentlichen Verkehrsmitteln, wenn viele Personen anwesend sind; verläßt nach Einbruch der Dunkelheit ihre Wohnung nicht mehr, auch nicht in Begleitung einer anderen Person, legt auch kürzeste Stecken nur im eigenen Auto zurück.

Kl. Nr. 16: Frau R.G., 40 Jahre alt, Volksschulabschluß, Telefonistin, nicht berufstätig, verheiratet, 2 Kinder

Symptomdauer: 180 Monate
Globalbewertung der Angststärke: 230
Einschätzung der Schwere ihres Problems: sehr schwer

bisherige Therapien: keine
Medikation: keine
Symptomatik: Angst vor freien Plätzen, hohen Gebäuden (Kirche), Menschenansammlungen (Kaufhaus, belebte Straßen), öffentliche Verkehrsmittel, große Räume mit vielen Menschen (Kino, Restaurant), hält sich immer in Türnähe auf, verläßt niemals allein die Wohnung, Einkäufe etc. werden von ihren Kindern, ihrem Mann oder Nachbarn erledigt.

Kl. Nr. 17: Frau U.S., 21 Jahre alt, Abitur, Studentin, ledig

Symptomdauer: 6 Monate
Globalbewertung der Angststärke: 220
Einschätzung der Schwere ihres Problems: sehr schwer

bisherige Therapien: keine
Medikation: keine
Symptomatik: Angst vor Menschenansammlungen (Kaufhaus, Fuß-
gängerzone, Kino), selbst Auto fahren, insbesondere bei Dunkelheit.

Kl. Nr. 18: Frau E.F., 30 Jahre alt, Volksschulabschluß, Einzelhandelskaufmann,
nicht berufstätig, verheiratet, 1 Kind

Symptomdauer: 72 Monate
Globalbewertung der Angststärke: 260
Einschätzung der Schwere ihres Problems: sehr schwer

bisherige Therapien: eine medikamentöse Therapie, eine eineinhalb-
jährige Gesprächspsychotherapie
Medikation: regelmäßig Sedativa
Symptomatik: Angst in engen Räumen (Wartezimmer, Bad, Toi-
lette), im Auto (hinten sitzen), bei Entfernung aus der gewohnten
Umgebung (hat den Wohnort seit drei Jahren nicht mehr verlassen).

Kl. Nr. 19: Frau W.S., 47 Jahre, Volksschulabschluß, in Großküche teilzeitbeschäftigt, verheiratet, 2 Kinder

Symptomdauer: 72 Monate
Globalbewertung der Angststärke: 240
Einschätzung der Schwere ihres Problems: mittelschwer

bisherige Therapien: drei medikamentöse Therapien (Psychiatrie,
Nervenarzt)
Medikation: regelmäßig Sedativa

Symptomatik: Angst in Gegenwart vieler Menschen (Café, Kaufhaus, belebte Straßen), allein zu Hause sein, bei Enge (kleine Räume, enge Kleidung, Fahrstuhl), Gewässer aller Art (bereits das Rauschen kleiner Bäche).

Kl. Nr. 20: Frau R.E., 26 Jahre alt, Abitur, Medizinisch-Technische Assistentin, voll berufstätig, ledig

Symptomdauer: 60 Monate
Globalbewertung der Angststärke: 250
Einschätzung der Schwere ihres Problems: sehr schwer

bisherige Therapien: eine medikamentöse Therapie, eine achtmonatige Gesprächspsychotherapie
Medikation: regelmäßig Sedativa
Symptomatik: Angst vor Menschenansammlungen (Kaufhaus, Kino), unbekannte Gegenden (insbesondere fremde Städte), vor Höhe (Brücken, Türme, Gebirge), Situationen, die sie nicht rasch verlassen kann (Schlange stehen).

A N H A N G 2

Mittelwerte und Streuungen aller verwendeten Meßmittel

Variablen/Meßzeit-punkte T1 bis T4		Experimental-gruppe 1		Experimental-gruppe 2		Kontroll-gruppe 3		Kontroll-gruppe 4	
		$\bar{x}$	s	$\bar{x}$	s	$\bar{x}$	s	$\bar{x}$	s
Globalbewer-tung	T1	260,o	34,3	233,o	24,o	274,2	27,1	263,1	36,o
	T2	95,6	77,8	172,1	72,4			95,8	94,1
	T3	39,2	59,5	92,3	75,8	274,5	3o,2	64,o	78.6
	T4	89,3	82,1	76,2	75,2			68,5	78,2
Schwierigkeit (SB 1)	T1	47,6	6,3	48,4	6,4	54,2	5,6	54,5	6,5
	T2	38,6	1o,o	46,o	1o,4			3o,9	15,1
	T3	3o,1	9,5	39,2	7,5	53,o	7,7	26,5	14,7
	T4	34,2	12,9	36,9	12,4			28,9	14,3
Bedrohlich-keit (SB 2)	T1	37,o	3,8	34,8	5,2	38,8	6,4	41,1	6,9
	T2	29,2	6,4	34,8	7,6			23,3	1o,5
	T3	22,1	8,o	32,1	7,6	41,9	5,9	21,7	1o,1
	T4	25,9	8,5	27,6	8,8			22,5	11,2
Vermeidungs-tendenz (SB 3)	T1	36,3	6,5	38,1	8,3	42,9	4,9	42,o	6,5
	T2	28,3	6,1	32,5	7,3			21.4	1o.5
	T3	23,3	4,8	3o,6	1o,6	42,4	8,1	19,o	9,8
	T4	25,9	8,5	27,5	1o,3			21,4	12,9
Pos. Fremd-konsequenz (SB 4)	T1	39,9	6,6	36,o	7,9	38.9	12,9	41,9	7,7
	T2	36,3	5,o	38,3	9,4			47,9	7,7
	T3	4o,2	3,2	41,2	6,6	4o,6	15,3	5o,3	7,9
	T4	4o,6	5,7	45,o	5,9			5o,1	7,4
Neg. Fremd-konsequenz (SB 5)	T1	12,3	2,9	13,5	3,5	12,1	6,o	13,7	8,7
	T2	13,6	2,o	13,3	2,8			9,5	4,5
	T3	11,4	1,8	11,6	2,8	1o,8	6,o	7,9	4,4
	T4	12,o	2,3	1o,o	3,7			8,5	3,9
Pos. Selbstein-schätzung (SB 6)	T1	26,o	8,1	25,3	7,9	17,2	7,1	21,6	7,5
	T2	33,5	6,4	27,o	6,8			4o,2	13,2
	T3	39,o	5,9	31,8	4,6	18,8	6,9	41,3	12,2
	T4	39,2	6,1	37,9	11,2			4o,5	12,7

Ängstlich	T1	97,9	11,1	99,1	13,6				
(EMI-S 1)	T2	76,1	17,9	99,4	15,3				
	T3	6o,2	18,2	81,1	14,3				
	T4	7o,6	21,9	73,4	22,8				
Depressiv	T1	45,7	4,6	46,6	7,6	53,5	7,5	47,2	1o,2
(EMI-S 2)	T2	35,9	7,9	46.o	7,5			3o,7	12,8
	T3	3o,4	9,7	36,8	6,8	53,3	7,9	26,8	14,4
	T4	32,6	9,8	35,3	12,5			24,5	13,2
Erschöpft	T1	44,8	7,8	43,1	8,2	3o,3	6,4	32,8	5,4
(EMI-S 3)	T2	35,4	7,3	42,o	7,3			35,6	5,o
	T3	3o,2	8,5	36,8	4,5	29,1	4,5	37,8	6,9
	T4	35,1	1o,5	35,6	12,6			35,2	6,4
Aggressiv	T1	36,7	4,3	38,8	5,3	37,1	8,2	4o,4	8,8
(EMI-S 4)	T2	32,5	5,2	36,5	1o,5			26,9	1o,2
	T3	27,4	3,6	34,9	5,4	38,1	6,6	28,5	12,4
	T4	31,5	4,1	31,o	11,7			23,9	8,5
Optimistisch	T1	22,3	4,2	25,5	5,6				
(EMI-S 5)	T2	26,7	5,o	25,3	4,9				
	T3	31,9	6,7	29,7	4,6				
	T4	3o,7	7,o	31,o	8,1				
Risikobe-	T1	22,2	7,3	2o,9	8,5	39,5	7,6	32,9	6,9
reit	T2	32,5	9,5	23,1	1o,4			33,2	12,5
(EMI-S 6)	T3	38,2	8,9	3o,6	5,8	44,7	6,7	32,6	14,8
	T4	33,1	1o,1	32,o	11,4			35,4	14,1
Verlassenheits-	T1	2o,7	3,4	21,5	2,6	27,1	2,3	26,7	3,4
gefühl	T2	16,9	2,9	22,9	5,1			15,2	6,5
(EMI-S 7)	T3	15,8	2,2	18,2	2,8	27,2	3,3	15,6	6,8
	T4	16,1	3,7	16,6	6,2			13,3	5,1
Depressions-	T1	2o,7	8,9	23,6	9,2				
skala	T2	11,1	7,9	15,o	5,7				
(Depr)	T3	5,9	4,3	1o,o	6,4				
	T4	1o,1	9,1	14,1	1o,6				
Verhaltensmas-	T1	11,3	5,7	14,2	9,1				
sive Aggression	T2	11,6	5,8	14,3	1o,4				
(Host 1)	T3	1o,3	6,o	1o,8	6,1				
	T4	9,8	6,1	14,o	11,2				
Aggressions-	T1	25,o	4,3	26,2	6,6				
hemmung	T2	22,8	4,8	25,9	7,4				
(Host 2)	T3	2o,2	5,4	25,o	3,4				
	T4	21,6	4,2	26,6	7,8				
Fehlschlag-	T1	49,6	13,1	46,3	14,4	5o,3	13,6	38,9	16,6
und Kritik-	T2	46,1	12,9	47,6	13,1			34,1	15,5
angst (U 1)	T3	42,6	8,7	4o,4	15,3	49,5	16,o	34,7	16,7
	T4	38,7	12,7	39,1	13,2			32,2	16,2

Internale	T1	33,o	4,6	35,5	4,1				
Kontrolle	T2	32,4	3,2	35,2	4,4				
(IPC 1)	T3	34,3	1,9	35,1	3,4				
	T4	32,6	5,6	32,4	7,8				
Externale Kon-	T1	29,9	8,o	26,7	5,5				
trolle durch	T2	26,1	5,3	25,5	3,1				
Mächtigere	T3	24,4	4,1	23,1	4,6				
(IPC 2)	T4	28,2	5,6	21,7	8,o				
Externale Kon-	T1	28,8	5,6	26,2	6,7				
trolle -	T2	26,2	3,4	26,5	5,9				
Fatalismus	T3	24,2	2,7	25,7	4,7				
(IPC 3)	T4	28,2	5,7	21,7	8,1				
Nervosität	T1	1o,1	3,7	12,3	3,1				
(FPI 1, Roh-	T2	8,7	3,3	11,4	3,7				
werte)	T3	8,o	3,5	8,6	3,8				
	T4	7,2	3,1	9,2	3,7				
Aggressivität	T1	5,2	2,9	4,4	3,8				
(FPI 2,Roh-	T2	4,6	2,2	4,5	3,6				
werte)	T3	4,6	3,3	3,9	3,3				
	T4	3,7	2,1	4,1	3,9				
Kontakt-	T1	38,8	14,1	4o,9	13,9	35,9	14,6	21,6	14,5
angst	T2	36,1	8,6	39,1	1o,4			18,5	1o,6
(U 2)	T3	3o,8	1o,4	35,1	12,9	34,8	9,9	18,7	1o,8
	T4	33,4	9,6	34,3	13,8			17,1	11,7
Fordern	T1	35,5	8,4	42,1	11,6	35,6	13,9	43,8	14,4
können	T2	14,3	8,5	4o,3	7,2			42,6	11,8
(U 3)	T3	43,o	6,3	41,1	7,3	34,5	15,9	46,2	14,7
	T4	41,2	7,8	47,9	6,8			48,7	11,2
Nicht-Nein-	T1	27,9	11,9	27,5	1o,3	26,1	11,5	22,6	12,3
Sagen-können	T2	25,9	7,6	25,8	1o,1			21,7	11,9
(U 4)	T3	24,8	5,7	2o,6	1o,5	25,4	11,8	19,9	11,9
	T4	25,8	7,8	2o,7	1o,1			19,9	1o,9
Schuld-	T1	11,5	6,6	6,4	4,7	11,6	3,5	9,3	3,8
gefühle	T2	8,6	3,8	7,6	3,2			8,4	3,2
(U 5)	T3	9,3	3,4	5,6	3,6	12,3	5,1	8,o	4,2
	T4	9,9	2,3	4,9	5,o			7,6	3,8
Anständig	T1	15,9	5,4	14,8	6,3	16,3	4,6	14,o	4,9
keit	T2	12,1	5,o	13,4	3,2			11,9	4,1
(U 6)	T3	11,3	4,2	12,2	2,8	19,7	1o,8	11,o	4,3
	T4	1o,6	2,6	11,3	3,6			12,9	8,3
Depressivi-	T1	9,o	3,8	1o,1	2,8				
tät (FPI 3,	T2	7,3	3,7	1o,3	2,3				
Rohwerte)	T3	7,9	3,4	8,o	4,2				
	T4	7.4	4,4	8,o	4,1				

Erregbarkeit	T1	5,2	2,5	6,o	2,3				
(FPI 4, Roh-	T2	5,4	2,5	6,2	2,5				
werte)	T3	5,4	2,2	6,o	2,8				
	T4	5,o	2,7	6,4	2,7				
Geselligkeit	T1	4,6	2,4	4,9	2,3				
(FPI 5, Roh-	T2	5,3	3,5	6,9	3,4				
werte)	T3	6,6	3,4	7,2	3,1				
	T4	6,6	3,9	7,3	2,7				
Gelassenheit	T1	3,2	1,9	3,1	1,9				
(FPI 6, Roh-	T2	4,8	2,5	3,3	2,4				
werte)	T3	4,o	1,9	3,8	2,1				
	T4	3,9	1,7	4,4	2,5				
Dominanzstre-	T1	4,4	2,3	4,5	2,8				
ben (FPI 7,	T2	4,1	2,3	4,o	2,1				
Rohwerte)	T3	4,1	1,7	3,9	2,5				
	T4	3,6	1,9	4,8	2,9				
Gehemmtheit	T1	7,1	2,3	7,2	1,6				
(FPI 8, Roh-	T2	6,8	1,8	6,7	1,8				
werte)	T3	5,3	2,1	6,1	2,4				
	T4	6,3	2,1	5,8	2,4				
Offenheit	T1	9,7	1,9	9,3	3,2				
(FPI 9, Roh-	T2	9,6	2,3	9,4	3,1				
werte)	T3	9,o	1,3	8,2	3,7				
	T4	8,9	1,2	8,8	4,6				
Extraversion	T1	4,3	2,1	4,2	2,9				
(FPI E, Roh-	T2	5,o	1,8	5,7	3,1				
werte)	T3	5,7	2,5	5,7	3,0				
	T4	5,5	2,3	6,o	3,4				
Emot. Labili-	T1	8,6	3,4	8,7	1,9				
tät (FPI N,	T2	8,o	3,1	8,6	2,4				
Rohwerte)	T3	7,4	3,o	7,4	3,5				
	T4	6,8	3,o	7,1	3,6				
Maskulinität	T1	3,6	2,7	2,7	1,6				
(FPI M, Roh-	T2	4,6	2,4	2,9	1,7				
werte)	T3	4,9	2,5	3,8	1,1				
	T4	3,6	1,7	3,7	1,4				
Nervosität	T1	6,5	1,8	7,6	1,5	7,2	1,7	6,4	1,4
(FPI 1,	T2	5,8	1,7	7,2	1,8			6,1	2,1
Stanine-Werte)	T3	5,6	1,7	5,8	2,3	8,o	1,3	6,1	2,o
	T4	5,1	1,9	6,1	1,9			5,5	2,1
Aggressivität	T1	6,3	2,4	5,2	2,9	5,4	1,6	5,1	1,o
(FPI 2,	T2	6,5	1,8	5,7	2,7			5,o	1,3
Stanine-Werte)	T3	5,7	2,5	5,1	2,9	4,7	o,9	5,2	1,5
	T4	5,3	1,8	5,2	2,7			4,9	1,1

	T								
Depressivität (FPI 3, Stanine-Werte)	T1	6,4	2,1	7,1	1,8	7,2	1,5	6,1	2,9
	T2	5,8	2,4	7,1	1,2			6,1	2,4
	T3	5,7	2,0	6,0	2,7	7,2	1,5	5,5	2,4
	T4	5,4	2,9	6,0	2,4			4,9	2,3
Erregbarkeit (FPI 4, Stanine-Werte)	T1	5,0	1,6	5,7	1,7	5,9	1,5	5,7	1,8
	T2	5,0	1,7	5,7	1,9			5,6	1,9
	T3	5,1	1,8	5,6	2,2	6,7	1,3	5,4	2,3
	T4	4,9	1,9	6,0	2,1			5,3	1,8
Geselligkeit (FPI 5, Stanine-Werte)	T1	3,5	1,7	3,8	1,4	4,6	2,3	5,3	2,4
	T2	3,6	2,1	5,1	1,9			4,8	2,2
	T3	4,8	2,1	5,2	2,1	4,5	2,2	5,5	1,9
	T4	4,8	2,6	5,2	1,9			5,3	2,4
Gelassenheit (FPI 6, Stanine-Werte)	T1	3,6	1,8	3,6	1,8	2,3	1,3	3,4	1,7
	T2	4,8	2,7	3,8	1,9			3,5	1,9
	T3	4,2	1,6	3,8	2,1	2,9	1,6	4,3	1,6
	T4	3,9	1,7	4,3	2,2			4,1	2,2
Dominanzstreben (FPI 7, Stanine-Werte)	T1	5,9	2,4	6,0	2,3	4,6	1,3	3,6	2,4
	T2	5,4	2,7	5,8	2,2			3,0	1,3
	T3	5,8	1,7	5,6	2,1	4,0	1,9	3,8	2,1
	T4	4,9	2,4	6,1	2,1			2,9	1,6
Gehemmtheit (FPI 8, Stanine- Werte)	T1	6,5	1,8	6,2	1,4	7,0	1,5	5,8	1,8
	T2	6,4	1,5	6,1	1,4			5,8	1,1
	T3	5,0	1,7	5,4	1,9	6,8	1,3	4,9	2,1
	T4	5,7	1,7	5,2	2,0			5,8	1,6
Offenheit (FPI 9, Stanine-Werte)	T1	5,3	1,6	4,8	1,6	5,5	1,7	4,8	1,5
	T2	5,8	1,8	5,1	1,4			4,9	1,1
	T3	4,8	1,1	5,1	2,7	4,8	1,3	4,8	1,5
	T4	4,6	1,3	5,0	2,9			4,6	1,7
Extraversion (FPI E, Stanine-Werte)	T1	4,3	1,9	4,2	1,9	4,5	2,2	5,1	2,7
	T2	4,5	1,4	5,5	2,2			4,8	2,0
	T3	5,2	1,5	5,2	2,2	4,2	2,0	5,4	2,1
	T4	5,0	1,7	5,4	3,0			4,5	2,3
Emot.Labilität (FPI N, Stanine-Werte)	T1	6,4	2,7	6,5	1,5	7,5	1,6	6,5	2,3
	T2	6,1	2,2	6,3	1,6			6,4	2,4
	T3	5,6	2,0	6,0	2,6	7,2	1,6	6,0	2,7
	T4	5,4	2,3	5,5	2,4			5,6	2,1
Maskulinität (FPI M, Stanine-Werte)	T1	3,7	2,5	3,0	1,6	2,5	1,5	3,3	1,9
	T2	5,2	2,4	3,2	1,5			2,6	1,8
	T3	5,2	1,6	4,4	1,1	1,8	1,3	3,7	2,1
	T4	4,2	1,7	4,6	1,8			2,9	2,4

Soziale Reso- nanz (GT 1)	T1	24,o	6,1	27,o	5,7
	T2	25,6	5,7	27,1	4,9
	T3	26,6	4,8	26,o	6,o
	T4	25,9	5,o	28,o	4,7
Dominanz (GT 2)	T1	26,9	3,3	24,4	5,7
	T2	27,7	2,5	23,6	7,5
	T3	26,1	4,7	25,8	5,3
	T4	26,9	4,5	23,o	8,3
Kontrolle (GT 3)	T1	26,6	2,1	29,3	5,9
	T2	26,3	3,6	27,9	5,7
	T3	28,7	2,7	28,o	7,2
	T4	26,3	4,1	25,5	6,4
Grund- stimmung (GT 4)	T1	35,1	3,8	35,o	4,9
	T2	27,4	8,o	34,2	5,o
	T3	27,1	4,o	32,3	6,5
	T4	29,6	4,3	31,1	4,4
Durchläs- sigkeit (GT 5)	T1	28,2	5,o	26,4	7,1
	T2	26,1	5,5	26,2	6,1
	T3	23,9	7,1	25,6	8,9
	T4	25,5	3,8	24,7	8,9
Soziale Potenz (GT 6)	T1	27,o	5,3	22,7	5,3
	T2	22,2	5,o	23,6	6,6
	T3	21,9	4,3	22,2	6,1
	T4	2o,5	5,6	21,3	5,2

L E G E N D E   Z U   D E N   T A B E L L E N

SIGNIFIKANZEN

Die signifikanten Werte sind
wie folgt gekennzeichnet:

```
*    = p < 0.05
**   = p < 0.01
***  = p < 0.001
```

UMRANDUNGEN

Die t-Werte werden nur bei
signifikanten F-Werten interpretiert. Sie sind in diesem
Falle doppelt umrandet.

GRUPPEN

Gr. 1	=	Experimentalgruppe 1 mit Therapieabfolge Konfrontationstherapie/ Gruppentherapie
Gr. 2	=	Experimentalgruppe 2 mit Therapieabfolge Gruppentherapie/ Konfrontationstherapie
Gr. 3	=	Wartekontrollgruppe 3
Gr. 4	=	Kontrollgruppe 4, nur mit Konfrontationstherapie behandelt
Gr. 1/2	=	Vergleich der Experimentalgruppen 1 vs. 2
Gr. 1+2/3	=	Vergleich der Experimentalgruppen mit der Wartekontrollgruppe 3
Gr. 1+2/4	=	Vergleich der Experimentalgruppen 1 und 2 mit der Kontrollgruppe 4

MESSZEITPUNKTE

T1	=	kurz nach dem Erstgespräch/Ausgangswerte
T2	=	nach dem Ende der ersten Therapiephase
T3	=	nach dem Ende der kombinierten Gesamtbehandlung/10 Wochen nach T1
T4	=	Follow-up-Messung/ drei Monate nach Therapieende
T1 - T2	=	Erste Therapiephase
T2 - T3	=	Zweite Therapiephase
T3 - T4	=	Follow-up-Zeitraum
T1 - T3	=	Therapie-Gesamtzeitraum
T1 - T4	=	Untersuchungs-Gesamtzeitraum

SKALEN

SYMPTOMORIENTIERTE MESSMITTEL:

Glob	=	Globalbewertung
SB	=	Situationsbewertungsskala mit den Subskalen:

```
SB 1  "Schwierigkeit der Situation"
SB 2  "Bedrohlichkeit der Situation"
SB 3  "Vermeidungstendenz"
SB 4  "Positive Fremdkonsequenz"
SB 5  "Negative Fremdkonsequenz"
SB 6  "Positive Selbsteinschätzung"
```

EMI-S	=	Emotionalitätsinventar mit den Subskalen

```
EMI-S 1   "ängstlich"
EMI-S 2   "depressiv"
EMI-S 3   "erschöpft"
EMI-S 4   "aggressiv"
EMI-S 5   "optimistisch"
EMI-S 6   "risikobereit"
EMI-S 7   "Verlassenheitsgefühl"
```

GENERALISIERUNGSMESSUNG:

U	=	Unsicherheitsfragebogen mit Subskalen

```
U 1  "Fehlschlag- und Kritikangst"
U 2  "Kontaktangst"
U 3  "Fordern-Können"
U 4  "Nicht-Nein-Sagen-Können"
U 5  "Schuldgefühle"
U 6  "Anständigkeit"
```

DEPR	=	Depressionsskala
HOST	=	Hostilitätsfragebogen mit Subskalen

```
Host 1  Aggression
Host 2  Aggressionshemmung
```

PERSÖNLICHKEITSMASSE:

IPC	=	IPC-Fragebogen zu Kontrollüberzeugunge mit Subskalen

```
IPC 1  "Internalität"
IPC 2  "Externalität/Machtlosigkeit"
IPC 3  "Externalität/Fatalismus"
```

FPI	=	Freiburger Persönlichkeitsinventar mit Subskalen

```
FPI 1  "Nervosität"
FPI 2  "Aggressivität"
FPI 3  "Depressivität"
FPI 4  "Erregbarkeit"
FPI 5  "Geselligkeit"
FPI 6  "Gelassenheit"
FPI 7  "Dominanzstreben"
FPI 8  "Gehemmtheit"
FPI 9  "Offenheit"
FPI E  "Extraversion"
FPI N  "Emotionale Labilität"
FPI M  "Maskulinität"
```

GT	=	Gießen Test mit Subskalen

```
GT 1  "Soziale Resonanz"
GT 2  "Dominanz"
GT 3  "Kontrolle"
GT 4  "Grundstimmung"
GT 5  "Durchlässigkeit"
GT 6  "Soziale Potenz"
```

Mitchell G. Ash/Ulfried Geuter (Hrsg.)

Geschichte der deutschen Psychologie im 20. Jahrhundert

Ein Überblick

1985. 386 S. 12,5 X 19 cm. (WV studium, Bd. 128.) Pb.

Mit diesem Buch wird erstmals ein umfassender Überblick zur Geschichte der Psychologie im deutschsprachigen Raum während des 20. Jahrhunderts vorgelegt. Im Unterschied zu bisherigen Darstellungen behandeln die Autoren außer der Entwicklung psychologischer Theorien auch die Geschichte des Faches Psychologie an der Universität und die des Berufs des Psychologen. Dabei wird die Entwicklung der Psychologie auf die politische und soziale Geschichte Deutschlands bezogen.

Rolf Haubl / Ulf Peltzer / Roland Wakenhut / Gabriele Weidenfeller

Veränderung und Sozialisation

Einführung in die Entwicklungspsychologie

1985. 247 S. 12,5 X 19 cm. (WV studium, Bd. 134.) Pb.

Dieses Buch führt anhand bisher vernachlässigter Fragestellungen in die Psychologie menschlicher Entwicklungsprozesse ein. Ausgehend von einer begrifflichen und methodischen Differenzierung verschiedener Vorstellungen von Veränderung werden drei zusammenhängende Beschreibungsebenen betreten: Geschichte, Person, familiales und ökonomisches System. Der Text vermittelt, daß die Integration dieser Ebenen zum Verständnis von Sozialisationsprozessen notwendig ist und legt dadurch eine interdisziplinäre Theoriebildung nahe.

Oswald Neuberger / Walter Conradi / Walter Maier

Individuelles Handeln und sozialer Einfluß

Einführung in die Sozialpsychologie

1985. 259 S. 12,5 X 19 cm. (WV studium, Bd. 136.) Pb.

Der Leitfaden dieser Einführung sind die Spannungsverhältnisse im sozialen Handeln, die über folgende Koordinaten erschlossen werden: Altruismus / Egoismus — Kooperation / Konkurrenz — Normierung / Individualität und Macht / Selbstbestimmung.

Westdeutscher Verlag

Aus der Reihe:

Beiträge zur psychologischen Forschung

Georg Hörmann
Die zweite Sozialisation
Psychische Behinderung und Rehabilitation in Familie, Schule und Beruf
1985. VI, 296 S. 15,5 X 22,6 cm. (Beiträge zur psychologischen Forschung,
Bd. 5.) Br.
Die Untersuchung Hörmanns kann als eine Bilanz der Psychiatriereform gelesen
werden. Sie analysiert im Sinne von ,,informativer Sozialberichterstattung'' die
gegenwärtige Situation von psychisch Behinderten in der Bundesrepublik Deutsch-
land.

Gerd Kegel / Thomas Arnold / Klaus Dahlmeier
Sprachwirkung
Psychophysiologische Forschungsgrundlagen und ausgewählte Experimente
1985. VIII, 183 S. 15,5 X 22,6 cm. (Beiträge zur psychologischen Forschung,
Bd. 6.) Br.
Die Wirkungszusammenhänge sprachlicher Mittel können auf einer experimentell
gesicherten Basis erforscht werden. Ein Zugang wird erschlossen, indem psycho-
physiologische Befunde mit dem ablaufenden Rezeptionsprozeß und den anschließend erhobenen Behaltensleistungen in Vergleich gesetzt werden. Dieses
Buch erörtert die theoretischen, organismischen und meßtechnischen Grundlagen der Sprachwirkungsforschung und reflektiert ausgewählte Versuche.

Sigmar-Olaf Tergan
Strukturen der Wissensrepräsentation
Grundlagen qualitativer Wissensdiagnostik
1985. Ca. 200 S. 15,5 X 22,6 cm. (Beiträge zur psychologischen Forschung,
Bd. 7.) Br.
Die Arbeit gibt einen systematisch ausgefeilten Überblick über die theoretischen
Modelle der Wissensrepräsentation, die sie daraufhin untersucht, welchen empiri-
schen Zugang zur Erfassung individuellen Wissens und qualitativer Strukturen
der jeweilige Ansatz eröffnet. Auf diese Weise werden die Grundlagen einer
theorieorientierten, qualitativ-strukturellen Wissensdiagnostik erarbeitet und
Implikationen für Forschung und Anwendung aufgezeigt.

Westdeutscher Verlag